# Justa Causa Testamentária

**INALIENABILIDADE, IMPENHORABILIDADE E INCOMUNICABILIDADE SOBRE A LEGÍTIMA DO HERDEIRO NECESSÁRIO**

O87j    Otero, Marcelo Truzzi.
        Justa causa testamentária: inalienabilidade, impenhorabilidade e incomunicabilidade sobre a legítima do herdeiro necessário / Marcelo Truzzi Otero. – Porto Alegre: Livraria do Advogado, 2012.
        176 p. ; 23 cm.
        Inclui bibliografia.
        ISBN 978-85-7348-819-7

        1. Direito de família - Brasil. 2. Herança e sucessão. 3. Justa causa (Direito). 4. Testamentos. 5. Inalienabilidade de bens. 6. Impenhorabilidade de bens. 7. Incomunicabilidade de bens. 8. Leis - Retroatividade. I. Título.

                            CDU 347.65(81)
                            CDD 346.81052

        Índice para catálogo sistemático:
        1. Direito de sucessão: Brasil      347.65(81)

(Bibliotecária responsável: Sabrina Leal Araujo – CRB 10/1507)

Marcelo Truzzi Otero

# Justa Causa Testamentária

INALIENABILIDADE, IMPENHORABILIDADE E INCOMUNICABILIDADE
SOBRE A LEGÍTIMA DO HERDEIRO NECESSÁRIO

Porto Alegre, 2012

© Marcelo Truzzi Otero, 2012

*Capa, projeto gráfico e diagramação*
Livraria do Advogado Editora

*Revisão*
Rosane Marques Borba

*Direitos desta edição reservados por*
**Livraria do Advogado Editora Ltda.**
Rua Riachuelo, 1338
90010-273 Porto Alegre RS
Fone/fax: 0800-51-7522
editora@livrariadoadvogado.com.br
www.doadvogado.com.br

Impresso no Brasil / Printed in Brazil

Aos meus pais, exemplos de vida, pela abdicação pessoal
em nome da felicidade dos filhos e netos.

À Andréia, companheira e incentivadora de todas as horas,
meu grande amor.
Impensável este trabalho sem a sua compreensão e estímulo.

À Isabela e ao José Otávio, por tornarem minha vida
mais feliz e cheia de sentido.

## *Agradecimentos*

Ao Professor Francisco José Cahali, pelas orientações e aconselhamentos decisivos para a edificação desta obra, e, principalmente, pelas infinitas oportunidades proporcionadas. Serei eternamente grato.

Ao Prof. Rolf Madaleno, pelas inúmeras e reiteradas demonstrações de apreço, minha profunda admiração.

A João Ricardo B. Aguirre, amigo, compadre e parceiro inseparável, pelas tantas histórias que temos para contar.

A Kleber Afonso, irmão de luta diária, por tornar mais ameno o cotidiano profissional.

Àqueles que contribuíram para minha formação profissional: Dr. José Roberto Pacheco Di Francesco, Profs. Silvio Rodrigues, Francisco José Cahali e Paulo do Amaral Souza, aos Drs. Erasmo, Silvio Schutzer, Luis Antonio Alves de Souza e Luis Roberto Jordão Wakin, guardados carinhosamente em minhas memórias e em meu coração.

Aos meus companheiros do IBDFAM, em especial, a Daniel Blikstein, fraternal amigo, pelas tiradas mais perspicazes nos momentos mais inusitados.

Ao meu editor, Walter Abel Filho, por acreditar neste trabalho.

## *Prefácio*

Existem tarefas que nos delegam na vida que são extremamente difíceis de executar, muito embora extremamente prazerosas e honrosas como esta que me foi atribuída por MARCELO TRUZZI OTERO, brilhante professor e advogado, Mestre e Doutor em Direito pela PUC de São Paulo, Diretor Científico do IBDFAM de São Paulo, cuja competência nas letras jurídicas é de todos conhecido através de seus artigos doutrinários, por suas requisitadas palestras e através de suas talentosas aulas, nos cursos de Pós-Graduação da Escola Paulista de Direito, da Atame Cândido Mendes, na FIPA e na Pós-Graduação em Direito de Família e Sucessões na LFG. MARCELO TRUZZI OTERO, que certamente aperfeiçoou seu gosto pela boa literatura jurídica durante os oito anos em que trabalhou como advogado no escritório do Professor Sílvio Rodrigues, mais uma vez nos mostra sua intimidade com a pesquisa e o ensino do Direito, dessa feita nos brindando com seu abrangente livro intitulado: JUSTA CAUSA TESTAMENTÁRIA: INALIENABILIDADE, IMPENHORABILIDADE E INCOMUNICABILIDADE SOBRE A LEGÍTIMA DO HERDEIRO NECESSÁRIO, editado em primorosa parceria com a consagrada Livraria do Advogado Editora. Essa obra é notadamente dedicada ao direito sucessório e aborda o inquietante temário das cláusulas restritivas da inalienabilidade, impenhorabilidade e incomunicabilidade dos bens doados em vida, ou através da sucessão testamentária, com sua limitação legal imposta pelo artigo 1.848 do Código Civil, que restringe o gravame apenas para a porção disponível, proibindo sejam gravados os bens que integram a legítima do testador, como ao contrário sucedia ao tempo e vigência da legislação civil de 1916 e que não foi herdada pela codificação em vigor. No sistema passado a lei permitia fossem gravados todos os bens doados ou herdados pela sucessão testamentária, espraiando-se sobre a legítima dos herdeiros necessários. Atualmente isso é vedado, pois a legítima pertence de pleno direito aos herdeiros necessários identificados no artigo 1.945 do Código Civil, e só poderá ser gravada pelo doador ou testador se de sua parte houver justa causa expressamente declarada no testamento, em conformidade com o artigo 1.847 do mesmo Diploma Civil.

É uma das alterações trazidas pelo Código Civil de 2002 para corrigir e atender reivindicação social, em parte acolhida pela intensa e candente jurisprudência construída durante os anos que antecederam a transição do Código Civil de 1916 até a edição do Diploma Civil de 2002, para, finalmente, restringir os gravames apenas à porção disponível do doador ou testador, vedando sua extensão e mantendo intocável a legítima dos herdeiros necessários do mencionado artigo 1.945 do Código Civil. Pela nova sistemática legal, a integral imposição dos gravames restritivos da propriedade só encontra amparo quando houver justo motivo, o qual reclama sua expressa indicação no testamento, devendo tratar-se de causa não só lícita, mas séria e ponderável, proveniente de um fato concreto, a ser apontado pelo autor da liberalidade e cujo pretexto deve persistir ao tempo da abertura da sucessão, para seguir justificando a imposição do gravame incidente sobre a legítima, devendo a restrição levar em linha especial de consideração apenas os precípuos interesses do próprio beneficiado.

É tema, no entanto, embora importante, pouco desenvolvido pela doutrinária brasileira, tomando a si, o Professor MARCELO TRUZZI OTERO essa bem sucedida ocupação, e o fez com sua costumeira competência, não só discorrendo, mas, sobretudo, alargando as luzes, os horizontes e as diretrizes doutrinárias acerca da *justa causa testamentária*, brindando-me em complemento, sem merecer, com a realização do *prefácio* de seu livro, o que certamente fez por amizade e pelo fato saber que sou um admirador do seu trabalho, mas agora também seu tiete, pois fãs sempre esperam avidamente as próximas publicações.

Porto Alegre, maio de 2012.

*Rolf Madaleno*
www.rolfmadaleno.com.br

# *Sumário*

**Introdução**..................................................................................13
**1. Sucessão em geral**..................................................................17
   1.1. Direito de herança..............................................................17
   1.2. Modos de suceder e liberdade de dispor.........................20
   1.3. Herdeiros legítimos e herdeiros necessários...................22
   1.4. Companheiro, sucessor legal.............................................25
**2. A legítima dos herdeiros necessários**...................................29
   2.1. Direito estrangeiro..............................................................29
   2.2. A legítima no direito brasileiro..........................................35
   2.3. A natureza jurídica da legítima e sua perspectiva civil-constitucional..........37
   2.4. Composição da legítima e o princípio da razoabilidade...............44
**3. Restrições à legítima**..............................................................51
   3.1. Considerações gerais..........................................................51
   3.2. Imposição de cláusulas restritivas sobre a legítima.......54
      3.2.1. Inalienabilidade........................................................56
      3.2.2. Impenhorabilidade...................................................60
      3.2.3. Incomunicabilidade..................................................64
**4. Justa Causa**.............................................................................69
   4.1. Conceito e características gerais.......................................69
   4.2. Requisitos legais..................................................................76
   4.3. Justa causa na doação em antecipação da legítima........78
   4.4. A justa causa e o artigo 1.911 do Código Civil................88
**5. Aspectos processuais da Justa Causa**..................................97
   5.1. Considerações preliminares...............................................97
   5.2. Impugnação da justa causa................................................98
   5.3. Aceitação da doação, confissão e renúncia à impugnação da justa causa.....107
   5.4. Legitimidade para impugnar a justa causa....................111
   5.5. Ônus da prova....................................................................117

    5.5.1. O ônus da prova nas causas ilegais e imorais ................................121
    5.5.2. Regra de julgamento em caso de dúvida ......................................121
  5.6. Coisa julgada e justa causa ................................................................126
**6. Levantamento, extinção e sub-rogação de vínculos** ....................................135
  6.1. Levantamento dos vínculos, com e sem sub-rogação ..............................135
  6.2. Extinção de vínculos ..........................................................................146
  6.3. Aspectos processuais: procedimento, competência e renovação do pedido ...149
**7. Direito intertemporal** ..............................................................................155
**Conclusões** .................................................................................................167
**Bibliografia** .................................................................................................171

# Introdução

É da tradição do nosso ordenamento a proteção ao herdeiro necessário. As Ordenações Filipinas já asseguravam ao herdeiro assim qualificado uma parcela do patrimônio deixado pelo sucedido absolutamente isenta de cláusulas, restrições ou recomendações.

Com o Decreto n. 1.839, de 31 de dezembro de 1907, intitulado Lei Feliciano Penna, o direito brasileiro admitiu a possibilidade de o autor da herança restringir a legítima do herdeiro necessário, estabelecendo a conversão de bens que a integram em outros de espécie distinta, ou ainda permitindo que sobre eles fosse prescrita a incomunicabilidade e as condições de inalienabilidade temporária ou vitalícia.[1]

O Código Civil de 1916 não só recepcionou a restrição à legítima do herdeiro necessário, incorporando ao texto de seu artigo 1.723 a redação do artigo 3º da Lei Feliciano Penna, como a agravou, estabelecendo no artigo 1.676 a impossibilidade de invalidação ou de dispensa das cláusulas restritivas apostas sobre aquela parte reservada do patrimônio. Com isso, gerou-se acesa controvérsia entre aqueles que defendiam a clausulação, a exemplo de Carlos Maximiliano,[2] e aqueles que se posicionaram contrários a ela, como Orozimbo Nonato,[3] pois entendiam que o permissivo legal afrontava a legítima do herdeiro necessário.

---

[1] Decreto n. 1.839, de 31 de dezembro de 1907, Art. 3º. O direito dos herdeiros, mencionados no artigo precedente, não impede que o testador determine que sejam convertidos em outras espécies os bens que constituírem a legítima, prescrevendo-lhes a incomumicabilidade, atribua à mulher herdeira a livre administração, estabeleça as condições de inalienabilidade temporária e vitalicia, a qual não prejudicará a livre disposição testamentária e, na falta desta, a transferencia dos bens aos herdeiros legítimos, desembaraçados de qualquer ônus."

[2] *Direito das Sucessões*. 2. ed. Rio de Janeiro: Freitas Bastos, 1943, v. 2, § 698, p. 181.

[3] *Estudos sobre Sucessão Testamentária*. Rio de Janeiro: Revista Forense, 1957, v. II, p. 324-325: "O Código Civil, no art. 1627, não a repele, em princípio. E este é o principal argumento de sua admissão, uma vez que o *elemento histórico* não bastaria a fundamentá-la, pois o que interessa não é a *mens legislatoris*, senão a *mens legis*. De resto, na legislação vigente, é a sub-rogação admitida às expressas no Código de Processo Civil (arts. 629 e 634). O que constituía admissão virtual ou implícita passou a ser permissão direta e explícita e o art. 630 do Código de Processo manda apenas verifique o juiz 'ser caso de alienação', competindo-lhe, assim, o exame de todas

Vislumbrando na clausulação da legítima uma afronta ao direito de propriedade, um atentado contra o princípio da livre circulação da riqueza, e uma indevida prevalência do interesse individual em detrimento do interesse da sociedade, respeitável corrente doutrinária, tendo como principal expoente Orlando Gomes, passou a sustentar, *de lege ferenda*, a necessidade de uma releitura do Código Civil e a imperiosidade da supressão de toda e qualquer forma de limitação ou restrição à legítima do herdeiro necessário, como se verificava nas Ordenações Filipinas.

O Código Civil de 2002 preferiu a posição intermediária, proibindo a conversão de bens da legítima em outras espécies e restringindo a possibilidade de clausulação dos bens que a compõem, quando justificada a real necessidade. Segundo o artigo 1.848 do Código Civil, "salvo se houver justa causa declarada no testamento, não pode o testador estabelecer cláusula de inalienabilidade, impenhorabilidade e incomunicabilidade, sob os bens da legítima".

A inovação legal, tímida para os defensores da abolição definitiva de qualquer forma de clausulação da legítima, mas avançada para aqueles que a defendem, carece de um estudo sistematizado face às importantes repercussões na prática do direito sucessório brasileiro.

O presente livro se presta, justamente, a esse estudo da justa causa na imposição de cláusulas sobre a legítima do herdeiro necessário. Para introduzir o assunto ao leitor, iniciaremos pela análise do direito de herança, passando pelos modos de suceder e, concluindo essa etapa preambular, tecendo considerações a respeito da liberdade de testar, imprescindíveis à compreensão da legítima do herdeiro necessário.

Em seguida, destacaremos o instituto da legítima dos herdeiros necessários, apresentando uma visão comparativa da legítima no direito estrangeiro e no direito pátrio para, na sequência, destacar a natureza jurídica e a intangibilidade da reserva, repaginadas pela interpretação civil-constitucional do instituto, e as importantes consequências práticas desse novo enfoque, finalizando com a composição da legítima.

Dentro dessa perspectiva civil-constitucional, e partindo da premissa de que a legítima constitui um direito do herdeiro, ingressare-

---

as circunstâncias da espécie. Os autores e os arestos indicam a necessidade de exame atento de tais circunstâncias, a termos de não permitir prejuízos aos herdeiros e, às suas custas, a logro de proveitos imodestos. Deve o juiz, a todo poder que pode, atender à vontade do testador, ainda no particular versado, salvo se o acatamento pontual e rigoroso dessa vontade suscite consideráveis prejuízos ao herdeiro ou donatário."

mos no tema central do presente estudo – a justa causa na clausulação da legítima do herdeiro necessário – conceituando o instituto, delimitando seus contornos e seus requisitos de validade, destacando os cuidado com os modos para a instituição válida das cláusulas sobre a legítima do herdeiro necessário e enumerando hipóteses para sua caracterização.

Feito isso, serão analisadas questões práticas da justa causa na clausulação da legítima do herdeiro necessário, a exemplo da delicada omissão legal acerca da exigência de justa causa para as hipóteses de doação feitas em antecipação da legítima; a inaplicabilidade do artigo 1.911 do Código Civil às hipóteses de justa causa; os instrumentos legais para a impugnação da justa causa; a legitimidade para fazê-lo; o ônus de comprovar se a causa declarada é justa ou não é justa; a coisa julgada nas impugnações da justa causa; e a distinção existente entre a impugnação da justa causa e o pedido de levantamento e de extinção dos vínculos.

Encerrando, será dedicado um capítulo específico para os problemas referentes à intertemporariedade da nova lei, no qual serão sugeridas ideias gerais sobre algumas das características dos testamentos e de seus requisitos de forma e de conteúdo, visando, com isso, a demonstrar que não há inconstitucionalidade na opção feita pelo artigo 2.042 do Código Civil.

Assunto de primeira ordem, poucos são os trabalhos que até a presente data enfrentaram o tema, não existindo ainda obra específica a respeito, o que, sem furtar à responsabilidade, representa um salvo-conduto aos equívocos e desvios seguramente cometidos no desenvolvimento das ideias apresentadas nesta pesquisa que, desde logo, são apresentadas à reflexão crítica dos operadores do direito.

# 1. Sucessão em geral

## 1.1. Direito de herança

Segundo Itabaiana de Oliveira,[4] "sucessão é a continuação em outrem de uma relação jurídica que cessou para o respectivo sujeito, constituindo um dos modos, ou títulos, de transmissão, ou de aquisição de bens, ou de direitos patrimoniais".

A ideia de sucessão, contudo, não é exclusiva ao direito hereditário, já advertia Clóvis Bevilaqua,[5] visto ser encontrada em vários outros ramos do direito, inclusive no próprio direito civil, no qual a vislumbramos no direito das coisas, com a tradição, e no direito das obrigações, frequentemente presente na cessão de direitos, na sub-rogação e na novação subjetiva.

Tem-se, desse modo, na acepção jurídica da expressão, que o vocábulo "sucessão" pode ser compreendido sob dois prismas distintos: a sucessão *inter vivos*, quando a transmissão se dá entre pessoas vivas, como ocorre na compra e venda, na doação, na cessão de direitos, na sub-rogação ou a novação subjetiva, na incorporação de uma empresa por outra; e a sucessão *mortis causa*, quando a ideia de continuidade das relações jurídicas se dá em virtude da morte de alguém.

Interessa, particularmente, a sucessão *mortis causa*, definida por Clóvis Bevilaqua[6] como "o complexo de princípios, segundo os quaes se realiza a transmissão do patrimônio de alguém, que deixa de existir. Essa transmissão é a *herança*; quem recebe a herança é herdeiro ou legatário".[7]

---

[4] *Tratado de Direito das Sucessões*. 4. ed., rev. e atual. Com a colaboração de Aires Itabaiana de Oliveira. São Paulo: Max Limonad, 1952, n. 20, p. 52.

[5] *Código Civil*. 4. ed. Rio de Janeiro: Freitas Bastos, 1939, v. VI, p. 7.

[6] Idem.

[7] A partir deste ponto, a expressão 'direito sucessório' será empregada exclusivamente como sinônimo de sucessão *mortis causa*. Eventual referência à sucessão *inter vivos* será objeto de advertência expressa, quando não for possível inferir logicamente do contexto.

Inúmeros autores se aprofundaram no estudo dos fundamentos da sucessão *mortis causa*,[8] interessando-nos a referência de Orozimbo Nonato[9] a Lopes da Costa, destacando os fundamentos sociais e jurídicos do direito sucessório:

> A transmissão das obrigações *causa mortis* tem um fundamento social e um fundamento jurídico que o reflete.
>
> O primeiro é que a solidariedade humana não se pode reduzir ùnicamente ao espaço, mas tem necèssariamente que abranger o tempo.
>
> Ninguém pode afirmar que viverá o necessário para levar a termo a missão que o destino lhe impôs. A sua atividade, entretanto, irá provocar o aparecimento de uma série de relações, que a morte não poderia eliminar, sem que a mais profunda anarquia dissolvesse a ordem moral, a ordem jurídica e a ordem econômica.
>
> O outro fundamento é que o patrimônio individual constitui uma universalidade, um conjunto indivisível de direitos que passam ao sucessor universal sem que, nesse deslocamento de seu centro de atração, percam a unidade que é o seu traço definido.

Silvio Rodrigues[10] aponta a íntima conexão existente entre o direito sucessório e o direito de propriedade, observando que "a possibilidade de transmitir bens *causa mortis* constitui um corolário do direito de propriedade; caso contrário, a propriedade ficaria despida de um dos seus característicos, ou seja, a perpetuidade".

Todas as nossas constituições da era republicana asseguraram o direito de propriedade, donde se extrai a proteção ao direito de herança, em ilação lógica feita a partir de uma interpretação extensiva e axiológica do próprio conteúdo do direito de propriedade. Assim o fizeram a Constituição de 24 de fevereiro de 1891;[11] a Constituição de 16 de julho de 1934;[12] a Constituição de 10 de novembro de

---

[8] Merece destaque os estudos desenvolvidos por ITABAIANA DE OLIVEIRA, Arthur Vasco. *Tratado de Direito das Sucessões*. 4. ed., rev. e atual. Com a colaboração de Aires Itabaiana de Oliveira. São Paulo: Max Limonad, 1952, p. 45-61; por MAXIMILIANO, Carlos. *Direito das Sucessões*. 2. ed. Rio de Janeiro: Freitas Bastos, 1943, v. I, p. 22-27; por FERREIRA, Pinto. *Tratado das Heranças e dos Testamentos*. São Paulo: Saraiva, 1983, p. 11-12 e por ALMADA, Ney de Mello. *Sucessões*. São Paulo: Malheiros, 2006, p. 29-32.

[9] *Estudos sobre Sucessão Testamentária*. Rio de Janeiro: Revista Forense, 1957, v. 1, p. 17-18.

[10] *Direito Civil: Direito das sucessões*. 25. ed., atual. por Zeno Veloso. São Paulo: Saraiva, v. 7, 2002, p. 5-6.

[11] Seção II, Declaração de Direitos, Art. 72. A Constituição assegura a brasileiros e a estrangeiros residentes no paíz a inviolabilidade dos direitos concernentes á liberdade, á segurança individual e á propriedade nos seguintes termos: § 17. O direito de propriedade mantem-se em toda a plenitude, salva a desapropriação por utilidade pública, mediante indemnização prévia.

[12] Capítulo II, Dos Direitos e das Garantias Individuaes, Art. 113. A Constituição assegura a brasileiros e a estrangeiros residentes no paíz a inviolabilidade dos direitos concernentes á liberdade, á subsistência, á segurança individual e á propriedade, nos termos seguintes: 17) É garantido o direito de propriedade, que não poderá ser exercido contra o interesse social ou collectivo, na fórma que a lei determinar.

1937;[13] a Constituição de 18 de setembro de 1946;[14] repetida pela Constituição de 24 de janeiro de 1967[15] e a Constituição Federal de 1988.

A Constituição Federal de 1988 inovou imensamente em relação às anteriores ao incluir o direito de propriedade[16] e o direito de herança[17] no rol dos direitos e das garantias individuais,[18] com as importantes consequências daí advindas, em especial, a impossibilidade de sua supressão, ainda que por emenda constitucional, em evidente demonstração da relevância do direito sucessório em nosso ordenamento.

Na expressão de Ana Luiza Maia Nevares:[19]

> A sucessão hereditária, portanto, no ordenamento jurídico brasileiro, constitui uma garantia fundamental dos cidadãos, conforme opção levada a cabo pelo legislador constituinte brasileiro, no inciso XXX, do art. 5º, da Constituição Federal de 1988. Sua abolição não pode ser objeto de emenda constitucional, consoante o disposto no art. 60, § 4º, inciso IV da Carta Magna, cumprindo à legislação ordinária disciplinar o fenômeno sucessório de acordo com os valores constitucionais.

---

[13] Dos Direitos e Garantias Individuais, Art. 133. A Constituição assegura aos brasileiros e estrangeiros residentes no país o direito à liberdade, à segurança individual e à propriedade, nos seguintes termos: §14 – O direito de propriedade, salvo a desapropriação por necessidade ou utilidade pública, mediante indenização prévia. O seu conteúdo e os seus limites serão os definidos nas leis que lhe regularem o exercício.

[14] Capítulo II, Dos Direitos e Garantias Individuais, Art. 141. A Constituição assegura aos brasileiros e aos estrangeiros residentes no país a inviolabilidade dos direitos concernentes à vida; à liberdade; à segurança individual e à propriedade, nos têrmos seguintes: § 16. É garantido o direito de propriedade, salvo o caso de desapropriação por necessidade ou utilidade pública, ou por interesse social, mediante prévia e justa indenização em dinheiro.

[15] Capítulo IV, Dos Direitos e Garantias Individuais, Art. 150. A Constituição assegura aos brasileiros e aos estrangeiros residentes no País a inviolabilidade dos direitos concernentes à vida; à liberdade; à segurança e à propriedade, nos têrmos seguintes: § 22. É garantido o direito de propriedade, salvo o caso de desapropriação por necessidade ou utilidade pública, ou por interesse social, mediante prévia e justa indenização em dinheiro, ressalvado o disposto no art. 157, VI, § 1º.

[16] Título II, Dos Direitos e Garantias Fundamentais, Capítulo I, Dos Direitos e Deveres Individuais e Coletivos, Art. 5º. Todos são iguais perante a lei, sem distinção de qualquer natureza, garantindo-se aos brasileiros e aos estrangeiros residentes no País a inviolabilidade do direito à vida, à liberdade, à igualdade, à segurança e à propriedade, nos termos seguintes: XXII – É garantido o direito de propriedade. Até então, o direito de propriedade estava inserido no capítulo relativo à ordem econômica.

[17] Art. 5º. XXX – é garantido o direito de herança.

[18] A respeito da distinção existente entre direito e garantia fundamental, MORAES, Alexandre. *Direito Constitucional*. 5. ed., ampl. e rev. São Paulo: Atlas, 1999, p.58, anota que a referida distinção monta a Rui Barbosa, a quem credita "a separação entre as disposições meramente declaratórias, que são as que imprimem existência legal aos direitos reconhecidos, e as disposições assecuratórias, que são as que, em defesa dos direitos, limitam o poder. Aquelas instituem os direitos; estas, as garantias; ocorrendo não raro juntar-se, na mesma disposição constitucional, ou legal, a fixação da garantia com a declaração do direito".

[19] *A tutela Sucessória do Cônjuge e do Companheiro na Legalidade Constitucional*. Rio de Janeiro: Renovar, 2004, p. 33.

Por conta dessa natureza de direito e de garantia individual, torna-se impensável que uma pessoa possa ser ferida no direito de herança sem que as leis brasileiras lhes deem a devida proteção.[20]

## 1.2. Modos de suceder e liberdade de dispor

De acordo com o artigo 1.786 do Código Civil, que reproduz o artigo 1.573 do Código anterior, a sucessão *mortis causa* opera-se por força de lei ou por disposição de última vontade. Quando decorre da lei, é denominada "sucessão legítima"; se decorrente de disposição de última vontade, é intitulada "sucessão testamentária".

A sucessão testamentária decorre da vontade do autor da herança, manifestada em testamento válido, lavrado na forma e nas condições da lei. Entende-se por testamento o "acto personalíssimo, unilateral, gratuito, solemne e revogável, pelo qual alguém, segundo as prescrições da lei, dispõe, total ou parcialmente, de seu patrimônio para depois da sua morte; ou nomeia tutores para seus filhos; ou reconhece filhos naturaes; ou faz outras declarações de última vontade".[21]

Na inexistência de testamento, ou caso este não contemple a totalidade do patrimônio, for nulo, anulado, romper-se ou simplesmente caducar,[22] dar-se-á a sucessão legítima, resultante da lei que, presumindo a vontade do *de cujus*,[23] convoca determinadas pessoas ligadas

---

[20] BASTOS, Celso Ribeiro; MARTINS, Ives Gandra. *Comentários à Constituição do Brasil: promulgada em 05 de outubro de 1988*. São Paulo: Saraiva, 1989, v. 2, p. 4.

[21] BEVILAQUA, Clovis. *Código Civil*. 4. ed. Rio de Janeiro: Freitas Bastos, 1939, v. VI, p. 85.

[22] CC, Art. 1.788. Morrendo uma pessoa sem testamento, transmite a herança aos herdeiros legítimos; o mesmo ocorrerá quanto aos bens que não forem compreendidos no testamento; e subsiste a sucessão legítima se o testamento caducar, ou for julgado nulo. Essa ideia é uniforme na doutrina, antiga e contemporânea, da qual destacamos MONTEIRO, Washington de Barros. *Curso de Direito Civil: Direito das Sucessões*, 35ª ed., atual. por Ana Cristina de Barros Monteiro França Pinto, São Paulo: Saraiva, v. 6, p. 10; RODRIGUES, Silvio. *Direito Civil: Direito das sucessões*. 25. ed., atual. por Zeno Veloso. São Paulo: Saraiva, v. 7, 2002, p. 17; OLIVEIRA, Euclides de; AMORIM, Sebastião. *Inventários e Partilhas: direito das sucessões: teoria e prática*. 15. ed. São Paulo: Leud, 2003, p. 25; CAHALI, Francisco José; HIRONAKA, Giselda Maria Fernandes Novaes. *Direito das Sucessões*. 3. ed., atual. e ampl. São Paulo: Saraiva, 2007, p. 42; NEVARES, Ana Luiza Maia. *A tutela Sucessória do Cônjuge e do Companheiro na Legalidade Constitucional*. Rio de Janeiro: Renovar, 2004, p. 35.

[23] A ideia de presunção da vontade do falecido é difundida por COELHO DA ROCHA, M. A. *Intituições de Direito Civil Portuguez*. 4. ed. Coimbra: Imprensa da Universidade de Coimbra, 1867, t. I, § 348, p. 239; GONÇALVES, Cunha. *Tratado de direito civil*. São Paulo: Max Limonad, 2003, t. II, v. IX, n. 1.352; PONTES DE MIRANDA, Francisco Cavalcante. *Tratado de Direito Privado*. Rio de Janeiro: Borsoi, t. LV, 1968, p. 201; por RODRIGUES, Silvio. *Direito Civil: Direito das sucessões*. 25. ed., atual. por Zeno Veloso. São Paulo: Saraiva, v. 7, 2002, p. 17 e 95; por CAHALI, Francisco José; HIRONAKA, Giselda Maria Fernandes Novaes. *Direito das Sucessões*. 3. ed., atual. e ampl. São Paulo: Saraiva, 2007, p. 41; por DINIZ, Maria Helena. *Curso de Direito Civil Brasileiro: Direito*

ao defunto, em ordem preferencial, pelo matrimônio, pela união estável ou pelo parentesco, para sucedê-lo.

Essa também é a solução do artigo 2.131 do Código Civil português,[24] fonte inspiradora do livro das sucessões da codificação de 2002, sobre o qual se manifesta Diogo Leite Campos, professor catedrático da Universidade de Coimbra:

> A sucessão legítima abre-se quando não há testamento, ou o testamento só dispôs de parte dos seus bens; mas também, quando o testamento não é válido, ou não é eficaz porque foi revogado ou caducou (artigo 2.131º do Código Civil).

Estes modos de suceder – sucessão legítima e sucessão testamentária – podem coexistir em uma mesma sucessão sempre que, presente um testamento válido, este não contemplar a totalidade dos bens (Código Civil, art. 1.788)[25] ou "se existirem herdeiros necessários que não podem ser excluídos por disposição de última vontade (CC, art. 1.789)", como observa a lente atenta de Francisco José Cahali.[26]

Ao lado da sucessão legítima e da testamentária, a sucessão pode ser a título universal e a título singular. Será universal quando o sucessor receber a totalidade ou uma fração ideal do patrimônio inventariado (*universitas iuris*). Será singular quando o sucessor receber bem determinado, especificado, dentro da universalidade.

O herdeiro sempre receberá a título universal, isto é, a totalidade do patrimônio ou fração ideal dele (metade, um terço, um quinto). O legatário recebe bem destacado, singularizado, extraído da universa-

---

*das Sucessões.* 21. ed., rev. e atual. São Paulo: Saraiva, v. 6, 2007, p. 16. Transcrevem-se as lições de Cunha Gonçalves e de Coelho da Rocha. Cunha Gonçalves: "A sucessão diz-se legítima quando, por ter o dono dos bens falecido sem instituir seu sucessor, ou por ter sido anulada, revogada ou estar caduca a instituição, ou ter aquele disposto só de parte dos seus bens, a lei baseando-se na presunção derivada das relações de família e da afeição natural que no seio desta, une os seus membros, indica quais serão os sucessores desses bens, graduando-os conforme os graus e a natureza do parentesco." Coelho da Rocha: "As leis civis, seguindo os sentimentos da natureza; reputando talves os bens antes patrimonio da família, do que de cada indivíduo; e querendo sanccionar os officios, que o amor, o sangue e a gratidão impõem aos ascendentes e as descendentes, uns a respeito dos outros; não só lhes deferem reciprocamente as heranças, mas nem admittem disposição em contrario, se não em pena de ter o herdeiro da sua parte transgredido antes esses mesmos officios. Porém, não querendo privar estas pessoas dos meios de exercer a sua liberalidade, e de satisfazer as suas affeições, ou votos especiais, deixam-lhes a liberdade de disporem arbitrariamente da terça."

[24] CC Português, Art. 2.131. Se o falecido não tiver disposto válida e eficazmente, no todo ou em parte, dos bens de que podia dispor para depois da morte, são chamados à sucessão desses bens os seus herdeiros legítimos.

[25] OLIVEIRA, Euclides de; AMORIM, Sebastião. *Inventários e Partilhas: direito das sucessões: teoria e prática.* 15. ed. São Paulo: Leud, 2003, p. 17.

[26] CAHALI, Francisco José; HIRONAKA, Giselda Maria Fernandes Novaes. *Direito das Sucessões.* 3. ed., atual. e ampl. São Paulo: Saraiva, 2007, p. 42.

lidade, como, por exemplo, uma casa ou um veículo especificado pelo autor da herança em testamento.

Respeitado o limite da *divisão necessária* estabelecido pela legislação brasileira, nada impede que um único sucessor concorra a dois títulos distintos em uma mesma sucessão e por isso, ostente, simultaneamente, as qualidades de herdeiro e legatário ou de herdeiro legítimo e herdeiro instituído.

Tal condição é possível porque o direito pátrio, seguindo idêntica orientação encontrada em inúmeras outras legislações, limita a liberdade do testador sempre que existirem herdeiros necessários,[27] aos quais a lei assegura, obrigatoriamente, uma parte da herança, salvo nos casos excepcionalíssimos de deserdação e de indignidade, quando a própria lei admite afastá-los da sucessão, após o devido processo legal.

### 1.3. Herdeiros legítimos e herdeiros necessários

Sob o risco de afastar da sucessão quem efetivamente ostenta algum direito sucessório ou assegurá-lo a quem efetivamente não o detém, é preciso distinguir-se claramente herdeiros legítimos de herdeiros necessários, a fim de se evitarem indesejáveis consequências práticas que equívocos conceituais podem ensejar no direito do sucessor.

Herdeiros legítimos são aqueles relacionados na vocação hereditária,[28] que vem a ser "a relação preferencial, estabelecida pela lei, das pessoas chamadas a suceder o finado".[29]

Herdeiros necessários, legitimários ou reservatários, por seu turno, são aqueles a quem a lei assegura uma parcela do patrimônio do *de cujus*, obrigatoriamente. Tal parcela é designada legítima ou reserva e compõe a intitulada sucessão necessária ou forçada.[30] A outra

---

[27] Também designados legitimários, reservatários ou simplesmente obrigatórios.

[28] CC, Art. 1.829. A sucessão legítima defere-se na ordem seguinte: I – aos descendentes, em concorrência com o cônjuge sobrevivente, salvo se casado este com o falecido no regime da comunhão universal de bens, ou no da separação obrigatória de bens (art. 1.640, parágrafo único); ou se, no regime da comunhão parcial, o autor da herança não houver deixado bens particulares; II – aos ascendentes, em concorrência com o cônjuge; III – ao cônjuge sobrevivente; IV – aos colaterais.

[29] RODRIGUES, Silvio. *Direito Civil: Direito das sucessões*. 25. ed., atual. por Zeno Veloso. São Paulo: Saraiva, v. 7, 2002, p. 94.

[30] ASCENSÃO, José de Oliveira. *Direito Civil: Sucessões*. 5. ed., rev. Coimbra: Coimbra Editora, 2000, p. 354-355, critica essa terminologia, entendendo que as qualificações "sucessão legítima" ou "forçada" "não são elucidativas e por isso devem ser evitadas. É que, no que respeita aos

parcela do patrimônio é intitulada "parte disponível", podendo ser atribuída a quem quer que seja, inclusive ao próprio herdeiro necessário.

Por opção legislativa, os herdeiros necessários são considerados, concomitantemente, herdeiros legítimos, porque também figuram na relação preferencial da vocação hereditária.[31] No entanto, a lei não considera todo herdeiro legítimo como herdeiro necessário, resultando daí a "cerebrina colocação", repetida pela doutrina, segundo a qual *todo herdeiro necessário é um herdeiro legítimo, mas nem todo herdeiro legítimo é herdeiro necessário.*

A esse respeito, Arnaldo Rizzardo[32] tece as seguintes considerações:

> O sentido de "legítima" não é igual ao sentido de "legítimos", quando anexa a palavra herdeiros. Aqui, corresponde às pessoas com vocação hereditária, enquanto no outro termo se restringe ao patrimônio que é destinado aos herdeiros necessários. Específico, também, o significado de "sucessão legítima", que compreende aquela sucessão transmitida aos herdeiros nomeados na lei – art. 1.829 (art. 1.603 da lei civil de 1916). Do seu significado decorre o de "herdeiros legítimos", que são aqueles para quem se opera a sucessão legítima. Mais propriamente, expressa a sucessão que advém de um parentesco que inclui não só as pessoas descendentes da mesma genealogia, mas também as de relação adotiva e aquelas unidas por um vínculo derivado do casamento e de um relacionamento marital estável.

O Código Civil de 1916[33] considerava herdeiros legítimos os descendentes, os ascendentes, o cônjuge, os colaterais de até quarto grau e, na falta deles, o Estado, equivocadamente relacionado no rol da vocação hereditária.[34] Destes, somente os descendentes e ascendentes eram considerados herdeiros necessários.[35]

---

sucessíveis, nenhuma sucessão é forçada, visto que todos eles têm a faculdade de repudiar a sucessão. E mesmo por parte do *de cuius* não há propriamente uma sucessão necessária, visto que a legítima pode ser satisfeita através de outros meios".

[31] Descendentes, ascendentes, cônjuge e colaterais.

[32] *Direito das Sucessões*. 3. ed. Rio de Janeiro: Forense, 2007, p. 208.

[33] CC de 1916, Art. 1.603. A sucessão legítima defere-se na seguinte ordem: I – aos descendentes; II – aos ascendentes; III – ao cônjuge sobrevivente; IV – aos colaterais; V – ao Estado.

[34] O Código Civil espanhol também inclui o Estado no rol dos herdeiros legítimos, induzindo parte considerável da doutrina espanhola a defender a qualidade de herdeiro do Estado, como fazem PICAZO, Luis Díez; GULLÓN, Antonio. *Sistema de Derecho Civil: Derecho de família. Derecho de sucesiones*. 10. ed., 2ª reimpresión. Madri: Tecnos. 2007, p. 474: "El llamamiento que se hace al Estado es um llamamiento sucesorio y su título es um título de heredero. Em nuestro Código civil lo dice muy claramente el artículo 957: los derechos y obligaciones del Estado serán los mismos que los de los demás herederos." Esse posicionamento também é defendido pelo autor português PROENÇA, José João Gonçalves de. *Direito das Sucessões*. 2. ed., rev. e atual. Lisboa: Quid Juris, 2005, p. 104-105.

[35] *CC*, 1916, Art. 1.721. O testador que tiver descendentes ou ascendentes sucessíveis não poderá dipor de mais da metade de seus bens; a outra parte pertencerá de pleno direito aos descen-

O Estado não é e nunca foi tecnicamente um herdeiro, como observa Francisco José Cahali:[36] "O Poder Público não é propriamente herdeiro, pois não existe para com o falecido qualquer vínculo (consanguíneo, civil ou familiar), fundamento básico do direito sucessório".

Atento a esta atecnia, o Código Civil de 2002 excluiu, corretamente, o Estado da ordem da vocação hereditária[37] e ampliou a relação dos herdeiros qualificados como necessários. Nessa relação, o Código inseriu o cônjuge,[38] como reclamava a autorizada doutrina,[39] amparada na legislação alienígena, com especial destaque para Itália[40] e Portugal;[41] como noticia Zeno Veloso:[42]

> O novo Código Civil, seguindo uma tendência universal, melhorou substancialmente a posição do cônjuge na sucessão legítima, considerando-o, inclusive, herdeiro necessário, como os descendentes e ascendentes (art. 1.845). Segue-se a esteira do Código Civil italiano (art. 536, com a Reforma de 1975) e do Código Civil português (art. 2.157, com a Reforma de 1977), valendo chamar a atenção para o fato de que no artigo 1.884 do Projeto primitivo, elaborado em 1566 pelo venerando Clóvis Bevilaqua, já era considerado o cônjuge herdeiro necessário, o que ocorreu, também no Anteprojeto de Código Civil, apresentado em 1963 por Orlando Gomes.

Os colaterais, herdeiros legítimos, não são considerados pela lei herdeiros necessários, mas simplesmente facultativos,[43] razão pela qual podem ser afastados da sucessão, bastando ao testador dispor da

---

dentes e, em sua falta, ao ascendente, dos quais constitui a legítima, segundo o disposto neste Código (arts. 1.603 a 1.619 e 1.723).

[36] CAHALI, Francisco José; HIRONAKA, Giselda Maria Fernandes Novaes. *Direito das Sucessões*. 3. ed., atual. e ampl. São Paulo: Saraiva, 2007, p. 209.

[37] O Código Civil de 2002 disciplina o recolhimento da herança pelo Estado em separado, como faz o Código Civil francês, em Capítulo próprio: CC francês, Chapitre IV: Des droits de l'Etat, Article 768. A défaut d'héritiers, la succession est acquise a l"Etat." De fato, o Estado não recolhe a herança em razão da condição de herdeiro, mas por força de lei

[38] CC, Art. 1.845. São herdeiros necessários os descendentes, os ascendentes e o cônjuge.

[39] BEVILAQUA, Clóvis. *Anteprojeto de Código Civil*; GOMES, Orlando. *Anteprojeto de Código Civil*; PEREIRA, Caio Mário da Silva. *Instituições de Direito Civil*. 20. ed. Rio de Janeiro: Forense, 2004, v. VI, n. 447, p. 73-78.

[40] CC, Art. 536. Legittimari. Le persone a favore delle quali la legge riserva (457, 549) una quota di eredità o altri diritti nella succesione sono: Il coniuge, i figli legittimi, i figli naturali, gli ascendenti legittimi.

[41] CC, Art. 2.157. São herdeiros legitimários o cônjuge, os descendentes e os ascendentes, pela ordem e segundo as regras estabelecidas para a sucessão legítima.

[42] Direito Sucessório dos Companheiros. In: DIAS, Maria Berenice; PEREIRA, Rodrigo da Cunha (Coords.). *Direito de Família e o novo Código Civil*. 3. ed., rev., atual. e ampl. Belo Horizonte: Del Rey, 2003, p. 280.

[43] Cf. CAHALI, Francisco José; HIRONAKA, Giselda Maria Fernandes Novaes. *Direito das Sucessões*. 3. ed., atual. e ampl. São Paulo: Saraiva, 2007, p. 47.

totalidade de seu patrimônio em testamento válido sem os contemplar, nos termos do artigo 1.850 do Código Civil.

Na ausência de herdeiros necessários, o autor da herança terá liberdade irrestrita para dispor de seu patrimônio em testamento. No entanto, essa liberdade é restringida se existirem herdeiros necessários, circunstância em que o falecido só pode dispor livremente de metade ideal de seus bens, a chamada *parte disponível*. A outra metade ideal, intitulada *legítima, reserva legal* ou *parte indisponível*, pertencerá de pleno direito aos herdeiros necessários, como observa Ana Luiza Maia Nevares,[44] em particular classificação:

> A sucessão legítima se divide em sucessão legítima necessária e sucessão legítima não necessária. A sucessão legítima necessária é aquela que não pode ser excluída pela vontade do *de cujus*, dando origem aos herdeiros necessários e à quota necessária, também chamada. Em contraposição a esta, há a quota disponível, ou seja, aquela parte do patrimônio que o *de cujus* pode livremente dispor através do testamento.[45]

## 1.4. Companheiro, sucessor legal

No censurável tratamento dispensado pelo legislador ao companheiro, este foi defenestrado da ordem da vocação hereditária e do rol dos herdeiros necessários, o que tem provocado acesa discussão doutrinária, pois a lei também não diz que o companheiro pode ser excluído da herança por testamento, como se verifica com os colaterais.[46]

Giselda Maria Fernandes Novaes Hironaka,[47] Maria Berenice Dias;[48] Ana Luiza Maria Nevares;[49] Aldemiro Rezende Dantas Jr.;[50]

---

[44] *A tutela Sucessória do Cônjuge e do Companheiro na Legalidade Constitucional*. Rio de Janeiro: Renovar, 2004, p. 35.

[45] Essa classificação é encontrada na obra de PONTES DE MIRANDA, Francisco Cavalcante. *Tratado de Direito Privado*. Rio de Janeiro: Editor Borsoi, 1968, v. 55, p. 201-212.

[46] CC, "Art. 1.850. Para excluir da sucessão os colaterais, basta que o testador disponha de seu patrimônio sem os contemplar". Esse dispositivo não contempla expressamente a figura do companheiro.

[47] Herdeiros Necessários e Direito de Representação. In: ——; PEREIRA, Rodrigo da Cunha (Coords.). *Direito das Sucessões*. 2. ed. Belo Horizonte: Del Rey, 2007, p. 115.

[48] *Manual de Direito das Famílias*. Porto Alegre: Livraria do Advogado, 2005, p. 166.

[49] Os Direitos Sucessórios do Cônjuge e do Companheiro no Código Civil de 2002: uma abordagem à luz do Direito Civil-Constitucional. In: *Revista Brasileira de Direito de Família*, ano VIII, jun-jul 2006, v. 36, p. 154.

[50] Sucessão no casamento e na união estável. In: FARIAS, Cristiano Chaves (Coord.). *Temas atuais de direito e processo de família: primeira série*. Rio de Janeiro: Lúmen Juris, 2004, p. 591-596.

Mauro Antonini[51] e Belmiro Pedro Welter[52] defendem a condição de herdeiro necessário do companheiro e o não afastamento deste da sucessão por vontade do autor da herança.

Em direção contrária, por entenderem que o companheiro não é herdeiro necessário, e, por isso, pode ser afastado da sucessão por testamento, posicionam-se Francisco José Cahali e Fabiana Domingues Cardoso;[53] Euclides de Oliveira;[54] Eduardo de Oliveira Leite;[55] Gavião de Almeida;[56] Inágcio de Carvalho Neto;[57] José Fernando Simão;[58] Luiz Felipe Brasil Santos;[59] Larissa Fontes de Carvalho Torres;[60] Zeno Veloso;[61] Nelson Nery Jr e Rosa Maria de Andrade Nery;[62] Rolf Madaleno, Maria Helena Marques Braceiro Daneluzzi, Mário Delgado e Silvio de Salvo Venosa, os cinco últimos citados por Francisco José Cahali.[63]

Defendemos que o companheiro não é herdeiro legítimo, tampouco herdeiro necessário, visto seu direito sucessório decorrer de artigo específico,[64] capitulado fora da ordem da vocação hereditária, mais precisamente no capítulo que trata da sucesão em geral, o que

---

[51] *Código Civil Comentado.* Coord. César Peluso. Barueri: Manole, 2007, p. 1834-1835.

[52] *Estatuto da União Estável.* 2. ed. Porto Alegre: Síntese, 2003, p. 216-219.

[53] Sucessão na União Estável. In: CASSETARI, Christiano; MENIN, Marcia (Coords.). *Direito das Sucessões.* São Paulo: Revista dos Tribunais, v. 8, p. 145.

[54] *União estável: do concubinato ao casamento.* 6. ed., rev. e atual. 2ª tiragem. São Paulo: Método, 2003, p. 106.

[55] *Comentários ao novo Código Civil.* Coord. Sálvio de Figueiredo Teixeira. Rio de Janeiro: Forense, 2003, v. XXI, p. 64.

[56] *Código civil comentado.* Coord. Álvaro Villaça de Azevedo. São Paulo: Atlas, 2003, v. XVIII, p. 251.

[57] CARVALHO NETO, Ignácio de. A sucessão do cônjuge e do companheiro no novo Código Civil. In: *Revista Jurídica Consulex.* ano VI, n. 135, 31 de agosto de 2002, p. 26.

[58] Casamento ou união estável: eis a questão. Capturado em: www.professorsimão.com.br. Acessado em 02.07.2008.

[59] A sucessão dos companheiros no novo Código Civil. Capturado em: www.familia-gontijo.adv.br. Acessado em 02.07.2008.

[60] União Estável: considerações acerca do direito sucessório do companheiro. In: *Jusnavegandi.* n. 1.238, 21 de novembro de 2006, elaborado em maio de 2006.

[61] Direito Sucessório dos Companheiros. In: DIAS, Maria Berenice; PEREIRA, Rodrigo da Cunha (Coords.). *Direito de Família e o novo Código Civil.* 3. ed., rev., atual. e ampl. Belo Horizonte: Del Rey, 2003, p. 280.

[62] *Código Civil Comentado.* 6 ed. São Paulo: Revista dos Tribunais, 2008, comentários ao artigo 1790, nota 6, p. 1147.

[63] Sucessão na União Estável. In: CASSETARI, Christiano; MENIN, Marcia (Coords.). *Direito das Sucessões.* São Paulo: Revista dos Tribunais, v. 8, p. 149-151.

[64] CC, Art. 1.790. A companheira ou o companheiro participará da sucessão do outro, quanto aos bens adquiridos onerosamente na vigência da união estável, nas condições seguintes: I – se concorrer com filhos comuns, terá direito a uma quota equivalente à que por lei for atribuída ao filho; II – se concorrer com descendentes só do autor da herança, tocar-lhe-á a metade do que

lhe confere uma condição particular de sucessor legal, no sentido de estar na lei, porém fora do rol dos herdeiros legítimos, como ocorre na sucessão anômala.[65]

É verdade que o artigo 1.850 do Código Civil[66] não consigna, expressamente, que o companheiro, como o colateral, pode ser afastado da sucessão por disposição de vontade do autor da herança. Esse fato, porém, não deve ser interpretado como forma de emprestar ao companheiro a condição de herdeiro necessário, mas como uma desatenção do legislador, mais especificamente a um deficiente trabalho de revisão do Código Civil.

Não houve, quanto ao artigo 1850 do Código Civil, a omissão proposital ou silêncio eloquente, questões tratadas por Zeno Veloso,[67] a ensejar interpretação distinta, no sentido de que o companheiro não foi incluído no dispositivo em questão por conta de um desejo íntimo do legislador de impedir que o companheiro fosse excluído da sucessão por vontade do autor da herança.

Houve, em realidade, um lapso do Código Civil ao não incluir a figura do companheiro no texto do artigo 1.850 do Código Civil; lapso idêntico ao cometido pelo legislador em outras passagens, como ao deixar de prever as hipóteses específicas de deserdação para o cônjuge, à semelhança do que se verifica com os descendentes e com os ascendentes, também herdeiros necessários.

O fato, porém, de o companheiro não ostentar a qualidade de herdeiro necessário não significa que ele pode ser afastado da sucessão por vontade do outro, a exemplo do que se verifica com os colaterais.[68] Na qualidade de sucessor legal, ele participará da sucessão do companheiro falecido, nos termos do artigo 1.790 do Código Civil que, peremptoriamente, estabelece que o companheiro "participará

---

couber a cada um deles; III – se concorrer com outros parentes sucessíveis, terá direito a 1/3 (um terço) da herança; IV – não havendo parentes sucessíveis, terá direito à totalidade da herança.

[65] Entendendo que o companheiro integra a vocação hereditária OLIVEIRA, Euclides Benedito de, Os sete pecados capitais do direito sucessório, In: PEREIRA, Rodrigo da Cunha (coord.), *Família e Solidariedade: Teoria e Prática do Direito de Família*, Rio de Janeiro: IBDFAM, 2008, p. 119-138.

[66] CC, Art. 1.850. Para excluir da sucessão os colaterais, basta que o testador disponha de seu patrimônio sem os contemplar.

[67] *Lei de Introdução ao Código Civil – artigos 1º a 6ª*. Belém: Unama, 2005, p. 39.

[68] Em sentido contrário, entendendo que o companheiro pode ser afastado da sucessão NERY Jr., Nelson; NERY, Rosa Maria de Andrade Nery, 6ª ed., *Código Civil Comentado*, São Paulo: Revista dos Tribunais, 2008, p. 1147, Comentários ao artigo 1.790, nota 6: "Companheiro herdeiro e testamento. O companheiro não é herdeiro necessário, nem tem direito à legítima, podendo ser livremente excluído pelo testador na sucessão testamentária (CC 1845 e 1846). A regra do CC 1850 se aplica, também, por isso, aos companheiros, diante da faculdade de o testador dispor livremente de seu patrimônio (CC 1857 e § 1º, *a contrario sensu*)."

da sucessão do outro", quanto aos bens adquiridos onerosamente durante a constância da união, na forma nele estabelecida.[69]

Isso significa que, quanto aos bens adquiridos onerosamente durante a constância da união estável, o companheiro não poderá ser alijado da sucessão, ainda que ele e o *de cujus* tivessem celebrado contrato de convivência disciplinando a separação total dos bens.[70]

Assim é que, dissolvida a união estável, os conviventes podem não ostentar direito a meação, se existente contrato de convivência disciplinando a separação total de bens, porém, contrato este que não terá o condão de afastar o direito sucessório sobre os bens particulares adquiridos onerosamente durante a constância da união estável, face o comando imperativo do artigo 1.790 do Código Civil.

Nada há de herético no raciocínio. Meação e sucessão são títulos distintos, como clarifica a lição sempre respeitada de Francisco José Cahali:[71]

> Pelo *caput* do art. 1.790, a convocação é feita para participar apenas de uma parcela da herança, e não de sua integralidade, restrita ao patrimônio adquirido na vigência da união a título oneroso. Em nada importa o regime patrimonial, se da comunhão parcial ou de outra previsão contratual, sendo irrelevante, ainda, eventual titularidade do viúvo sobre parte deste acervo. Também, pelo limite da lei, poderá ocorrer de o sobrevivente ser meeiro de um bem adquirido por fato eventual, por exemplo, mas nele não participar na sucessão.

Essa é a consequência da sua condição de sucessor legal, independentemente da qualidade de herdeiro necessário, que não ostenta, a exemplo do que se verifica nas hipóteses de sucessão anômala.

Trata-se de um lenitivo ao tratamento dispensado pelo Código Civil ao companheiro que, se não é inconstitucional, é minimamente condenável do ponto de vista social, já que a união estável, modelo de família absolutamente respeitável que, antes do Código Civil, já desfrutava de tratamento legal muito próximo ao ostentado pelo cônjuge.

---

[69] DANTAS JR. Aldemiro Rezende. Sucessão no casamento e na união estável. In: FARIAS, Cristiano Chaves (Coord.). *Temas atuais de direito e processo de família: primeira série*. Rio de Janeiro: Lumen Juris, 2004, p. 591-596.

[70] Entendendo pela exclusão do direito sucessório do cônjuge casado pelo regime da separação de bens, vide acórdão da Ministra Nancy Andrighi, REsp n. 992.749-MS, STJ, 3 T., j. 1.12.2009. Pelas mesmas razões constantes do voto, o raciocínio igualmente se aplica aos companheiros que tenham contratado a separação total de bens.

[71] *Direito das Sucessões*, 3ª ed., São Paulo: Revista dos Tribunais, 2007, p. 181-182. No mesmo sentido, Priscila M. P. Correa da Fonseca, in: Revista do Advogado n. 112, 2011, p. 130.

## 2. A legítima dos herdeiros necessários

### 2.1. Direito estrangeiro

A porção dos bens indisponível ao testador, por estar reservada aos herdeiros necessários, intitulada de legítima ou reserva, é consagrada por inúmeras legislações.

Na Itália, qualificam-se como herdeiros necessários o cônjuge; os filhos legítimos, legitimados ou naturais; e os ascendentes legítimos,[72] sendo-lhes assegurada uma parcela variável do patrimônio do *de cujus*, conforme o número de herdeiros e a existência ou não de concorrência sucessória entre eles. No caso de um único descendente concorrer na sucessão, o Código Civil italiano assegura-lhe a metade do patrimônio a título de legítima. Se dois ou mais filhos concorrerem, a legítima é elevada a dois terços da herança, percentual partilhado igualmente entre eles.[73]

O mesmo percentual é válido quando houver concorrência sucessória entre cônjuge sobrevivente e um único filho do *de cujus*. Sob tais condições, a cada um deles tocará um terço da herança. Concorrendo com dois ou mais filhos, o cônjuge tem sua legítima reduzida a quarta parte do patrimônio do falecido, enquanto a legítima dos filhos será elevada a 50% do patrimônio para ser partilhada igualmente entre os filhos.[74]

---

[72] Art. 536 Legittimari. Le persone a favore delle quali la legge riserva (457, 549) una quota di eredità o altri diritti nella successione sono: il coniuge, i figli legittimi, i figli naturali, gli ascendenti legittimi. Ai figli legittimi sono equiparati i legittimati e gli adottivi.

[73] Art. 537 Riserva a favore dei figli legittimi e naturali. Salvo quanto disposto dall'art. 542, se il genitore lascia un figlio solo, legittimo o naturale (459, 231, 573), a questi è riservata la metà del patrimonio. Se i figli sono più, è loro riservata la quota dei due terzi, da dividersi in parti uguali tra tutti i figli, legittimi e naturali.

[74] Art. 542 Concorso di coniuge e figli. Se chi muore lascia, oltre al coniuge, un solo figlio, legittimo o naturale (459, 231, 258) a quest'ultimo è riservato un terzo del patrimonio ed un altro terzo spetta al coniuge. Quando i figli, legittimi o naturali, sono più di uno, ad essi è complessivamente riservata la metà del patrimonio e al coniuge spetta un quarto del patrimonio del defunto. La divisione tra tutti i figli, legittimi e naturali, è effettuata in parti uguali.

Ainda segundo a lei italiana, se o cônjuge for herdeiro exclusivo[75] ou concorrer com ascendentes do falecido, a sua legítima corresponderá à metade do patrimônio do falecido, remanescendo aos ascendentes uma reserva de 25% do patrimônio do *de cujus*,[76] percentual que se elevará a um terço da herança se os ascendentes figurarem como únicos herdeiros.[77]

Da mesma forma, na França, a legítima dos herdeiros necessários oscila conforme o número e a qualidade dos herdeiros necessários concorrentes à sucessão. Na classe dos descendentes, a lei francesa estabelece que a legítima corresponderá à metade do patrimônio, quando houver um único filho; de dois terços, se concorrerem dois filhos; e de três quartas partes da herança, quando concorrerem três ou mais filhos.[78]

Nas sucessões abertas até janeiro de 2007, consideravam-se os ascendentes herdeiros necessários pela legislação francesa. Na falta de descendentes, recolhia-se a metade dos bens do falecido sempre que existissem um ou mais ascendentes das linhas materna e paterna; percentual reduzido à quarta parte da herança quando os ascendentes pertencessem a uma única linha[79] e que também era assegurado ao cônjuge sobrevivente[80] que participasse da herança sem a concorrência de outros herdeiros.

A Lei francesa n. 2.006-728, de 23 de junho de 2006, vigente a partir de 1º de janeiro de 2007, ab-rogou o artigo 914 do Código Civil francês, excluindo os ascendentes do rol dos herdeiros necessários, conforme pondera Philippe Malaurie e Laurent Aynès:[81]

---

[75] Art. 540 Riserva a favore del coniuge. A favore del coniuge (459) è riservata la metà del patrimonio dell'altro coniuge, salve le disposizioni dell'art. 542 per il caso di concorso con i figli.

[76] Art. 544 Concorso di ascendenti legittimi e coniuge. Quando chi muore non lascia né figli legittimi né figli naturali, ma ascendenti legittimi e il coniuge (459), a quest'ultimo è riservata la metà del patrimonio, ed agli ascendenti un quarto.

[77] Art. 538. Riserva a favore degli ascendenti legittimi. Se chi muore non lascia figli legittimi né naturali, ma ascendenti legittimi, a favore di questi è riservato un terzo del patrimonio, salvo quanto disposto dall'art. 544.

[78] CC, Art. 913. Les libéralités, soit par actes entre vifs, soit par testament, ne pourront excéder la moitié des biens du disposant, s'il ne laisse a son déces qu'un enfant; le tiers, s'il laisse deux enfants; le quart, s'il en laisse trois ou un plus grand nombre; sans qu'il y ait lieu de distinguer entre les enfants légitimes et les enfants naturels.

[79] CC, Art. 914. Les libéralités, par actes entre vifs ou par testament, ne pourront excéder la moitié des biens, si, a défaut d'enfant, le défunt laisse un ou plusieurs ascendants dans chacune des lignes, paternelle et maternelle, et les trois quarts s'il ne laisse d'ascendants que dans une ligne.

[80] CC, Art. 914-1. Les libéralités, par actes entre vifs ou par testament, ne pourront excéder les trois quarts des biens si, a défaut de descendant et d'ascendant, le défunt laisse un conjoint survivant, non divorcé, contre lequel n'existe pas de jugement de séparation de corps passé en force de chose jugée et qui n'est pas engagé dans une instance en divorce ou séparation de corps.

[81] *Les sucessionis – Les libéralités*, p. 316-317.

> Si le défunt n´a pás de descendantes, les ascendants dan le regime antérieur à la loi de 2006 avaient une reserve (art. 914 anc), san qu'il y eût à ditinguer entre le degré de la perenté, ni, depuis la loi de 1972, à opposer la filiation legitime et la filiation naturelle. (...) La loi de 2006 a abrogé cette reserve; un droit de retour legal l'a remplacée.

Atualmente, a vigente lei francesa assegura a reserva unicamente aos descendentes e ao cônjuge sobrevivente, mantendo os percentuais anteriormente mencionados.

Já o Código Civil português disciplina a legítima de seus herdeiros necessários nos artigos 2.158 a 2.161, assegurando ao cônjuge a metade da herança, desde que não concorra com descendentes ou ascendentes,[82] caso contrário, a legítima do cônjuge e dos descendentes será de dois terços do patrimônio do falecido.[83] Não havendo cônjuge sobrevivente, a legítima dos filhos é de metade ou dois terços da herança, de acordo com o número de filhos.[84] Na falta de descendentes e de cônjuge sobrevivente, aos ascendentes será assegurada a metade ou um terço do patrimônio do falecido, conforme forem chamados os pais ou os ascendentes de grau superior ao primeiro.[85]

José João Gonçalves de Proença,[86] catedrático da Universidade Lusíada, fixa bem a variabilidade da legítima no direito português e delineia, em seguida, a reserva de cada um dos sucessores:

> Entre nós, actualmente, é *variável* consoante o número e qualidade dos herdeiros legitimários concorrentes à sucessão (artigos 2158º e segs).
>
> Assim, a *quota legítima* (porção de bens de que o tratador não pode dispor) é de dois terços da herança, se concorrerem à sucessão, o cônjuge e descendentes ou dois ou mais descendentes; será de metade, se concorrer apenas o cônjuge ou só um descendente; será outrossim de dois terços, se concorrerem o cônjuge juntamente com ascendentes; voltará a ser de metade, se só concorrerem ascendentes do primeiro grau; e finalmente será de um terço, se unicamente concorrerem ascendentes no segundo grau.

Quanto ao direito espanhol, assegura-se a legítima aos descendentes, ascendentes e ao cônjuge.[87] Todavia, diversamente dos direi-

---

[82] *CC*, Art. 2.158. A legítima do cônjuge, se não concorrer com descendentes nem ascendentes, é de metade da herança.

[83] *CC*, Art. 2.159, 1. A legítima do cônjuge e dos filhos, em caso de concurso, é de dois terços da herança. CC, Art. 2.161. A legítima do cônjuge e dos ascendentes, em caso de concurso, é de dois terços da herança.

[84] Art. 2.159. 2

[85] Art. 2.161.2

[86] *Direito das Sucessões*. 2. ed., rev. e atual. Lisboa: Quid Juris, 2005, p. 118. No mesmo sentido, cf. CAMPOS, Diogo Leite. *Lições de Direito da Família e das Sucessões*. 2. ed., rev. e actual. Coimbra: Livraria Almedina, 1997, p. 600.

[87] Designados *herederos forzosos*.

tos italiano, francês e português, na Espanha, a legítima do cônjuge sobrevivente não se consolida sobre a propriedade plena do patrimônio – atribuível somente aos descendentes e ascendentes – e sim sobre a nua-propriedade de parte da herança, em regime de usufruto,[88] nos seguintes percentuais: um terço quando concorrer com descendentes; a metade quando concorrer com ascendentes; e dois terços da herança se não tiver herdeiros necessários com quem concorrer, como informam Luis Díez-Picazo e Antonio Gullón:[89]

> A) Concurrencia com hijos o descedientes
>
> El usufructo recae sobre el tercio destinado a mejora (art. 834). La nuda propiedad puede atribuirla el causante, como mejora, a sua hijos y descendientes, o integrarse em la legítima em caso contrario.
>
> B) Concurrencia com ascendentes
>
> El cónyuge viudo tendrá derecho al usufructo de la mitad de la herencia (art. 837, p. 1º)
>
> C) Concorrência com otros herederos
>
> Preceptúa el artículo 838 que no existiendo descendientes ni ascendientes el cónyuge sobreivente tendrá derecho al usufruto de los dos tercios de la herencia.

Distinto também é o regime jurídico da legítima dos descendentes e dos ascendentes. Relativamente aos descendentes, a legislação espanhola estabelece que a legítima será de dois terços da herança, subdivididos em duas partes: uma intitulada de legítima corta, outra, de legítima de mejora. A primeira será atribuída necessariamente aos descendentes, em partes iguais; a segunda também é assegurada aos descendentes, porém, relativamente a esta fração, o autor da herança pode beneficiar um dos filhos ou dos descendentes em detrimento dos demais.[90] Não dispondo de resolução acerca da legítima de mejora, ela será dividida igualmente entre os filhos. Aos ascendentes, o

---

[88] ALBALADEJO, Manuel. *Curso de Derecho Civil: derecho das sucesiones*. 8. ed. Madrid: Edisofer s.l. Libros Jurídicos, 2004, p. 383: "Legítima del cónyuge viudo. – Según dije, la legítima del viudo no es em plena propiedad, como la de los demás legitimarios, sino em usufructo, de form que, sobre la que corresponda, tiene solo aquel derecho vitalicamente, y la nuda propiedad de la misma compte a distintas personas según los casos".

[89] *Sistema de Derecho Civil: Derecho de família. Derecho de sucesiones*. 10. ed., 2ª reimpresión. Madri: Tecnos, 2007, p. 423-424.

[90] "La herencia se divide en tres partes. Una de ellas forma la legítima estricta y se reparte entre los hijos a partes iguales. Si alguno de ellos ha fallecido, heredan sus descendientes por derecho de representación. Otra parte constituye el 'tercio de mejora' que se reparte también entre hijos y descendientes pero no necesariamente a partes iguales. Se puede beneficiar a unos hijos frente a otros. Si no hay testamento, o éste no dice nada al respecto, el tercio de mejora se suma a la legítima y se reparte a partes iguales entre los hijos y descendientes, in: www.discapnet.es/Discapnet/Castellano/Guias/Derecho/Futuro/Futuro003.htm".

Código espanhol reserva a metade ou um terço da herança, conforme concorram ou não com cônjuge sobrevivente.[91]

Na Suíça, o artigo 471 do Código Civil[92] fixa a legítima dos descendentes em três quartos da herança e na metade dela a legítima dos ascendentes e do cônjuge.

A maioria das legislações sul-americanas recepcionou a legítima variável, é o caso da Argentina[93] e da Bolívia,[94] que fixam a legítima dos descendentes em quatro quintos da herança e dos ascendentes em dois terços do patrimônio. A nota distintiva entre os dois ordenamentos fica por conta do tratamento dispensado ao cônjuge, agraciado pela legislação argentina com uma legítima equivalente à metade da herança,[95] enquanto na Bolívia[96] este percentual se eleva a dois terços

---

[91] CC Espanhol, Artículo 808. Constituyen la legítima de los hijos y descendientes las dos terceras partes del haber hereditario del padre y de la madre. Sin embargo, podrán éstos disponer de una parte de las dos que forman la legítima para aplicarla como mejora a sus hijos o descendientes. Cuando alguno de los hijos o descendientes haya sido judicialmente incapacitado, el testador podrá establecer una sustitución fideicomisaria sobre el tercio de legítima estricta, siendo fiduciarios los hijos o descendientes judicialmente incapacitados y fideicomisarios los coherederos forzosos. La tercera parte restante será de libre disposición. Artículo 809. Constituye la legítima de los padres o ascendientes la mitad del haber hereditario de los hijos y descendientes, salvo el caso en que concurrieren con el cónyuge viudo del descendiente causante, en cuyo supuesto será de una tercera parte de la herencia."

[92] Art. 471. La reserve est: 1. pour um descendente, des trois quarts de son droit de succession; 2. pour le père ou la mère, de la moitié; 3. pour le conjoint ou le partenaire enregistré survivant, de la moitié.

[93] CC, Art. 3.593.- La porción legítima de los hijos es cuatro quintos de todos los bienes existentes a la muerte del testador y de los que éste hubiera donado, observándose en su distribución lo dispuesto en el artículo 3.570. Art. 3.594.- La legítima de los ascendientes es de dos tercios de los bienes de la sucesión y los donados, observándose en su distribución lo dispuesto por el artículo 3.571.

[94] CC, Art. 1.059.- (LEGITIMA DE LOS HIJOS). I. La legítima de los hijos, cualquiera sea su origen, es de las cuatro quintas partes del patrimonio del progenitor; la quinta parte restante constituye la porción disponible que el de cujus puede destinar a liberalidades, sea mediante donaciones o mediante legados, en favor de sus hijos, parientes o extraños. (Art. 1.062 del Código Civil). Art. 1.060.- (LEGITIMA DE LOS ASCENDIENTES).
Si el difunto no deja descendientes, ni hijo adoptivo, o descendiente de éste sino sólo ascendientes, la legítima perteneciente a éstos es de las dos terceras partes del patrimonio; la tercera parte restante constituye la porción disponible que el de cujus puede destinar a liberalidades, sean mediante donaciones o mediante legados, en favor de sus parientes o extraños. (Arts. 1.063, 1.065 del Código Civil).

[95] CC, Art. 3.595.- La legítima de los cónyuges, cuando no existen descendientes ni ascendientes del difunto, será la mitad de los bienes de la sucesión del cónyuge muerto, aunque los bienes de la sucesión sean gananciales.

[96] CC, Art. 1.061.- (LEGÍTIMA DEL CONYUGE). Si el difunto no deja descendientes ni hijo adoptivo, ni ascendientes, la legítima perteneciente al cónyuge es de las dos terceras partes del patrimonio; la tercera parte restante constituye la porción disponible que el de cujus puede destinar a liberalidades, sea mediante donaciones o mediante legados, en favor de sus parientes o extraños.

do patrimônio. No Peru,[97] a legítima oscila entre a metade e dois terços da herança. Descendentes e cônjuge têm assegurado dois terços da herança, já os ascedentes, a metade do patrimônio do *de cujus*.

O Código Civil chileno também subdivide a legítima em duas partes, uma delas intitulada legítima rigorosa e a outra, legítima de mejoras, a exemplo do Código espanhol. No Chile, contudo, o percentual da legítima rigorosa supera aquele previsto pela legislação espanhola (que é de um terço), visto compreender a metade dos bens do falecido, reservada aos descendentes, ascendentes e ao cônjuge, na forma preferencial pelos artigos 988 e 989 de seu Código Civil. A legítima de mejora, que no direito espanhol corresponde à terça parte, representa, na legislação chilena, a quarta parte da herança, com a qual o falecido pode beneficiar quaisquer dos descendentes.[98]

O Código Civil do Equador assemelha-se bastante ao sistema chileno, na medida em que fixa uma legítima obrigatória de metade do patrimônio do falecido para os descendentes e, na falta destes, aos ascendentes. Paralelamente à legítima obrigatória, a lei equatoriana também prevê a chamada legítima de mejora, correspondente à quarta parte dos bens atribuída pelo autor da herança a quaisquer dos descendentes.[99] O cônjuge sobrevivente não é qualificado como herdeiro necessário, porém o Código Civil equatoriano assegura-lhe uma parte do patrimônio, denominada porção conjugal, sempre que não dispu-

---

[97] *CC*, Artículo 725.- Tercio de libre disposición. El que tiene hijos u otros descendientes, o cónyuge, puede disponer libremente hasta del tercio de sus bienes. Artículo 726.- Libre disposición de la mitad de los bienes. El que tiene sólo padres u otros ascendientes, puede disponer libremente hasta de la mitad de sus bienes.

[98] *CC*, Artículo 1.184 La mitad de los bienes, previas las deducciones indicadas en el artículo 959, y las agregaciones que en seguida se expresan, se dividirá por cabezas o estirpes entre los respectivos legitimarios, según las reglas de la sucesión intestada; lo que cupiere a cada uno en esa división será su legítima rigorosa. No habiendo descendientes legítimos con derecho de suceder, la mitad restante es la porción de bienes de que el difunto ha podido disponer a su arbitrio. Artículo 1.º Habiendo tales descendientes, la masa de bienes, previas las referidas deducciones y agregaciones, se dividirá en cuatro partes: dos de ellas, o sea la mitad del acervo, para las legítimas rigorosas; otra cuarta, para las mejoras con que el difunto haya querido favorecer a su cónyuge o a uno o más de sus descendientes legítimos, sean o no legitimarios, a uno o más de sus hijos naturales o de los descendientes legítimos de éstos; y otra cuarta, de que ha podido disponer a su arbitrio.

[99] *CC*, Art. 1.229.- La mitad de los bienes, previas las deducciones y agregaciones indicadas en el art. 1.023 y las que enseguida se expresan, se dividirá por cabezas o estirpes entre los respectivos legitimarios, según las reglas de la sucesión intestada. Lo que cupiere a cada uno en esa división será su legítima rigorosa.
No habiendo descendientes con derecho de suceder, la mitad restante es la porción de bienes de que el difunto ha podido disponer a su arbitrio.
Habiendo tales descendientes, la masa de bienes, previas las referidas deducciones y agregaciones, se dividirá en cuatro partes: dos de éllas, o sea la mitad del acervo, para las legítimas rigorosas; una cuarta, para las mejoras con que el difunto haya querido favorecer a uno o más de sus descendientes, sean o no legitimarios; y otra cuarta, de que ha podido disponer a su arbitrio.

ser de patrimônio próprio ou recursos que lhe garantam a subsistência ao tempo da abertura da sucessão.[100]

No Uruguai,[101] a legítima oscila conforme o número de descendentes, fixando uma reserva de metade da herança em caso de filho único; dois terços da herança para a hipótese de serem dois os filhos; e de três quartos da herança se concorrerem três ou mais filhos. Na ausência de descendentes, os ascendentes terão assegurado uma legítima equivalente à metade dos bens. Segundo a legislação uruguaia, o cônjuge não ostenta a qualidade de herdeiro necessário, como fizeram todas as demais legislações anteriormente analisadas.

Na Venezuela,[102] como em Cuba,[103] a legítima incide sobre a metade dos bens da herança.

### 2.2. A legítima no direito brasileiro

O Brasil, distanciando-se da maioria das legislações anteriormente analisadas, adotou o sistema inflexível da legítima, independentemente da qualidade do herdeiro e da concorrência à herança, como escreve Pontes de Miranda:[104]

> No direito brasileiro, metade necessária e metade disponível são quantidades invariáveis. Cada uma corresponde à metade da herança. Não se tem a legítima necessária conforme o número de filhos, o que, *de iure condendo,* sugeríamos (Tratado dos Testamentos, IV, 79). Em França a variabilidade cessa além do quarto filho. Todavia, o fracionamento invariável, que às vezes é injusto, simplifica pelo afastamento de questões que se levantam no direito francês.

Antes mesmo da codificação de 1916, as Ordenações Filipinas[105] já asseguravam duas terças partes da herança aos herdeiros necessá-

---

[100] *CC,* Art. 1.218.- Porción conyugal es la parte del patrimonio de una persona difunta, que la ley asigna al cónyuge sobreviviente, que carece de lo necesario para su congrua sustentación.

[101] *CC,* Art. 887. Habiendo um solo hijo legítimo o natural reconocido o declarado tal o descendencia com derecho a representarle, la porción legitimaria será la mitad de los bienes; si hay dos hijos, lãs dos terceras artes; si hay três o más hijos, las tres cuartas partes. Dicha porción legitimaria se dividirá em partes iguales entre los legitimarios que concurran. No habiendo hijos legítimos ni naturales reconocidos o declarados tales ni descendência com derecho a representarlos, la mitade de la herencia será la legítima de los ascendientes (Artículos 885, numeral 3°).

[102] *CC,* Artículo 884. La legítima de cada descendiente o ascendiente, legítimos o naturales, y la del cónyuge, será la mitad de sus respectivos derechos en la sucesión intestada; y concurren y son excluidos y representados según el orden y reglas establecidos para dicha sucesión.

[103] *CC,* Art. 492.

[104] *Tratado de Direito Privado.* Rio de Janeiro: Borsoi, t. LV, 1968, p. 216.

[105] Ordenações Filipinas, Livro IV. Título XXXII. "Se o pai ou a mãe fizerem testamento, e sabendo que tem filhos, ou filhas, tomarem a terça de seus bens, e a deixarem a quem lhes aprouver,

rios, entendendo de nenhum efeito as disposições testamentárias que viessem a privá-los desta fração mínima da herança. Falava-se em intangibilidade absoluta da legítima dos herdeiros necessários, já que as Ordenações Filipinas vedavam quaisquer formas ou modos, diretos ou indiretos, de restrição desta parte da herança, como enunciava Coelho da Rocha:[106]

> § 349. Dividida a herança em três partes eguaes, depois de deduzidas as dividas, duas formam a *legitima*, e devem ficar salvas aos herdeiros necessários, quer seja um só, quer sejam muitos, para se repartir entre elles, conforme a sua ordem e grau, na mesma proporção, que se succedem, *ab intestato*. Relativamente a cada um, a parte, que por esta divisão lhe toca, constitue a sua *porção legitima* respectiva. A outra parte, a que chamamos *terça*, fica livre para satisfazer os legados, ou liberalidades do defundo. *Ord.* L. 4, tit. 82, *PR.*, Val. *de part.* cap. 17, n. 2.

E arremata o tratadista português:

> § 351. A legitima respectiva de cada um dos herdeiros necessarios é de tal maneira garantida, que não só o defuncto os não pode d'ella privar; mas nem ainda: 1º onera-la com condições ou encargos, os quaes se reputam nullos, *L* 23. *Cod. De inoff. Test.* 2º nem com legados, *L.* 36 *pr. cod, Nov.* 18, cap. 1. Guerr. *Tr.* 2, *L.* 5, cap. 3, n. 1; 3º nem substituil-a por dinheiro, quando da herança lhe devam caber outros bens, Perez. *In Cod. L. 3,* tit. 28, n. 37. Exceptua-se o caso de o defuncto ascendente ter indicado as partilhas em testamento.

O Decreto nº 1.839, de 31 de dezembro de 1907,[107] de autoria de Feliciano Penna, alterou essa ordem das coisas ao estabelecer que o testador com descendentes ou ascendentes sucessíveis não poderia dispor senão da metade de seus bens, porque a outra metade, denominada legítima, competiria de pleno direito a estes sucessores, respeitada a ordem da vocação hereditária.

É de Carlos Maximiliano[108] a notícia de que o Projeto de Código Civil de Clóvis Bevilaqua – anterior ao Decreto 1.839, de 31 de de-

---

ou mandarem distribuir depois de suas mortes; como fôr sua vontade, posto que no testamento não sejam os filhos expressamente instituídos, ou desherdados, mandamos que tal testamento valha, e tenha effeito. Por quanto pois, tomou a terça de seus bens no testamento, e sabia que tinha filhos, parece que as duas partes quis deixar aos filhos, e os instituto nellas posto que dellas não faça expressa menção, e assi devem ser havidos por instituídos herdeiros, como se expressamente o fossem, em favor do testamento. 1. E dispondo o pai, ou a mãe em seu testamento de todos os seus bens e fazenda, não fazendo menção de seu filho legitimo, sabendo que o tinha, ou desherdando-o, não declarando a causa legitima, porque o desherda, tal testamento per Direito nenhum, e de nenhum vigor, quanto a instituição, ou desherdação nelle feita, mas os legados conteúdos no dito testamento, serão em todo o caso firmes e valiosos, em quanto abranger a terça do testador, assi e tão cumnpridamente, como se o testamento fosse bom e valioso per Direito."

[106] *Intituições de Direito Civil Portuguez.* 4. ed. Coimbra: Imprensa da Universidade de Coimbra, t. I, 1867, p. 240-241.

[107] Art. 2º. O testador que tiver descendente ou ascendente sucessível só poderá dispor de metade de seus bens, constituindo a outra a legítima daquelles, observada a ordem legal.

[108] *Direito das Sucessões.* 2. ed. Rio de Janeiro: Freitas Bastos, 1943, v. 1, p. 367-368.

zembro de 1907 – mantinha o sistema das Ordenações, inclusive no que toca à intangibilidade da legítima em dois terços da herança, mas que, ao final, acabou prevalecendo a emenda apresentada no seio da Comissão Especial da Câmara pelo Relator Alfredo Pinto, no sentido de elevar à metade do patrimônio a quota disponível do autor da herança.

Também de Carlos Maximiliano[109] é a notícia histórica de que somente "uma resolução parlamentar de última hora, depois de promulgado o Código Civil, consolidou o art. 3º da Lei de 1907, o qual passou a ser de 1.723 do novo repositório de normas, por força do Decreto n. 3.725, de 15 de janeiro de 1915", artigo este que, como se verá, admitiu determinadas restrições sobre a legítima dos herdeiros necessários.

Assim foi aprovado o Código Civil de 1916 que, sem seu artigo 1.721,[110] reproduziu, quase na literalidade, o artigo 2º do Decreto 1.839, de 1907, fixando a legítima dos descendentes e dos ascendentes, então herdeiros necessários, em metade da herança.

O Código Civil de 2002 manteve a legítima sobre a metade dos bens da herança, porém, diferentemente do Código anterior, inovou ao qualificar o cônjuge também como herdeiro necessário e, principalmente, ao condicionar a validade da clausulação da legítima à declaração de justa causa pelo instituidor,[111] sem o que o herdeiro terá assegurada, de pleno direito e livre de quaisquer restrições, a legítima.[112]

### 2.3. A natureza jurídica da legítima e sua perspectiva civil-constitucional

Não foram poucos os críticos da legítima, tendo em Montesquieu[113] um ardoroso adversário.

---

[109] *Direito das Sucessões*. 2. ed. Rio de Janeiro: Freitas Bastos, 1943, v. 1, p. 368.

[110] *CC*, Art. 1.721. O testador que tiver descendente ou ascendente sucessível não poderá dispor de mais da metade dos bens; a outra pertencerá de pleno direito aos descendentes e, em sua falta, ao ascendente, dos quais constitui a legítima, segundo o disposto neste Código (arts. 1.603 a 1.619 e 1.723).

[111] Art. 1.848. Salvo se houver justa causa, declarada no testamento, não pode o testador estabelecer cláusula de inalienabilidade, impenhorabilidade, e de incomunicabilidade, sobre os bens da legítima.

[112] Art. 1.846. Pertence aos herdeiros necessários, de pleno direito, a metade dos bens da herança, constituindo a legítima.

[113] "La loi naturelle ordonne aux pères de nourrir leus enfants, mais elle n'oblige pás de lês fait héritiers.", in *Espirt des lois*, XXVII, Cap. VI. Tradução livre: "A lei natural ordena aos pais alimentar seus filhos, mas ela não obriga a fazê-los herdeiros"

Coelho da Rocha, citado por Carlos Maximiliano,[114] lista nove razões contrárias à legítima. Inicia com argumentos sentimentais, segundo os quais o dever do pai amparar o filho deve ser deixado aos sentimentos e não decretado como obrigação. Envereda por razões de ordem econômica, já que, segundo ele, a herança estimularia o ócio e finaliza suas colocações com argumentos político/institucionais, decorrentes da incompatibilidade da herança obrigatória com o regime livre e republicano, na medida em que a legítima representaria uma afronta à plenitude da propriedade.

Outros, como Ibañez, citado por Orosimbo Nonato,[115] pautam suas críticas à legítima em argumentos exclusivamente sentimentais. Segundo estes, a preocupação do legislador em reservar parte do patrimônio a determinados sucessores, visando assegurá-los do desatino do autor da herança, é injustificável e desnecessária já que não existe garantia maior e mais eficaz do que o amor de um pai pelo seu filho: *¿Que legislador e que gobierno llegará jamás com sus conviciones claculadas y frias adonde el amor, la solicitud, la provisión, hasta la adoración de um padre?*

Certo é que quase a unanimidade dos ordenamentos assegura uma parte do patrimônio a pessoas presumidamente caras ao autor da herança, firmes na convicção de que a legítima, mais do que uma tutela ao direito de propriedade, ampara a própria família, estrutura que desfruta de especial proteção do Estado.[116]

A família é assunto presente no rol dos direitos fundamentais nas Constituições dos Estados com os mais diferentes regimes socioeconômico-políticos, a exemplo na Argentina (artigo 14); da Venezuela (artigo 73); do Uruguai (artigo 40); do Chile (artigo 1º); do México (artigo 40); da Espanha (artigo 39); da Alemanha (artigo 60); da Albânia (artigo 40); de Cuba (artigos 36 e 38); da República Popular da China (artigo 49); da Costa Rica (artigos 51 a 55); da Coreia (artigo 36 (1)); das Filipinas (artigo 2, Seção 12); de Guiné-Bissau (artigo 25); da Hungria (artigo 15); da Itália (artigo 29 a 31); do Japão (artigo 24); da Suíça (artigo 34) e do Brasil (artigo 226).

A legítima constitui, pois, uma das formas tutelares do Estado para com a família, impedindo que o desatino, o desmando ou a falta

---

[114] *Direito das Sucessões*. 2. ed. Rio de Janeiro: Freitas Bastos, 1943, v. 1, p. 368-369.

[115] *Estudos sobre Sucessão Testamentária*. Rio de Janeiro: Revista Forense, 1957, v. II, p. 358-359.

[116] BITTAR, Carlos Alberto. *A Família na Constituição Federal de 1988*. 2.ed., ver., atual. São Paulo: Revista dos Tribunais, 1991, p. 62, assim se manifestou sobre a importância e do privilégio desfrutado pela família: "célula maior da sociedade e a base do Estado, que a deve proteger, como elemento anterior e essencial à sua subsistência".

de consciência prevaleçam sobre o afeto e a solidariedade que devem nortear o universo das relações familiares.

Mesmo antes do Código Civil de 2002, a Constituição Federal de 1988 tinha provocado uma alteração profunda no direito civil, forçando uma repersonalização das relações civis para conformá-las aos princípios constitucionais consagrados pela Carta cidadã,[117] na qual o ser humano, e não o patrimônio, é o centro das relações jurídicas.[118]

Mais do que modificar suas normas positivadas, o direito civil alterou seu fundamento; sua essência, abandonando o vértice patrimonialista e essencialmente individualista do Código anterior para recepcionar uma visão abrangente, mais humana, em que o social prevalece sobre o individual, o *ser* prevalece sobre o *ter,* e o sentimento é tão importante quanto a própria existência. "Primeiro o homem, depois seu patrimônio, e não o inverso, como sempre houve na codificação liberal".[119]

O direito de família e o direito das sucessões não permaneceram imunes a essa nova ordem de ideias, como se denota nas palavras de Luiz Edson Fachin:[120]

> O direito não permanece imune à família como refúgio afetivo, centro de intercâmbio pessoal e emanador da felicidade possível, família com sendo o mosaico da diversidade, ninho da comunhão no espaço plural da tolerância, valoriza o afeto, afeição que recoloca novo sangue para correr nas veias de um renovado parentesco, informado pela substância de sua própria razão de ser e não apenas pelos vínculos formais e consangüíneos. Tolerância que compreende o convívio de identidades, espectro plural, sem supremacia desmedida, sem diferenças discrimininatórias, sem aniquilamentos. Tolerância que supõe possibilidade e limites. Um tripé que, feito desenho, pode-se mostrar apto a abrir portas e escancarar novas questões. Eis então o direito ao refúgio afetivo.

Diz-se, por esta razão, que:

> A família patriarcal, até então, revestida de caráter econômico, político, procracional e religioso, evolui como ente familiar, formando a partir de então um grupo vinculado por laços afetivos. Ocorreu, assim, uma renovação dos valores sociais que conduziram à

---

[117] Assim denominada por Ulysses Guimarães.

[118] ARONNE, Ricardo. *Propriedade e domínio: reexame sistemático das noções nucleares de direitos reais.* Rio de Janeiro: Renovar, 1999, p. 37: "o fenômeno da repersonalização consiste no deslocamento de enfoque dos códigos do patrimônio para a pessoa humana".

[119] LOBO, Paulo Luiz Netto. O princípio da igualdade e o novo Código Civil. In: *Revista Jusvigilantibus,* 16 de janeiro de 2004. No texto, Paulo Luiz Netto Lobo reafirma a tendência do direito civil a "uma gradativa substituição da natureza patrimonializante das relações civis para a personalização delas ou o que muitos de nós termos chamado 'repersonalização' das relações civis, um redirecionamento do ter para o ser. Primeiro o homem, depois seu patrimônio, e não o inverso, como sempre houve na codificação liberal."

[120] *Elementos críticos do direito de família.* Rio de Janeiro: Renovar, 1999, p. 306.

transformação do conceito de família tradicional, valorizando a partir de então o aspecto da afetividade das relações familiares.[121]

Ou, em outras palavras, que "de unidade proposta a fins econômicos, políticos, culturais e religiosos, a família passou a um grupo de companheiros e lugar de afetividade",[122] donde resulta a imperiosidade de sua proteção, não no sentido de égide da família considerada ente despersonalizado, e sim como mecanismo efetivo para a tutela da dignidade de seus membros.

Portanto, não mais se deve compreender a legítima apenas como uma *longa manus* do direito de propriedade ou um mecanismo de tutela da família enquanto ente despersonalizado. O compromisso ético e moral de proteção à família enquanto ente abstrato e despersonalizado foi substituído pelos princípios da afetividade[123] e da solidariedade,[124] a serem observados entre os integrantes do núcleo familiar, conforme bem observa Cláudio Luiz Bueno de Godoy:[125]

> A instituição de herdeiros que necessariamente recebem parte da herança, bem diferente do direito antigo, tem outro fundamento e outra função. Como se disse, forte na lição de Luigi Mengoni, a instituição da reserva destinada aos herdeiros necessários realiza diretamente o interesse coletivo de conservação econômico-social da família, de seu núcleo mais restrito. Ou, ao menos, constitui uma exigência social de preservação de interesses individuais dos parentes de vínculo mais estreito com o *de cujus*, expressão de uma inderrogável solidariedade que deve haver entre esses parentes mais próximos, mas de toda a sorte com isso tutelando-se, afinal, a própria família.

---

[121] CHANA, Guilherme Giacomelli. As entidades familiares na Constituição Federal. In: *Revista Brasileira de Direito de Família*, ano IX, n. 42, jun-jul 2007, p. 46-47.

[122] VILLELA, João Batista. Liberdade e Família. In: *Monografias*. Edição da Faculdade de Direito da UFMG, Belo Horizonte, 1990, v. III, n. 2, p. 11, apud NEVARES, Ana Luiza Maia. O princípio da intangibilidade da legítima. In: MOARES, Maria Celina Bodin de (Coord.). *Princípios do Direito Civil Contemporâneo*. Rio de Janeiro: Renovar, 2006, p. 504.

[123] Afetividade e afeto não são necessariamente sinônimos, como pertinente esclarecimento de LOBO, Paulo Luiz Netto. *Famílias*. São Paulo: Saraiva, 2008, p. 48: "A afetividade, como princípio jurídico, não se confunde com o afeto, como fato psicológico ou anímico, porquanto pode ser presumida quando este falta na realidade das relações; assim, a afetividade é dever imposto aos pais em relação aos filhos e destes em relação àqueles, ainda que haja desamor ou desafeição entre eles".

[124] LOBO, Paulo Luiz Netto. *Famílias*. São Paulo: Saraiva, 2008, p. 40: "O *pathos* da sociedade de hoje, comprovado em geral por uma análise mais detida das tendências dominantes da legislação e da aplicação do direito, é o da solidariedade, ou seja, da responsabilidade, não apenas dos poderes públicos, mas também da sociedade e de cada um de seus membros individuais, pela existência social de cada um dos outros membros da sociedade. Para o desenvolvimento da personalidade individual é imprescindível o adimplemento dos deveres inderrogáveis de solidariedade, que implicam condicionamentos e comportamentos interindividuais realizados num contexto social".

[125] Dos herdeiros necessários e da gravação da legítima no novo Código Civil. In: NANNI, Giovanni Ettore (Coord.). *Temas relevantes do direito civil contemporâneo: reflexões sobre os cinco anos do Código Civil*. São Paulo: Atlas, 2008, p. 722.

Clóvis Bevilaqua[126] já apoiava a liberdade limitada de testar, quando presentes herdeiros necessários, no elemento social e ético que deveria reinar entre pessoas próximas. Pontes de Miranda[127] compartilhava desse sentimento ao afirmar que o instituto da legítima concilia "os interesses da família e os interesses provindos de amizade e gratidão", sentimentos estes que, em tempos atuais, refletem-se nos princípios da afetividade e da solidariedade familiar, o que, além de impor aos parentes próximos o dever de cuidado e de zelo recíproco,[128] inclusive depois da morte, assegura-lhes uma parcela do patrimônio deixado pelo parente falecido, consistente na legítima dos herdeiros necessários.

Segundo Ana Luiza Maia Nevares,[129] a legítima não só evita o desamparo à família, mas também concretiza o princípio da solidariedade familiar previsto no artigo 3º, inciso I, da Constituição Federal, na medida em que distribui compulsoriamente os bens do *de cujus* entre os membros mais próximos da comunidade familiar, auxiliando-lhes no processo de inserção social.

A possibilidade de inserção social, com base no recebimento de herança, interessa diretamente ao Estado, e, por via oblíqua, à sociedade, seja porque os exonera do dever de socorrer os necessitados, seja porque fomenta a circulação de riqueza, permitindo ao herdeiro adquirir bens, contratar serviços, enfim, tornar-se economicamente ativo.[130]

A legítima concretiza, portanto, os princípios da proteção familiar e o da dignidade da pessoa humana,[131] preconizados nos artigos

---

[126] Segundo o autor, "a socialização do direito e o reclamo dos sentimentos ethicos oppõem-se a que se ponha nas mãos do indivíduo essa arma perigosa da plena liberdade de testar" (BEVILAQUA, Clovis. *Código Civil.* 4. ed. Rio de Janeiro: Freitas Bastos, v. VI, 1939, p. 182.).

[127] *Tratado de Direito Privado.* Rio de Janeiro: Borsoi, t. LV, 1968, p. 215.

[128] Eis algumas normas jurídicas centradas no princípio da solidariedade familiar, citadas por LOBO, Paulo Luiz Netto. *Famílias.* São Paulo: Saraiva, 2008, p. 41: a adoção; o poder familiar; a colaboração dos cônjuges na direção da família; a mútua assistência moral e material entre cônjuges e companheiros; o regime matrimonial de bens legal e o regime legal de bens da união estável; o dever de alimentos entre parentes, companheiros e cônjuges, inclusive ao culpado.

[129] O princípio da intangibilidade da legítima. In: MOARES, Maria Celina Bodin de (Coord.). *Princípios do Direito Civil Contemporâneo.* Rio de Janeiro: Renovar, 2006, p. 537-539.

[130] SOUZA, José Ulpiano Pinto de. *Das cláusulas restritivas da propriedade: inalienabilidade, impenhorabilidade, incommunicabilidade, conversão e administração.* São Paulo: Salesianas, 1910, p. 105, já escrevia em 1910: "há vantagem para a sociedade ou para a ordem pública que o número de indigentes seja tão restrito quanto possível".

[131] NEVARES, Ana Luiza Maia. *A tutela Sucessória do Cônjuge e do Companheiro na Legalidade Constitucional.* Rio de Janeiro: Renovar, 2004, p. 537: "a reserva hereditária realiza um princípio ainda mais amplo, que é o da dignidade da pessoa humana, fundamento da República, enunciado no art. 1º, III, da Carta Magna".

1º, inciso III, e 226 da Constituição Federal,[132] o que lhe assegura a natureza de norma de ordem pública,[133] como no direito rancês:

> 2. Caractere d'ordre public de la reserve.
>
> Aucune disposition testamentaire ne peut modifier les droits que les héritier réservataires tienent de la loi, et la clause ayant pou effet de priver l'héritier réservataire du droit de jouir et disponer de biens compris dans as reserve (tableaux) ne peut être déclarée valable par les juges du fond.[134]

A natureza cogente da legítima também é destacada por Paulo Nuno Horta Correira Ramirez,[135] que, tal como sustentamos acima, a identifica com o propósito de o Estado proteger a instituição familiar, considerada espaço privilegiado de realização pessoal:

---

[132] Idêntico fundamento justifica a manutenção da obrigação alimentar aos filhos maiores, como anota ZULIANI, Ênio Santarelli. Alimentos para filhos maiores. In: COUTO, Sérgio; MADALENO, Rolf; MILHORANZA, Mariângela Guerreiros (Coords.). *Família nota dez: Direito de Família e Sucessões*. Sapucaia do Sul: Notadez, 2007, p. 143: "Os filhos maiores próximos da graduação e que necessitam de auxílio financeiro para esse mister, não estão ao desabrigo da lei, embora a legislação não lhes destine uma regra específica para salvaguarda dessa dificuldade material extraordinária. E não estão porque os Juízes, cientes de que na área do Direito de Família se exige ainda mais a incidência das máximas de experiência [art. 335, do CPC], construíram uma rede de julgados que favorecem a tese de prorrogação do dever alimentar na adultice da prole carente, sem dúvida uma resposta jurisdicional à altura dos predicamentos da dignidade humana e da entidade familiar solidária e justa. Afinal, se a família é a base da sociedade, nada melhor do que aplicar o princípio da solidariedade livre e justa, que é objetivo fundamental da Constituição Federal [art. 3º, I], para unificar pais e filhos nesse grande projeto".

[133] Cf. PONTES DE MIRANDA, Francisco Cavalcante. *Tratado de Direito Privado*. Rio de Janeiro: Editor Borsoi, 1968, t. LV, p. 201; GODOY, Cláudio Luiz Bueno de. Dos herdeiros necessários e da gravação da legítima no novo Código Civil. In: NANNI, Giovanni Ettore (Coord.). *Temas relevantes do direito civil contemporâneo: reflexões sobre os cinco anos do Código Civil*. São Paulo: Atlas, 2008, p. 723; STOLZE, Pablo Gagliano. *O contato de doação: análise crítica do atual sistema jurídico e os seus efeitos no direito de família e das sucessões*. São Paulo: Saraiva, 2007, p. 46, 47 e 49; CLÁPIS, Alexandre Laizo. Clausulação da legítima e a justa causa do artigo 1.848 do Código Civil. In: *Revista de Direito Imobiliário*. São Paulo: Revista dos Tribunais, jul.-dez. 2004, ano 27, n. 57, p. 25. Adverte-se, porém, que o fato de ser norma de ordem pública não significa não possa ser suprimida a legítima dos herdeiros necessários. Uma norma supressora da legítima seria "anti-social, mas não inconstitucional, já que, apesar de o referido instituto concretizar no ordenamento jurídico brasileiro princípios constitucionais, não há na Constituição Federal de 1988 qualquer garantia ao direito dos herdeiros necessários", como muito bem observa NEVARES, Ana Luiza Maia. *A tutela Sucessória do Cônjuge e do Companheiro na Legalidade Constitucional*. Rio de Janeiro: Renovar, 2004, p. 545.

[134] France. *Code civil*. Paris: Dalloz, 2000. nota 2, artigo 913, p. 709: "Característica de ordem pública da reserva. Nenhuma disposição testamentária pode modificar direitos que os herdeiros reservatários titular na lei, e a cláusula sucessória que privar o herdeiro reservatório de fruir e dispor de bens componentes da reserva não pode ser declarada válida pelo juiz do inventário. [trad. livre]. Cf., no mesmo sentido, MALAURIE, Philippe; AYNÉS, Laurent. *Les successsions – Les libéralités*, p. 313: "616. Ordre public réservataire et liberte de disposer. – La reserve símpose au défunt dans la désignation des réservataires et la détermination de leur part réservée: la reserve est la part des biens successoraux dont la loi assure la dévolution libre de charges à certais héritiers dits réservataires...".

[135] *O cônjuge sobrevivo e o instituto da colação*. Coimbra: Almedina. 1997, p. 71.

No que ao direito sucessório respeita, impôs o legislador substanciais restrições à vontade individual por razões de interesse e ordem pública (*publicum ius privatorum pactis mutarinon potest*)

4.2. Interesses de Ordem Pública (sucessão legítima e testamentária): relevância da instituição familiar.

A maior das restrições, a que aludimos, reside, essencialmente, na existência de uma porção de bens de que o *de cuius* não pode dispor, por ser legalmente destinada aos herdeiros legitimários (art. 2.153º), ligados ao *de cuius* por uma relação jurídica familiar.

E é natural que assim aconteça. A família como estrutura social "intermediária", tem assumido ao longo da história importante papel de ligação do homem à comunidade, colmatando os espaços criados pela própria organização social. E, diga-se, não intervém apenas nesta tarefa, de certo modo, subsidiária, constituindo, outrossim, célula fundamental das sociedades com espaço privilegiado de realização humana.

Disso resulta que o herdeiro necessário "não é um simples credor da herança por uma quantia em dinheiro calculada sobre o valor desta; mas tem o direito a uma quota abstracta da herança",[136] livre de condições, termos ou encargos, como asseverava Carlos Maximiliano:[137]

1.181 – A legítima é intangível: não pode ser diminuída na essência, ou no valor, por nenhuma cláusula testamentária.

[...]

É indiferente a forma pela qual se dê a diminuição da reserva – legado, instituição de herdeiros, fideicomisso, usufruto, uso, habitação, servidão, perdão de dívida, ereção de fundação: nada disso pode afetar a legítima. Esta não será jamais subordinada a *condições*, nem sequer *potestativas;* nem onerada com *encargos*.

Idêntica orientação é encontrada nos direitos francês e português.

Dissertando sobre o tema, Marie-Cecile Forgeard, Richard Crône e Bertrand Gelot[138] defendem que a legítima, norma de ordem pública, assegura ao herdeiro uma parte da herança, livre de encargos e cláusulas, que não pode ser substituída por uma compensação eventualmente oferecida fora da herança.

---

[136] CAMPOS, Diogo Leite. *Lições de Direito da Família e das Sucessões.* 2. ed., rev. e actual. Coimbra: Livraria Almedina, 1997, p. 599.

[137] *Direito das Sucessões,* 2ª ed.. Rio de Janeiro: Max Limonad, 1952, v. III, 22-23

[138] *Le nouveau droit des successions et de libéralités*, Defrénois, p. 133: "Si la formulation de cette définition est em elle-même une nouveauté, son contenu est conforme à la tradition: la reserve, assurée par la loi, donc d'orde public, revient à la parenté du défunt détermnée par la loi ('certains héritiers dits réservataires') et ayant accepté la succession; elle constitue une part de la succession et non um compensation donnée à ces héritiers hors sucession (*pars hereditatis et no pars bonorum*). Enfin, le disponsant ne peut imposer de charges aux réservataires, la loi assurant la dévolution de la reserve 'libre de charges', sauf exception."

Outra não é a voz de José de Oliveira Ascensão,[139] festejado autor português:

> I – A lei garante a integridade qualitativa da legítima, como quota do patrimônio hereditário. O autor da sucessão não pode, por actos *inter vivos* ou *mortis causa*, determinar o preenchimento dessa quota, contra a vontade dos legitimários. Foi o que vimos já nos números antecedentes.
>
> II – Tão pouco pode o testador impor qualquer tipo de encargo sobre a legítima, contra a vontade do herdeiro (art. 2163): por exemplo, que o legitimário ficará adstrito a construção dum hospital. Como a concordância do herdeiro só pode ser dada após a morte do testador, esta exprime-se pela não rejeição da disposição testamentária. Qualquer disposição do testador que imponha encargos sobre a legítima terá assim de entender-se como sujeita à ineficácia resultante da oposição do herdeiro legitimário.

Onerada a legítima com a instituição de usufruto, de pensão vitalícia ou quaisquer outros encargos de mesma índole,[140] o Código Civil português faculta ao herdeiro legitimário a possibilidade de converter o legado do usufruto, ou a pensão vitalícia em deixa da quota disponível a ser entregue ao respectivo beneficiário, desse modo desonera-se a legítima de qualquer encargo. Trata-se da chamada "cautela sociniana", prevista no artigo 2.164 do Código Civil português,[141] reconhecidamente um importante instrumento "de defesa da intangibilidade da legítima".[142]

Em suma, no panorâmara jurídico atual, a legítima repousa seus fundamentos nos princípios da afetividade e da solidariedade familiar, e, por isso, deve ser analisada como um eficiente mecanismo de preservação da dignidade dos herdeiros legitimários, daí advindo sua natureza tutelar, protetiva do herdeiro necessário.

### 2.4. Composição da legítima e o princípio da razoabilidade

Itabaiana de Oliveira[143] observava que "não há herança senão depois de separados bens para o pagamento de todas as dívidas". Assim é que antes de falar em composição da legítima dos herdeiros necessá-

---

[139] *Direito Civil: Sucessões.* 5. ed., rev. Coimbra: Coimbra Editora, 2000, p. 380.

[140] Ibidem, p. 381.

[141] "Artigo 2164 (Cautela sociniana). Se, porém, o testador deixar usufruto ou constituir pensão vitalícia que atinja a legítima, podem os herdeiros legitimários cumprir o legado ou entregar ao legatário tão somente a quota disponível".

[142] PROENÇA, José João Gonçalves de. *Direito das Sucessões.* 2. ed., rev. e atual. Lisboa: Quid Juris, 2005, p. 134.

[143] ITABAIANA DE OLIVEIRA, Arthur Vasco. *Tratado de Direito das Sucessões.* 4. ed., rev. e atual. Com a colaboração de Aires Itabaiana de Oliveira. São Paulo: Max Limonad, 1952, n. 693, p. 628.

rios, mister apurar e quitar o passivo do autor da herança, composto pelas dívidas do falecido e pelas despesas de funeral, como os gastos com missas em intenção do falecido e coroas de flores.[144]

Deduzidas as dívidas do espólio, o acervo líquido remanescente será dividido em duas partes iguais: uma delas constitui a parte disponível, sobre a qual o autor da herança detém liberdade irrestrita para transmitir a quem bem lhe aprouver; a outra metade comporá a legítima dos herdeiros necessários.

Sobre esta metade ideal líquida componente da legítima do herdeiro necessário, *e apenas sobre esta metade ideal componente da legítima do herdeiro reservatário*, a lei determina sejam adicionados os valores sujeitos à colação,[145] também componentes da legítima.

Nesse sentido, os valores colacionados não aumentam a herança como um todo, mas apenas a legítima dos herdeiros necessários, já que, por determinação legal, esses valores são computados apenas na parte indisponível, nos termos do parágrafo único, do artigo 2.002 do Código Civil.[146]

Estão adstritos a colação os descendentes que, em vida, recebam doações do ascendente comum que no momento da liberalidade concorria à sucessão do ascendente comum, assim como as liberalidades feitas por um cônjuge ao outro.[147]

---

[144] Ao cuidar especificamente do assunto, Euclides Benedito de Oliveira assim se manifesta: "Compreendem-se nas despesas de funeral aquelas relativas aos aprestos para o enterro do autor, compra de caixão e de jazigo, cerimônias de sepultamento ou de cremação, bem como outros gastos correlatos, tais os relativos ao registro do óbito no Cartório de Registro Civil das Pessoas Naturais, comunicações da morte, convites, locação do velório, homenagens florais etc., tudo dentro dos limites da razoabilidade. Veja-se que o que o art. 965 do Código Civil dispõe, ao estabelecer a ordem dos créditos com privilégios geral, mencionando as despesas de funeral do devedor, 'segundo a condição do morto e o costume do lugar'". Não são dedutíveis do monte da herança as despesas de sufrágio por alma do finado, consistentes em cerimônias religiosas e outras solenidades de homenagem à memória do morto, a não ser que tenham sido ordenadas em testamento ou codicilo." (OLIVEIRA, Euclides Benedito de. Inventário e Partilha. In: HIRONAKA, Giselda Maria Fernandes Novaes; PEREIRA, Rodrigo da Cunha (Coords.). *Direito das sucessões*. Belo Horizonte: Del Rey, 2007, p. 417). Outra não era a lição de Carlos Maximiliano: "1.180 – Determinações a *bem da alma* – exéquias, missas, esmolas, promessas – cumprem-se; mas não deduzem do total o seu valor; sai da *quota disponível*, na qual tambem se enquadram os legados pios; estes e os profanos ficam no mesmo lugar", (MAXIMILIANO, Carlos. *Direito das Sucessões*. 2 ed. Rio de Janeiro: Max Limonad, 1952, v. III, p. 22).

[145] Art. 1.847. Calcula-se a legítima sobre o valor dos bens existentes na abertura da sucessão, abatidas as dívidas e as despesas do funeral, adicionando, em seguida, o valor dos bens sujeitos a colação.

[146] Art. 2.002. Parágrafo único. Para cálculo da legítima, o valor dos bens conferidos será computado na parte indisponível, sem aumentar a disponível.

[147] OLIVEIRA, Euclides de. Colação e sonegados. In: HIRONAKA, Giselda Maria Fernandes Novaes; PEREIRA, Rodrigo da Cunha. *Direito das Sucessões*. 2 ed. atual. Belo Horizonte: Del Rey, 2007, p.387; DIAS, Maria Berenice. *Manual das Sucessões*. São Paulo: Revista dos Tribunais, 2008, p. 569; NEVARES, Ana Luiza Maia. O princípio da intangibilidade da legítima. In: MOARES,

Não se sujeitam à colação bens e direitos expressamente determinados, pelo doador, a saírem da parte disponível.[148] Essa disposição somente tornar-se-á eficaz se consignada no próprio instrumento de doação, ou em testamento,[149] e prevalecerá até o limite da quota disponível que, por sua vez, será apurado no momento da liberalidade,[150] consoante sustentam Pablo Gagliano Stolze,[151] Paulo Luiz Neto Lobo,[152] Luiz Edson Fachin e Carlos Edaurdo Pianovski,[153] Maria Helena Diniz[154] e Silvio de Salvo Venosa.[155]

Também não estão sujeitos à colação os gastos com educação, sustento, vestuário, saúde, casamento, ou, ainda, na defesa dos interesses do descendente em processo criminal,[156] mesmo que maior o

---

Maria Celina Bodin de (Coord.). *Princípios do Direito Civil Contemporâneo*. Rio de Janeiro: Renovar, 2006, p. 509.

[148] *CC*, Art. 2.005. São dispensadas da colação as doações que o doador determinar saiam da parte disponível, contanto que não a excedam, computando o seu valor ao tempo da doação.

[149] OLIVEIRA, Euclides de. Colação e sonegados. In: HIRONAKA, Giselda Maria Fernandes Novaes; PEREIRA, Rodrigo da Cunha. *Direito das Sucessões*. 2 ed. atual. Belo Horizonte: Del Rey, 2007, p.390.

[150] Entendendo que a colação deve ser feita pelo valor do momento da abertura da sucessão, o Enunciado 119, das I Jornadas de Direito Civil: "Art. 2004: para evitar o enriquecimento sem causa, a colação será efetuada com base no valor da época da doação, nos termos do *caput* do art. 2.004, exclusivamente na hipótese em que o bem doado não mais pertença ao patrimônio do donatário. Se, ao contrário, o bem ainda integrar seu patrimônio, a colação se fará com base no valor do bem na época da abertura da sucessão, nos termos do artigo 1.014, de modo a preservar a quantia que efetivamente integrará a legítima quando esta se constitui, ou seja, na data do óbito? Óbice? (Resultado da interpretação sistemática do CC 2003 e §§, juntamente com o CC 1.832 e 844)".

[151] *O contato de doação: análise crítica do atual sistema jurídico e os seus efeitos no direito de família e das sucessões*. São Paulo: Saraiva, 2007, p. 41.

[152] *Comentários ao Código Civil*. Coord. Antonio Junqueira de Azevedo. São Paulo: Saraiva, v. 6, 2003, p. 334.

[153] Uma contribuição crítica que se traz à colação. In: DELGADO, Mario Luiz; ALVES, Jones Figueiredo (Coords.). *Questões controvertidas no direito de família e das sucessões*. São Paulo: Método, v. 3, 2005, p. 452-453.

[154] *Curso de Direito Civil Brasileiro: Direito das Sucessões*. 21. ed., rev. e atual. São Paulo: Saraiva, v. 6, 2007, p. 402.

[155] *Direito Civil: Direito das Sucessões*. 5. ed. São Paulo: Atlas, v. 7, 2005, p. 363.

[156] *CC francês*, "Art. 852. Les frais de nourriture, d'entregien, d'education, d'apprentissage, les frais ordinaires d'équipement, céus de noces et les presentes d'usage ne doivent pas être rapportés, sauf volonté contraire du disposant."; *CC*, espanhol, "Art. 2.010. 2. Exceptuam-se as despesas com o casamento, alimentos, estabelecimento e colocação dos descendentes, na medida em que se harmonizem com os usos e com a condição social e econômica do falecido."; *CC* italiano, "Art. 742 Spese non soggette a collazione. Non sono soggette a collazione le spese di mantenimento e di educazione e quelle sostenute per malattia, ne quelle ordinarie fatte per abbigliamento o per nozze. (...) Art. 743 Società contratta con l'erede. Non è dovuta collazione di ciò che si è conseguito per effetto di società contratta senza frode tra il defunto e alcuno dei suoi eredi, se le condizioni sono state regolate con atto di data certa (2.704).

descendente, pois, *de lege ferenda* à restrição etária constante da lei,[157] gastos dessa natureza não têm natureza de liberalidade a impor o dever de colacioná-los, mas decorrem do dever de solidariedadde existente reciprocamente entre parentes, em especial, do ascendente relativamente aos seus descendentes.[158]

Sobre esse assunto, Giselda Maria Fernandes Novaes Hironaka,[159] em obra escrita em coautoria com Franscisco José Cahali, pondera que:

> Apesar do requisito etário constante da norma, e apesar de não se ter conhecimento da exigência, por parte de outro herdeiro qualquer, no sentido da colação do valor eventualmente gasto em benefício do herdeiro maior, não se há de entender que todo e qualquer gasto deva ser colacionado. Se o filho maior pretende continuar seus estudos e matricula-se em curso de mestrado ou doutorado e seus pais o ajudam, se fica gravemente doente depois de adquirida a maioridade e seus pais arcam com as despesas de seu tratamento; se pretende se casar depois de maior e seus pais proporcionam-lhe os festejos ou a viagem de lua-de-mel; em todas essas hipóteses parece que o requisito etário fica suplantado pelo sentimento paterno/materno-filial, mormente se os pais disponibilizaram essas benesses aos demais herdeiros, que não quiseram ou não puderam delas se aproveitar.

Os gastos feitos pelo ascendente com as bodas e com vestuário dos filhos maiores estarão sujeitos, excepcionalmente, à colação; especificamente quando a importância empenhada pelo sucedido fugir ao razoável,[160] como prevê o Código Civil italiano,[161] ao estabe-

---

[157] CC, Art. 2.010. Não virão à colação os gastos ordinários do ascendente com o descendente, *enquanto menor*, na sua educação, estudos, sustento, vestuário, tratamento nas enfermidades, enxoval, assim como as despesas de casamento, ou as feitas no interesse de sua defesa em processo-crime. (grifo nosso)

[158] Despesas com moradia, vestuário, alimentação e saúde vão além da obrigação natural, podendo ser consideradas verdadeiro cumprimento do dever de solidariedade que existe entre ascendentes e descendentes que, se não cumprido espontaneamente, pode ser exigido judicialmente, na forma de alimentos, mesmo entre maiores, consoante excelente trabalho de ZULIANI, Ênio Santarelli. Alimentos para filhos maiores. In: COUTO, Sérgio; MADALENO, Rolf; MILHORANZA, Mariângela Guerreiros (Coords.). *Família nota dez: Direito de Família e Sucessões*. Sapucaia do Sul: Notadez, 2007, p. 131-162.

[159] *Direito das Sucessões*. 3. ed., atual. e ampl. São Paulo: Saraiva, 2007, p. 393-394. No mesmo sentido, OLIVEIRA, Euclides de. Colação e sonegados. In: HIRONAKA, Giselda Maria Fernandes Novaes; PEREIRA, Rodrigo da Cunha. *Direito das Sucessões*. 2 ed. atual. Belo Horizonte: Del Rey, 2007, p. 393; DIAS, Maria Berenice. *Direito das Sucessões*. São Paulo: Revista dos Tribunais, 2008, p. 581.

[160] OLIVEIRA, Euclides de. Colação e sonegados. In: HIRONAKA, Giselda Maria Fernandes Novaes; PEREIRA, Rodrigo da Cunha. *Direito das Sucessões*. 2 ed. atual. Belo Horizonte: Del Rey, 2007, p. 393: "Entende-se por gastos ordinários os que se mostrem exigíveis e aceito normalmente, dentro do padrão socioeconômico das partes, para a criação e a defesa do filho, atendidos os critérios da moderação e da razoabilidade."

[161] Art. 742. Le spese per il corredo nuziale e quelle per l'istruzione artistica o professionale sono soggette a collazione solo per quanto eccedono notevolmente la misura ordinaria, tenuto conto delle condizioni economiche del defunto (809).

lecer que as despesas com o casamento e instrução artística ou profissional sujeitar-se-ão à colação quando excederem notavelmente ao gasto ordinário, tendo-se como parâmetro a condição econômica do defunto.

Não é incomum o pai da noiva se desfazer de patrimônio para proporcionar à filha um casamento majestoso, com lua de mel em localidades paradisíacas; ou proporcionar vestuário de altíssimo custo para um dos filhos. Existem peças de vestuário e acessórios que custam mais de cinco mil reais. Não nos parece que gastos semelhantes atendam à finalidade nobre do artigo 2.010 do Código Civil, que deve ser interpretado como uma efetivação dos princípios da afetividade e da solidariedade familiar.

O pai que assume os gastos ordinários com educação, saúde, alimentação, moradia e vestuário, ainda que dos filhos maiores, nada faz senão cumprir a um dever jurídico de assistência.[162] Todavia, tal dever não se pode prestar a beneficiar um dos filhos em detrimento dos outros, como ocorre, a nosso ver, quando tais despesas fogem completamente do razoável, caso dos exemplos citados. Se durante toda uma vida o pai suportou a vaidade do descendente, não será ilegal ou absurdo impor a este herdeiro beneficiado o dever de colacionar os valores correspondentes, principalmente se os demais co-herdeiros de mesma classe não foram agraciados com semelhantes vantagens patrimoniais, uma vez que propósito da lei é evitar justamente essa desigualdade de tratamento.

Por fim, não estão adstritos à colação os seguros feitos pelo ascendente em nome do descendente, por se tratarem de estipulação em favor de terceiro; assim como não estarão adstritas à colação as doações remuneratórias de serviços feitos ao ascendente, por não contemplarem liberalidade, e sim uma retribuição a serviços prestados,[163] devendo unicamente atentar-se à efetivação do serviço prestado ou se a doação remuneratória apenas não simularia uma doação.

Extensa polêmica envolveu o modo como a colação deve ser concretizada: se em substância, com a devolução ao monte partível do próprio bem, ou se pelo seu respectivo valor, também intitulada por estimação.

---

[162] ZULIANI, Ênio Santarelli. Alimentos para filhos maiores. In: COUTO, Sérgio; MADALENO, Rolf; MILHORANZA, Mariângela Guerreiros (Coords.). *Família nota dez: Direito de Família e Sucessões*. Sapucaia do Sul: Notadez, 2007, p. 131-162.

[163] DINIZ, Maria Helena. *Curso de Direito Civil Brasileiro: Direito das Sucessões*. 21. ed., rev. e atual. São Paulo: Saraiva, v. 6, 2007, p. 405.

Escrevendo na vigência do Código Civil de 1916, Itabaiana de Oliveira,[164] Clóvis Bevilaqua,[165] Carvalho Santos[166] e Washington de Barros Monteiro[167] defendiam a colação em substância. Francisco Morato[168] e Silvio Rodrigues[169] pregavam a colação por estimativa.

A polêmica remanesce no Código Civil de 2002 por conta da aparente contradição existente entre o artigo 2.004[170] e o § 2º do artigo 2.007 do Código Civil;[171] o primeiro estabelecendo a colação pelo valor e o segundo, em substância.

A doutrina majoritária tem prestigiado o critério estimativo, defendendo que a colação deve ser feita pelo valor contemporâneo à doação,[172] e não pelo valor da abertura da sucessão,[173] observando-se que mesmo os que entendem que este critério gera distorções, acabam por acolhê-lo.[174]

Este, de fato, parece ser o melhor critério, mormente porque carrega importante elemento de segurança jurídica, evitando que situações jurídicas consolidadas há anos sejam rediscutidas,

> (...) especialmente considerando que, em uma perspectiva constitucional, aquele herdeiro que recebeu a coisa deve estar-lhe imprimindo destinação econômica, valorizando-a, enfim, concretizando o princípio da função social da posse e da propriedade.

---

[164] *Tratado de Direito das Sucessões*. 4. ed., rev. e atual. Com a colaboração de Aires Itabaiana de Oliveira. São Paulo: Max Limonad, 1952, n. 838, p. 832-833.

[165] *Código Civil*. 4. ed. Rio de Janeiro: Freitas Bastos, v. VI, 1939, p. 279.

[166] *Código Civil Interpretado*, v. XXV, p. 32.

[167] *Curso de Direito Civil: Direito das Sucessões*, 35ª ed., atual. por Ana Cristina de Barros Monteiro França Pinto, São Paulo: Saraiva, v. 6, p. 312-313.

[168] Da collação. In: *Revista Forense*. Rio de Janeiro: outubro de 1940, v. LXXXIV, p. 270.

[169] *Direito Civil: Direito das sucessões*. 25. ed., atual. por Zeno Veloso. São Paulo: Saraiva, v. 7, 2002, p. 318.

[170] CC, Art. 2.004. O valor de colação dos bens doados será aquele, certo ou estimativo, que lhes atribuir o ato da liberalidade.

[171] CC, Art. 2007. § 2º. A redução da liberalidade far-se-á pela restituição ao monte do excesso assim apurado; a restituição será em espécie, ou, se não mais existir o bem em poder do donatário, em dinheiro, segundo o seu valor ao tempo da abertura da sucessão, observadas, no que forem aplicáveis, as regras deste Código sobre a redução das disposições testamentárias.

[172] *Direito Civil: Direito das sucessões*. 25. ed., atual. por Zeno Veloso. São Paulo: Saraiva, v. 7, 2002, p. 319-320; CAHALI, Francisco José; HIRONAKA, Giselda Maria Fernandes Novaes. *Direito das Sucessões*. 3. ed., atual. e ampl. São Paulo: Saraiva, 2007, p. 392; VENOSA, Silvio de Salvo. *Direito Civil: Direito das Sucessões*. 5. ed. São Paulo: Atlas, v. 7, 2005, p. 367. Em sentido contrário, LEITE, Eduardo de Oliveira. *Comentários ao novo Código Civil*. Coord. Sálvio de Figueiredo Teixeira. Rio de Janeiro: Forense, 2003, v. XXI, p. 761, manifesta-se favorável à colação real, ou seja, em substância.

[173] DINIZ, Maria Helena. *Curso de Direito Civil Brasileiro: Direito das Sucessões*. 21. ed., rev. e atual. São Paulo: Saraiva, v. 6, 2007, p. 402.

[174] MONTEIRO, Washington de Barros, 35 ed, atual. por MONTEIRO FRANÇA, Ana Cristina de Barros. Curso de Direito Civil: Direito das Sucessões. v. 6, p. 313-314.

Assim sendo, nada mais justo que, podendo repor o acervo em dinheiro, que o faça, mantendo a propriedade do bem que valorizou.[175]

O contrário é igualmente verdadeiro. O herdeiro que não valorizou o bem havido em doação, tornando-o improdutivo ou abandonando-o, deve permanecer com o bem e fazer a colação em dinheiro aos demais herdeiros que não podem ser obrigados a partilhar uma propriedade improdutiva e desvalorizada.

Ao argumento de que esta solução desprestigia a intangibilidade da legítima, por permitir seja o herdeiro donatário beneficiado com bem específico – em detrimento dos demais que receberão o equivalente de seu quinhão em dinheiro –respondemos que a segurança jurídica e o interesse social na preservação da riqueza prevalecem sobre o interesse individual dos herdeiros.

Em resumo, a legítima é composta pela metade do acervo líquido deixado pelo falecido, já deduzidas as suas dívidas e as despesas de funeral, em seguida, adicionando-se a esta metade, os valores correspondentes aos bens e direitos sujeitos à colação, pelo valor constante no ato de liberalidade, como determina o artigo 2.004 do Código Civil.

---

[175] STOLZE, Pablo Gagliano. *O contato de doação: análise crítica do atual sistema jurídico e os seus efeitos no direito de família e das sucessões*. São Paulo: Saraiva, 2007, p. 68.

# 3. Restrições à legítima

## 3.1. Considerações gerais

Nas Ordenações Filipinas a legítima era intangível; isenta de cláusulas ou recomendações.[176] Dissertando a esse respeito, Coelho da Rocha[177] assim se manifestava:

> § 351. A legitima respectiva de cada um dos herdeiros necessarios é de tal maneira garantida, que não só o defuncto os não pode d'ella privar; mas nem ainda: 1º onera-la com condições ou encargos, os quaes se reputam nullos, *L 23. Cod. De inoff. Test.* 2º nem com legados, *L. 36 pr. cod, Nov.* 18, cap. 1. Guerr. *Tr.* 2, L. 5, cap. 3, n. 1; 3º nem substituil-a por dinheiro, quando da herança lhe devam caber outros bens, Perez. *In Cod. L. 3,* tit. 28, n. 37. Exceptua-se o caso de o defuncto ascendente ter indicado as partilhas em testamento. (p. 241)

A Consolidação das Leis Civis, de Teixeira de Freitas, manteve-se fiel à orientação constante das Ordenações Filipinas, na medida em que assegura a intangibilidade da legítima, proibindo a instituição de encargos e de condições sobre ela. O próprio Teixeira de Freitas[178] afirmava que

> As legitimas não podem ser clausuladas por *condições*, nem oneradas por *encargos;* porém nos limites da terça (como em toda a herança, quando não ha herdeiros necessários) é licito ao testador dispor com as condições e encargos, que quizer, uma vez que não serão *impossiveis, torpes,* ou *irrisorias.* Á estas ultimas dá-se a qualificação de *ineptas, futeis,* inuteis, frivolas, e exóticas: e reputão-se não escriptas, sem que resulta nullidade, como a respeito dos morgados determinada a Lei de 3 de Agosto de 1770, § 10. (Consolidação das Leis Civis, 3 ed. Rio de Janeiro: II. Garnier, Livreiro-Editor, 1896, p. 604).

A possibilidade de restringir a legítima do herdeiro necessário nasce com o Decreto n. 1.839, de 31 de dezembro de 1907, Lei Feliciano

---

[176] Cf. BEVILAQUA, Clovis. *Código Civil.* 4. ed. Rio de Janeiro: Freitas Bastos, v. VI, 1939, p. 186; FERREIRA, Pinto. *Tratado das Heranças e dos Testamentos.* São Paulo: Saraiva, 1983, p. 478.

[177] *Instituições de Direito Civil Portuguez.* 4. ed. Coimbra: Imprensa da Universidade de Coimbra, 1867, t. I, p. 241.

[178] *Consolidação das Leis Civis.* 3 ed. Rio de Janeiro: II. Garnier, Livreiro-Editor, 1896, p. 604.

Penna,[179] que, em seu artigo 3º, dentre outras providências, assegura ao testador o direito de estabelecer a conversão de bens da legítima em outras espécies, prescrever-lhes a incomunicabilidade ou estabelecer as condições de inalienabilidade temporária ou vitalícia sobre referidos bens.[180]

Segundo justificativa do autor da lei,

(...) trata-se de uma providência tutelar, a que os testadores recorrerão nos casos, em que o conhecimento íntimo das condições, em que se acharem, determinar a sua necessidade ou conveniência. Não são raros os casos, em que a incapacidade dos herdeiros anniquila, em pouco tempo, grandes fortunas, adquiridas com enorme sacrifício, ficando elles immersos em profunda miséria.[181]

O propósito da Lei Feliciano Penna era o de preservar a família ou a pessoa do herdeiro, segundo enfatizavam Clóvis Bevilaqua e Pinto Ferreira.[182]

O Código Civil de 1916, em sua redação final, repetiu a regra do artigo 3º da Lei Feliciano Penna,[183] agravando-a, contudo, no artigo 1.676, ao estabelecer a impossibilidade de invalidação ou dispensa das cláusulas restritivas,[184] proibição que só seria suavizada com o Decreto-Lei 6.777, de 8 de agosto de 1944, quando, então, foi admitida expressamente, ainda que com restrições, a sub-rogação do produto obtido na expropriação do bem clausulado por apólice da dívida pública ou outros imóveis.[185]

---

[179] Decreto n. 1.839, de 31 de dezembro de 1907. Cf. introdução do presente trabalho.

[180] Art. 3º. O direito dos herdeiros, mencionados no artigo precedente, não impede que o testador determine que sejam convertidos em outras espécies os bens que constituírem a legítima, prescreva-lhes a incommunicabilidade, attribua á mulher herdeira a livre administração, estabeleça as condições de inalienabilidade temporária ou vitalícia, a qual não prejudicará a livre disposição testamentária e, na falta desta, a transferencia dos bens aos herdeiros legítimos, desembaraçados de qualquer ônus.

[181] Cf. BEVILAQUA, Clovis. *Código Civil*. 4. ed. Rio de Janeiro: Freitas Bastos, v. VI, 1939, p. 187.

[182] Cf. BEVILAQUA, Clovis. *Código Civil*. 4. ed. Rio de Janeiro: Freitas Bastos, v. VI, 1939, p. 186-187; FERREIRA, Pinto. *Tratado das Heranças e dos Testamentos*. São Paulo: Saraiva, 1983, p. 478; MONTEIRO, Washington de Barros. *Curso de Direito Civil: Direito das Sucessões*, 35 ed., atual. por Ana Cristina de Barros Monteiro França Pinto, São Paulo: Saraiva, v. 6, p. 113.

[183] Art. 1.723.

[184] Eis o teor dos artigos 1.676 e 1.677 do Código Civil de 1916: "A cláusula de inalienabilidade temporária, ou vitalícia, imposta aos bens pelos testadores ou doadores, não poderá, em caso algum, salvo os de expropriação por necessidade ou utilidade pública, e de execução por dívidas provenientes de impostos relativos aos respectivos imóveis, ser invalidada ou dispensada por atos judiciais de qualquer espécie, sob pena de nulidade." Art. 1677: Quando, nas hipóteses do artigo antecedente, se der alienação de bens clausulados, o produto se converterá em outros bens, que ficarão sub-rogados nas obrigações dos primeiros."

[185] Cf. item 6.1.

Em resumo, ao mesmo tempo em que assegurava a legítima ao herdeiro necessário, o Código Civil de 1916 permitia ao autor da herança converter bens da legítima em outros de espécie distinta e prescrever a inalienabilidade, a incomunicabilidade e a impenhorabilidade sobre a reserva. Nesta parte torna-se objeto de críticas dos operadores do direito que anteviam em tais restrições uma violação ao princípio da intangibilidade da legítima e ao próprio direito a ela, como traduzem as palavras de Orosimbo Nonato:[186]

> Incontendível, porém, significar o preceito um rude golpe ao princípio, tradicional em nosso direito, da intangibilidade da legítima. Na solução desse e de outros graves temas do direito de família e de sucessão, o Código, aliás, não atendeu aos ditames da lógica perfeita. É assim que, do mesmo passo em que vulnera a intangibilidade da legítima, dá à situação dos herdeiros, considerada em doutrina correntia simples *spes iuris* (v. Ferrara, *Dir. Civ.*, vol. I, pág. 412), caráter de *atualidade* no caso das doações inoficiosas.

Não eram poucos os defensores da abolição de toda e qualquer restrição ou determinação sobre a legítima, notadamente quanto à possibilidade de torná-la inalienável.[187]

> Pertence ela de pleno direito aos herdeiros necessários, a eles devendo passar nas condições em que se encontravam no poder do autor da herança. Da circunstância de que constituem *reserva* inalterável, os bens da legítima devem transmitir-se como se achavam no patrimônio do defunto. Em consequência, quando ocorre o óbito do autor da herança, a plenitude dos direitos não pode sofrer restrições, atentatórias, de que são, da legítima expectativa convertida em direito adquirido. Não se justifica, realmente, a permissão de clausular a legítima.[188]

Atento às críticas, o Código Civil de 2002 proibiu expressamente a conversão de bens da reserva em outros de espécie distinta,[189] porém, no que respeita especificamente às restrições sobre a legítima, não agiu com a ênfase necessária, permitindo o estabelecimento de cláusula de inalienabilidade, de impenhorabilidade e de incomunicabilidade sobre a legítima dos herdeiros necessários mediante o

---

[186] *Estudos sobre Sucessão Testamentária*. Rio de Janeiro: Revista Forense, 1957, p. 320.

[187] Cf. GOMES, Orlando. *Sucessões*. 11. ed. Rio de Janeiro: Forense, 2002, p. 158; RODRIGUES, Silvio. *Direito Civil: Direito das sucessões*. 25. ed., atual. por Zeno Veloso. São Paulo: Saraiva, v. 7, 2002, p. 191. No mesmo sentido, já sob a égide do novo Código; GIORGIS, José Carlos Teixeira. A justa causa no novo testamento. In: DELGADO, Mario Luiz; ALVES, Jones de Figueiredo (Coords.). *Questões Controvertidas no Novo Código Civil*. São Paulo: Método, v. 2, 2003, p. 158; LEITE, Eduardo de Oliveira. *Comentários ao novo Código Civil*. Coord. Sálvio de Figueiredo Teixeira. Rio de Janeiro: Forense, 2003, v. XXI, p. 270.

[188] GOMES, Orlando. *Sucessões*. 11. ed. Rio de Janeiro: Forense, 2002, p. 158-159.

[189] CC, Art. 1.848. § 1º – Não é permitido ao testador estabelecer a conversão dos bens da legítima em outros de espécie diversa.

apontamento de justa causa pelo autor da liberalidade,[190] perdendo excepcional oportunidade de voltar a assegurar, em termos absolutos, a intangibilidade da legítima, como ocorre em Itália,[191] Portugal,[192] Argentina,[193] Chile,[194] Peru,[195] Equador[196] e Venezuela.[197]

### 3.2. Imposição de cláusulas restritivas sobre a legítima[198]

O direito de propriedade assegura ao seu titular três prerrogativas principais: *jus utendi*, *jus fruendi* e *jus abutendi*, respectivamente: usar, usufruir e dispor da coisa. Os elementos dão concretude à propriedade, permitindo ao titular desfrutar efetivamente das possibilidades desse direito de natureza real e que, ordinariamente, a acompanha.

---

[190] Art. 1.848. Salvo se houver justa causa, declarada no testamento, não pode o testador estabelecer cláusula de inalienabilidade, impenhorabilidade, e de incomunicabilidade, sobre os bens da legítima.

[191] *CC* italiano, Art. 549 Divieto di pesi o condizioni sulla quota dei legittimari. Il testatore non può imporre pesi o condizioni sulla quota spettante ai legittimari, salva l'applicazione delle norme contenute nel titolo IV di questo libro (733 e seguenti).

[192] *CC* português, Art. 2.163. O testador não pode impor encargos sobre a legítima, nem designar os bens que a devem preencher, contra a vontade do herdeiro.

[193] CC argentino, Art. 3.598.- El testador no puede imponer gravamen ni condición alguna a las porciones legítimas declaradas en este título. Si lo hiciere, se tendrán por no escritas.

[194] *CC* chileno, Art. 1.192. La legítima rigorosa não es susceptible de condición, plazo, modo o gravamen alguno.

[195] *CC* peruano, Art 733.- Intangibilidad de la legítima. El testador no puede privar de la legítima a sus herederos forzosos, sino en los casos expresamente determinados por la ley, ni imponer sobre aquélla gravamen, modalidad, ni sustitución alguna. Tampoco puede privar a su cónyuge de los derechos que le conceden los artículos 731 y 732, salvo en los referidos casos.

[196] *CC equatoriano*, Art. 1.237.- La legítima rigorosa no es susceptible de condición, plazo, modo o gravamen alguno.

[197] *CC* venezuelano, Art, 883 La legítima es una cuota de la herencia que se debe en plena propiedad a los descendientes, a los ascendientes y al cónyuge sobreviviente que no esté separado legalmente de bienes, con arreglo a los artículos siguientes. El testador no puede someter la legítima a ninguna carga ni condición.

[198] Não constitui objeto do presente estudo uma análise profunda e específica das cláusulas restritivas da propriedade, senão as considerações gerais indispensáveis à compreensão e introdução ao tema principal, justa causa. Aqueles interessados em análise mais profunda das cláusulas e dos problemas por elas suscitados, recomendamos a leitura de trabalhos específicos, em especial, SOUZA, José Ulpiano Pinto de. *Das cláusulas restritivas da propriedade: inalienabilidade, impenhorabilidade, incommunicabilidade, conversão e administração*. São Paulo: Salesianas, 1910; MALUF, Carlos Alberto Dabus. *Cláusulas de inalienabilidade, incomunicabilidade e impenhorabilidade*. 4. ed., rev. e atual. São Paulo: Revista dos Tribunais, 2006; MAXIMILIANO, Carlos. *Direito das Sucessões*. 2. ed. Rio de Janeiro: Freitas Bastos, v. II, n. 695, 1943; NONATO, Orozimbo. *Estudos sobre Sucessão Testamentária*. Rio de Janeiro: Revista Forense, 1957; ITABAIANA DE OLIVEIRA, Arthur Vasco. *Tratado de Direito das Sucessões*. 4. ed., rev. e atual. Com a colaboração de Aires Itabaiana de Oliveira. São Paulo: Max Limonad, 1952, n. 709 a 731, p. 641-665.

No entanto, não se trata de um direito absoluto e ilimitado, como afirmava Clóvis Bevilaqua há longa data,[199] já que pode sofrer restrições em seus atributos naturais, ou nas circunstâncias de uso, fruição e disposição – provindas de mandamento constitucional e infraconstitucional – ou, ainda, no próprio interesse coletivo, como se verifica, respectivamente, com: a função social da propriedade, os direitos de vizinhança e a desapropriação por interesse coletivo. Também surgem restrições em decorrência da vontade humana, como ocorre na imposição das cláusulas de inalienabilidade, de impenhorabilidade e de incomunicabilidade.[200]

Instituídas no instrumento de doação[201] ou em testamento, as cláusulas restritivas da propriedade podem ser impostas isolada ou cumulativamente, sobre todo o patrimônio ou apenas sobre parte dele, porém, no que respeita à legítima do herdeiro necessário, exige, a lei, demonstração de real e fundado motivo, como ocorre em França e no Uruguai, sob pena de invalidade da clausulação.

De caráter eminentemente temporário, as cláusulas perduram, no máximo, durante toda a vida do herdeiro,[202] como na hipótese de cláusulas vitalícias, porém jamais se estenderão após a sua morte, como sustentava respeitável corrente doutrinária[203] em nome da preservação do interesse dos herdeiros legítimos.

---

[199] *Direito das Coisas*. 4. ed., atual. Rio de Janeiro: Revista Forense, 1956, p. 115.

[200] PEREIRA, Caio Mário da Silva. *Instituições de Direito Civil*. 20. ed. Rio de Janeiro: Forense, v. I, 2004, p. 107.

[201] SOUZA, José Ulpiano Pinto de. *Das cláusulas restritivas da propriedade: inalienabilidade, impenhorabilidade, incommunicabilidade, conversão e administração*. São Paulo: Salesianas, 1910, p. 74-76; CARVALHO SANTOS, J. M. *Código Civil Brasileiro Interpretado: Direito das Sucessões* (arts. 1632-1709). Rio de Janeiro: Freitas Bastos, 1956, v. XIII, p. 364-373; NONATO, Orozimbo, *Estudos sôbre sucessão testamentária*, v. II, p. 321; ITABAIANA DE OLIVEIRA, Arthur Vasco. *Tratado de Direito das Sucessões*. 4. ed., rev. e atual. Com a colaboração de Aires Itabaiana de Oliveira. São Paulo: Max Limonad, 1952, n. 723, p. 654; ALVIM, Agostinho. *Da doação*. São Paulo: Revista dos Tribunais, 1963, p. 239-240.

[202] MALURIE, Philippe; AYNÈS, Laurent. In: *Les Succecions – Les Libéralités*, p. 191, sustentam ser perpétua, e portanto nula, a cláusula de inalienabilidade imposta para perdurar por toda a vida do gratificado: "Est perpétuelle, et donc nulle, la clause d'inaliénabilité fixée pour la vie du fratifié, non celle que a pour durée la vie du disponsant". Com o maior respeito, cláusula semelhante é vitalícia; não perpétua e, portanto, temporária. Válida, por conseguinte. Cf., nesse sentido, ALVIM, Agostinho. *Da doação*. São Paulo: Revista dos Tribunais, 1963, p. 242; ITABAIANA DE OLIVEIRA, Arthur Vasco. *Tratado de Direito das Sucessões*. 4. ed., rev. e atual. Com a colaboração de Aires Itabaiana de Oliveira. São Paulo: Max Limonad, 1952, n. 724, p. 655; DIAS, Maria Berenice. *Manual de Direito das Famílias*. Porto Alegre: Livraria do Advogado, 2005, p. 275; GODOY, Cláudio Luiz Bueno de. Dos herdeiros necessários e da gravação da legítima no novo Código Civil. In: NANNI, Giovanni Ettore (Coord.). *Temas relevantes do direito civil contemporâneo: reflexões sobre os cinco anos do Código Civil*. São Paulo: Atlas, 2008, p. 734; HIRONAKA, Giselda Maria Fernandes Novaes. *Direitos das Sucessões*. 3ª ed. São Paulo: Saraiva, 2007, p. 277.

[203] CARVALHO SANTOS, J. M. *Código Civil Brasileiro Interpretado: Direito das Sucessões* (arts. 1632-1709). Rio de Janeiro: Freitas Bastos, 1956, v. XIII, p. 99 e BEVILAQUA, Clovis. *Código Civil*.

### 3.2.1. Inalienabilidade

Imposta validamente, a cláusula de inalienabilidade mutila a prerrogativa do *jus abutendi*, impedindo o proprietário de alienar o patrimônio clausulado sob quaisquer de suas formas, gratuita ou onerosamente.[204] Impede, portanto, o titular de vendê-lo, permutá-lo, dá-lo em pagamento, doá-lo ou mesmo partilhá-lo em vida, como também de fazê-lo objeto de direitos reais de garantia, como a hipoteca, já que o fim desta importa em alienação forçada do bem.[205]

Não estão compreendidos na inalienabilidade os atos de alienação compulsória, como a desapropriação por utilidade pública; de alienação para pagamento de dívidas fiscais ou de encargos inerentes ao próprio bem; de alienação para a extinção de condomínio de coisa indevida e as disposições em testamento. Observa-se que, nos três primeiros casos, concretizada a venda, a cláusula de inalienabilidade recainte sobre o bem primitivo se subrogará no produto da venda.[206] Sendo assim, a proibição de alienar atinge os atos de alienação voluntária.[207]

Sobre a possibilidade de o bem gravado com a inalienabilidade ser usucapido, viva controvérsia gravitou na doutrina e jurisprudência. Atualmente, a polêmica parece superada, admitindo, a doutrina contemporânea majoritária,[208] a possibilidade de usucapião de bem voluntariamente inalienável, sob o fundamento de que a usucapião não constitui forma derivada de aquisição de propriedade, mas ori-

---

4. ed. Rio de Janeiro: Freitas Bastos, v. VI, 1939, p. 190: "O immovel sujeito á clausula da inalinabilidade não pode ser penhorado por dívida do herdeiro, ainda depois do seu fallecimento, porque a clausula da inalienabilidade *não obstará á livre disposição dos bens por testamento, e, em falta deste, a sua transmissão, desembaraçados de qualquer onus, aos herdeiros legitimos*. A clausula não protege os bens somente durante a vida do herdeiro, favorece, também, os herdeiros delle, que os receberão livres e desembaraçados".

[204] "La clause d'inaliénabilité déroge au príncipe de la libre disposition des biens"", in: Cass. Civ. 1, 15 juin 1994, Bull. Ci, I, n. 211, apud MALURIE, Philippe; AYNÈS, Laurent. *Les Succecions – Les libéralités*, p. 191.

[205] MALUF, Carlos Alberto Dabus. *Cláusulas de inalienabilidade, incomunicabilidade e impenhorabilidade*. 4. ed., rev. e atual. São Paulo: Revista dos Tribunais, 2006, p. 49.

[206] MONTEIRO, Washington de Barros. *Curso de Direito Civil: Direito das Sucessões*, 35ª ed., atual. por Ana Cristina de Barros Monteiro França Pinto, São Paulo: Saraiva, v. 6, p. 181-182.

[207] GOMES, Orlando. *Introdução ao Direito Civil*. 12. ed. Rio de Janeiro: Forense, 1996, p. 161 e CAHALI, Francisco José; HIRONAKA, Giselda Maria Fernandes Novaes. *Direito das Sucessões*. 3. ed., atual. e ampl. São Paulo: Saraiva, 2007, p. 278.

[208] GODOY, Cláudio Luiz Bueno de. Dos herdeiros necessários e da gravação da legítima no novo Código Civil. In: NANNI, Giovanni Ettore (Coord.). *Temas relevantes do direito civil contemporâneo: reflexões sobre os cinco anos do Código Civil*. São Paulo: Atlas, 2008, p. 734-735; DIAS, Maria Berenice. *Manual das Sucessões*. São Paulo: Saraiva, 2008, p. 276.

ginária, razão pela qual não haveria transferência de domínio, e por consequência, das cláusulas impostas pelo antigo proprietário.

Justamente essa ausência de relação jurídica entre o prescribente e o antigo titular do bem é que enseja a possibilidade de usucapião de bem gravado de inalienabilidade. Em outras palavras, a propriedade do prescribente decorre da posse prolongada e ininterrupta; e não da transferência de um domínio anterior.

Por conta dessa ausência de vínculos entre a posse prolongada do prescribente em relação à situação jurídica do titular anterior defendemos que a usucapição ordinária de bens inalienáveis deve ser visto com alguma cautela pois, segundo pensamos, a sua possibilidade não é irrestrita, a exemplo do que se verifica, de forma tranquilo, com a usucapião extraordinária. Isso porque, enquanto na usucapião extraordinária a lei nada exige senão a posse prolongada e ininterrupta sobre determinado bem, na usucapião ordinária a lei exige, além da posse prolongada, a presença de justo título e de boa-fé.

Faltará pressuposto para a usucapião ordinária sempre que o justo título ostentado pelo prescribente estiver atrelado a documento subscrito pelo alienante transferindo-lhe a titularidade do bem inalienável, a exemplo de contrato particular ou de uma cessão de direitos hereditários transferindo imóvel inalienável. O *justo título* nada tem de *justo* já que obtido em manifesta fraude à cláusula de inalienabilidade imposta validamente sobre o bem objeto de usucapião na forma ordinária. Há, em hipóteses tais, vício de origem impeditivo da usucapião ordinária.

Por fim, a cláusula de inalienabilidade há de porvir de doação ou testamento, sendo ilícita a imposição de cláusulas em contrato de compra e venda, permuta, ou outra modalidade aquisitiva onerosa. Da mesma forma, inadmite-se a instituição sobre os próprios bens,[209] que podem ser tutelados por outros institutos, como o bem de família.

Quanto à extensão, a inalienabilidade é classificada em *total* ou *parcial*; *absoluta* ou *relativa*. É *absoluta* quando a proibição de alienar é aplicada a toda e qualquer pessoa indistintamente e *relativa* quando a vedação se restringe a determinadas pessoas, sendo permitida a outras, como por exemplo, a permissão de venda entre pessoas da mesma família. É *total* a inalienabilidade que proíbe a alientação de todo

---

[209] PEREIRA, Caio Mário da Silva. *Instituições de Direito Civil: Direitos das Coisas*. 18ª ed., atual. por Carlos Edison do Rego Monteiro, Rio de Janeiro: Forense, 2004, p. 109.

o patrimônio e *parcial* quando a proibição se limita apenas a certos bens.²¹⁰

Quanto à duração, a inalienabilidade é classificada em *temporária* ou *vitalícia*. Temporária quando a cláusula desaparece com o implemento da condição ou com o advento do termo. Vitalícia se perdurar durante toda a vida do herdeiro,²¹¹ presumindo, no silêncio, a vitaliciedade da inalienabilidade.²¹² O que não se admite, em hipótese alguma, é a perpetuidade da inalienabilidade.

Quanto aos efeitos da inalienabilidade, viva controvérsia gravitou a respeito da sua extensão, entendendo respeitável corrente doutrinária que as cláusulas eram independentes entre si e que a inalienabilidade não abrangia a impenhorabilidade e a incomunicabilidade,²¹³ enquanto a corrente oposta pregava que a inalienabilidade compreendia impenhorabilidade e a incomunicabilidade, embora a recíproca não fosse verdadeira.²¹⁴ A mesma discrepância era encontrada na jurisprudência.²¹⁵

---

²¹⁰ Cf. LEITE, Eduardo de Oliveira. *Comentários ao novo Código Civil*. Coord. Sálvio de Figueiredo Teixeira. Rio de Janeiro: Forense, 2003, v. XXI, p. 272. CAHALI, Francisco José; HIRONAKA, Giselda Maria Fernandes Novaes. *Direito das Sucessões*. 3. ed., atual. e ampl. São Paulo: Saraiva, 2007, p. 278, classifica a inalienabilidade em total, relativa e parcial. GOMES, Orlando. *Introdução ao Direito Civil*. 12. ed. Rio de Janeiro: Forense, 1996, p. 159, a classifica apenas em inalienabilidade total ou relativa, no que foi acompanhada pela maioria dos autores, dentre os quais, MALUF, Carlos Alberto Dabus. *Cláusulas de inalienabilidade, incomunicabilidade e impenhorabilidade*. 4. ed., rev. e atual. São Paulo: Revista dos Tribunais, 2006, p. 47 e VENOSA, Silvio de Salvo. *Direito Civil: Direito das Sucessões*. 5. ed. São Paulo: Atlas, v. 7, 2005, p. 171.

²¹¹ GOMES, Orlando. *Sucessões*. 11 ed. Rio de Janeiro: Forense, 1996, p. 159.

²¹² ALMEIDA, José Luiz Gavião de. *Código civil comentado*. Coord. Álvaro Villaça de Azevedo. São Paulo: Atlas, v. XVIII, 2003, p. 260: "Há que entender, porém, que, no silêncio da disposição, a inalienabilidade há de ser compreendida como instituída de forma vitalícia, sobre toda a legítima e de forma absoluta".

²¹³ SOUZA, José Ulpiano Pinto de. *Das cláusulas restritivas da propriedade: inalienabilidade, impenhorabilidade, incommunicabilidade, conversão e administração*. São Paulo: Salesianas, 1910, p. 225; MAXIMILIANO, Carlos. *Direito das Sucessões*. 2. ed. Rio de Janeiro: Freitas Bastos, v. II, 1943, p. 177; CARVALHO SANTOS, J. M. *Código Civil Brasileiro Interpretado: Direito das Sucessões* (arts. 1710-1779). Rio de Janeiro: Freitas Bastos, v. XXIV, 1956, p. 93; GOMES, Orlando. *Sucessões*. 11. ed. Rio de Janeiro: Forense, 2002, p. 162.

²¹⁴ ITABAIANA DE OLIVEIRA, Arthur Vasco. *Tratado de Direito das Sucessões*. 4. ed., rev. e atual. Com a colaboração de Aires Itabaiana de Oliveira. São Paulo: Max Limonad, 1952, n. 728, p. 662; NONATO, Orozimbo. *Estudos sobre Sucessão Testamentária*. Rio de Janeiro: Revista Forense, 1957, p. 344; PONTES DE MIRANDA, Francisco Cavalcante. *Tratado de Direito de Família*. Campinas: Bookseller, 2001, v. II, p. 236-237; BEVILAQUA, Clovis. *Código Civil*. 4. ed. Rio de Janeiro: Freitas Bastos, v. VI, 1939, p. 178; ESPÍNOLA, Eduardo. *A família no Direito Brasileiro*. Campinas: Bookseller, 2001, p. 378, n. 482, referidos por Orlando Gomes (GOMES, Orlando, *Sucessões*. 11. ed. Rio de Janeiro: Forense, 2002, p. 162, nota 10).

²¹⁵ Decidindo pela abrangência: *RT* 148/369 e 152/252 e pela independência das cláusulas *RF* 92/87 e *RT* 148/369. Cf. item 4.4.

Preferiu o legislador de 2002 a corrente mais abrangente, no sentido de a cláusula de inalienabilidade, imposta aos bens por ato de liberalidade, implicar na impenhorabilidade e incomunicabilidade.[216] Este entendimento que, *lege ferenda*, não é aplicável às hipóteses de clausulação da legítima do herdeiro necessário, consoante será examinado em item específico.[217]

Polêmica também envolvia a extensão da inalienabilidade aos frutos dos bens clausulados, sobre o que Silvio Rodrigues noticia três correntes doutrinárias. A primeira delas, de concepção restritiva, entendia que a inalienabilidade não abrangia os frutos;[218] a segunda, mais liberal, compreendia que a cláusula seria esvaziada caso não abrangesse os frutos, já que o herdeiro permaneceria em absoluto desamparo;[219] e, uma terceira corrente, intermediária, que estendia a inalienabilidade aos frutos, desde que expressamente consignada a hipótese em instrumento idôneo, posição esta defendida no passado por Itabiana de Oliveira[220] e por Clóvis Bevilaqua,[221] e que prevaleceu.[222]

Não tendo caráter absoluto, pode-se levantar a cláusula de inalienabilidade mediante expressa autorização judicial, em procedimento específico, subrogando o produto da alienação em outros bens ou mesmo em dinheiro, sempre que tal solução não inviabilizar a própria razão de ser do pedido de levantamento das cláusulas, qual seja, o interesse do herdeiro ou de sua família.[223]

---

[216] Art. 1.911. A cláusula de inalienabilidade, imposta aos bens por ato de liberalidade, implica impenhorabilidade e incomunicabilidade.

[217] Cf. item 4.4.

[218] GOMES, Orlando. *Sucessões*. 11. ed. Rio de Janeiro: Forense, 2002, p. 162; PEREIRA, Caio Mário. *Instituições de Direito Civil: Direito das Sucessões*. 14ª ed. Rio de Janeiro: Forense, 2002, p. 128.

[219] SOUZA, José Ulpiano Pinto de. *Das cláusulas restritivas da propriedade: inalienabilidade, impenhorabilidade, incommunicabilidade, conversão e administração*. São Paulo: Salesianas, 1910, p. 160-161 e CARVALHO SANTOS, J. M. *Código Civil Brasileiro Interpretado: Direito das Sucessões* (arts. 1710-1779). Rio de Janeiro: Freitas Bastos, v. XXIV, 1956, p. 105-106.

[220] *Tratado de Direito das Sucessões*. 4. ed., rev. e atual. Com a colaboração de Aires Itabaiana de Oliveira. São Paulo: Max Limonad, 1952, n. 726, p. 658-659.

[221] *Código Civil*. 4. ed. Rio de Janeiro: Freitas Bastos, v. VI, 1939, p. 188.

[222] *Curso de Direito Civil: Direito das Sucessões*, 35ª ed., atual. por Ana Cristina de Barros Monteiro França Pinto, São Paulo: Saraiva, v. 6, p. 181-182; VENOSA, Silvio de Salvo. *Direito Civil: Direito das Sucessões*. 5. ed. São Paulo: Atlas, v. 7, 2005, p. 173; ALMEIDA, José Luiz Gavião de. *Código civil comentado*. Coord. Álvaro Villaça de Azevedo. São Paulo: Atlas, v. XVIII, 2003, p. 261; DIAS, Maria Berenice. *Manual das Sucessões*. São Paulo: Revista dos Tribunais, 2008, p. 276. A respeito, confira item 3.2.2.

[223] Cf. itens 7.1 e 7.2.

### 3.2.2. Impenhorabilidade

A impenhorabilidade representa uma exceção à regra de que o patrimônio do devedor responde por suas dívidas, na medida em que subtrai o bem da qualidade de garantia dos credores. Desse modo impede-se a suscetibilidade da penhora do bem assim clausulado, o que provoca a desconfiança da doutrina quanto ao conteúdo ético de semelhante restrição.[224]

É fato que a impenhorabilidade pode ser imposta *isoladamente*[225] ou *cumulativamente* com as duas outras cláusulas. Todavia, se imposta isoladamente, dela não resultará a inalienabilidade e a incomunicabilidade do patrimônio, como sói ocorrer, ordinariamente, com a inalienabilidade, abrangente da impenhorabildiade e da incomunicabilidade.

Como característica comum a todas as cláusulas, a impenhorabilidade pode ser consignada sobre todo o patrimônio, ou sobre parte dele; ser vitalícia, ou temporária. Se temporária, implementada a condição ou advindo o termo, dá-se a liberação do patrimônio, sujeitando-o à constrição dos credores, posição incontroversa na doutrina.

A mesma uniformidade não é encontrada quando a impenhorabilidade é imposta vitaliciamente e ocorre a morte do herdeiro, predominando o posicionamento de que o patrimônio manter-se-á impenhorável mesmo após a morte, sob o argumento de que não se penhora com a morte o que os credores, afetados pela limitação, não penhorariam em vida.[226]

---

[224] DIAS, Maria Berenice. *Manual das Sucessões*. São Paulo: Revista dos Tribunais, 2008, p. 276: "A cláusula de impenhorabilidade é de questionável conteúdo ético, pois, consiste em blindar o herdeiro. Ao fim e ao cabo, visa protegê-lo de seus credores. Ao ser impedida a penhora dos bens que recebeu por herança, desonera o herdeiro de responder por seus débitos." Diversa é a posição de MONTEIRO, Washington de Barros. *Curso Curso de Direito Civil: Direito das Sucessões*, 35ª ed., atual. por Ana Cristina de Barros Monteiro França Pinto, São Paulo: Saraiva, v. 6, p. 113: "Tal cláusula, extensiva aos frutos e rendimentos, é perfeitamente válida; não ofende a lei nem contraria os bons costumes".

[225] *RSTJ* 137/457: "O gravame da impenhorabilidade pode ser instituído independentemente da cláusula de inalienabilidade. O donatário não estará impedido de alienar, mas o bem ficará a salvo de penhora".

[226] SOUZA, José Ulpiano Pinto de. *Das cláusulas restrictivas da propriedade: inalienabilidade, impenhorabilidade, incommunicabilidade, conversão e administração*. São Paulo: Salesianas, 1910, p. 222; BEVILAQUA, Clovis. *Código Civil*. 4. ed. Rio de Janeiro: Freitas Bastos, v. VI, 1939, p. 190; MALUF, Carlos Alberto Dabus. *Cláusulas de inalienabilidade, incomunicabilidade e impenhorabilidade*. 4. ed., rev. e atual. São Paulo: Revista dos Tribunais, 2006, p. 63; GODOY, Cláudio Luiz Bueno de. Dos herdeiros necessários e da gravação da legítima no novo Código Civil. In: NANNI, Giovanni Ettore (Coord.). *Temas relevantes do direito civil contemporâneo: reflexões sobre os cinco anos do Código Civil*. São Paulo: Atlas, 2008, p. 736.

O fato de a impenhorabilidade incidir sobre o principal, provoca viva controvérsia acerca da extensão aos frutos e rendimentos produzidos pelo bem impenhorável. Itabaiana de Oliveira,[227] acompanhado por Carlos Alberto Dabus Maluf,[228] enumeram três correntes doutrinárias que enfrentaram a questão.

De acordo com a primeira, os frutos e rendimentos produzidos pelos bens impenhoráveis são igualmente impenhoráveis. Para tanto, argumenta-se que admitir a penhora frustra o propósito da cláusula, a saber: o de proteger o herdeiro contra os credores. A segunda corrente, mais liberal, entende que os frutos e rendimentos dos bens impenhoráveis são suscetíveis de penhora se nada for consignado. Defendendo ponto de vista intermediário, a terceira corrente admite a penhora de frutos e rendimentos de bens impenhoráveis, salvo se expressamente estendida a impenhorabilidade também aos frutos, posição que conta com um maior número de adeptos, tanto antigos[229] como contemporâneos.[230] A questão, no entanto, está longe de ser uniforme.

Em comentários ao artigo 650 do Código de Processo Civil, antes da edição da Lei 11.382, de 6 de dezembro de 2006, que emprestou nova redação ao mencionado dispositivo legal, José Marcelo Menezes Vigliar[231] sustentava a penhorabilidade dos frutos e rendimentos de bens inalienáveis se não existirem outros livres e desembaraçados. Cuida, segundo ele, "de uma condição: somente serão penhorados se outros bens não forem localizados".[232]

O problema da suscetibilidade da penhora dos frutos e rendimentos de bens inalienáveis e impenhoráveis ganhou novo alento com a Lei 11.382, de 6 de dezembro de 2006, que, após a edição do Código Civil de 2002, deu nova redação ao artigo 650 do Código de Processo

---

[227] *Tratado de Direito das Sucessões*. 4. ed., rev. e atual. Com a colaboração de Aires Itabaiana de Oliveira. São Paulo: Max Limonad, 1952, n. 725, p. 655-656.

[228] *Cláusulas de inalienabilidade, incomunicabilidade e impenhorabilidade*. 4. ed., rev. e atual. São Paulo: Revista dos Tribunais, 2006, p. 65-66

[229] ITABAIANA DE OLIVEIRA, Arthur Vasco. *Tratado de Direito das Sucessões*. 4. ed., rev. e atual. Com a colaboração de Aires Itabaiana de Oliveira. São Paulo: Max Limonad, 1952, n. 726, p. 659; BEVILAQUA, Clovis. *Código Civil*. 4. ed. Rio de Janeiro: Freitas Bastos, v. VI, 1939, p. 189; PONTES DE MIRANDA, Francisco Cavalcante. *Tratado de Direito de Família*. Campinas: Bookseller, 2001, p. 295; ALVIM, Agostinho. *Da doação*. São Paulo: Revista dos Tribunais, 1963, p. 246.

[230] VENOSA, Silvio de Salvo. *Direito Civil: Direito das Sucessões*. 5. ed. São Paulo: Atlas, v. 7, 2005, p. 177; MONTEIRO, Washington de Barros. *Curso de Direito Civil: Direito das Sucessões*, 35ª ed., atual. por Ana Cristina de Barros Monteiro França Pinto, São Paulo: Saraiva, v. 6, p. 114.

[231] *Código de Processo Civil Interpretado*. Coord. Antonio Carlos Marcato (coord.). São Paulo: Atlas, 2004, p. 1905.

[232] Cf., no mesmo sentido, *RT* 189/676; *RF* 252/229.

Civil,[233] admitindo a penhora dos frutos produzidos por bens inalienáveis quando inexistentes outros bens livres e desembaraçados, salvo se destinados à satisfação de prestação alimentícia.

Amparada na nova redação do artigo 650 do Código de Processo Civil, Maria Berenice Dias[234] defende expressamente que os "frutos e rendimentos dos bens clausulados de impenhorabilidade sujeitam-se à constrição judicial (CPC, art. 650)", pondendo "ser penhorados à falta de outros", a não ser que o testador deixe expressa a natureza alimentar dos frutos e rendimentos. Adverte a desembargadora que "mesmo que o testador estenda a impenhorabiliade também aos frutos e rendimentos, tal disposição só é eficaz se expressamente ficar consignado que o encargo imposto é de natureza alimentar".

Esse não é o caminho traçado pela doutrina majoritária.

A atual redação do artigo 650 do Código de Processo Civil nada fez senão reproduzir com pequena variação os artigos 943, inciso I, do Código de Processo Civil de 1939[235] e o artigo 650, inciso I, do Código de Processo Civil de 1973,[236] que também ressalvavam a possibilidade da penhora de bens inalienáveis, acaso inexistentes outros bens livres e desembaraçados.

Escrevendo sobre o Código de Processo Civil de 1939, Pontes de Miranda[237] fazia a distinção entre a situação do imóvel clausulado de inalienabilidade – silenciando quanto aos frutos – e a situação em que os frutos e rendimentos dos imóveis inalienáveis foram expressamente clausulados pela impenhorabilidade.

A inalienabilidade do imóvel conduz à impenhorabilidade também dos frutos, desde que existam outros bens livres e desembaraça-

---

[233] Art. 950. Podem ser penhorados, à falta de outros bens, os frutos e rendimentos dos bens inalienáveis, salvo se destinados à satisfação de prestação alimentícia.

[234] DIAS, Maria Berenice. *Manual das Sucessões*. São Paulo: Revista dos Tribunais, 2008, p. 276.

[235] Art. 943. Poderão ser penhorados, à falta de outros bens: I – os frutos e rendimentos dos bens inalienáveis, salvo se destinados à alimentos de incapazes ou de mulheres viúvas ou solteiras.

[236] Art. 650. Podem ser penhorados, à falta de outros bens: I – os frutos e os rendimentos dos bens inalienáveis, salvo se destinados a alimentos de incapazes, bem como de mulher viúva, solteira, desquitada ou de pessoas idosas.

[237] *Comentários ao Código de Processo Civil*. Rio de Janeiro: Forense, t. XVI, arts. 1.103 a 1.210, 1977, p. 295-296: "Quando, no artigo 943, I, o Código de Processo Civil diz que podem ser penhorados, à falta de outros bens, os frutos e rendimentos dos bens inalienáveis, salvo se destinados a alimentos de incapazes, ou de mulheres viúvas ou solteiras, apenas se referiu aos frutos e rendimentos dos bens a respeito dos quais há cláusula de inalienabilidade, portanto, a de impenhorabilidade, ou se a lei reputou os inalienáveis e, pois, impenhoráveis. Não aos frutos e rendimentos impenhoráveis. A cláusula de impenhorabilidade dos frutos e rendimentos, provinda de negócio jurídico, a causa de morte ou entre vivos, não ofende os credores (2ª Turma do Supremo Tribunal Federal, 27 de janeiro de 1950, R.F, 140, 149, A.J 94,223, e O D, 68, 312), se os bens são, no momento, adquiridos, a título gratuito."

dos suscetíveis de constrição. Não os havendo, os frutos produzidos pelos bens inalienáveis tornavam-se penhoráveis por força do artigo 943, inciso I, do Código de Processo Civil de 1939, posteriormente reproduzido pelo artigo 650, inciso I, do Código de Processo Civil de 1973; repaginado pela Lei 11.382, de 2006. No entanto, consignada expressamente a impenhorabilidade dos frutos e dos rendimentos dos bens inalienáveis, estes adquiriam a qualidade de absolutamente impenhoráveis, independentemente de existirem ou não outros bens.

Comentando o artigo 650, inciso I, do Código de Processo Civil de 1973, Celso Neves,[238] Sérgio Sahione Fadel,[239] Araken de Assis,[240] perfilharam idêntico posicionamento, destacando-se as palavras de Araken de Assis[241] pela concisão e clareza:

> Este dispositivo apaziguou tormentosa polêmica embasada no artigo 1.723 do CC de 1917. Após o advento do artigo 943, I, do CPC de 1939, a constrição dos frutos e rendimentos dos bens inalienáveis pressupõe, numa palavra, a penhorabilidade congênita e natural desta classe de bens. Por óbvio, ao testador pode instituir a inalienabilidade dos frutos, ou sua impenhorabilidade, e, então, incidirá o óbice inscrito no artigo 649, I: eles se mostrarão, *tout court* impenhoráveis. Porém, quando se mostrarem penhoráveis, na falta de qualquer estipulação, acode o artigo 950, I, pressuposta a penhorabilidade, em virtude da inexistência de outros bens e de caráter alimentar dos frutos e rendimentos, esta última uma finalidade genérica, pois, ainda que contemplando um devedor adulto, maior e capaz, os alimentos são, de per si, impenhoráveis.
>
> Em síntese, os frutos dos bens inalienáveis comportam penhora, à falta de outros bens, salvo se dotados de finalidade alimentar, inexistindo cláusula especial instituindo a impenhorabilidade.

Esse posicionamento encontrou abrigo na doutrina civilista, merecendo destaque Silvio de Salvo Venosa,[242] Washington de Barros Monteiro[243] e, já escrevendo sob a égide da Lei 11.382, de 2006, Cláudio Luiz Bueno de Godoy,[244] recepcionada pelos Tribunais.[245]

---

[238] *Comentários ao Código de Processo Civil.* 7. ed. Rio de Janeiro: Forense, v. VII, 1999, p. 20-21.

[239] *Código de Processo Civil Comentado.* 4. ed. Rio de Janeiro: Forense, 1981, p. 427.

[240] *Manual da Execução.* 9. ed., rev., atual. e ampl. São Paulo: Revista dos Tribunais, 2004; p. 216-217.

[241] *Comentários ao Código de Processo Civil: do processo de execução.* São Paulo: Revista dos Tribunais, v. 9, 2000, p. 650.

[242] VENOSA, Silvio de Salvo. *Direito Civil: Direito das Sucessões.* 5. ed. São Paulo: Atlas, v. 7, 2005, p. 177.

[243] *Curso de Direito Civil: Direito das Sucessões*, 35ª ed., atual. por Ana Cristina de Barros Monteiro França Pinto, São Paulo: Saraiva, v. 6, p. 114.

[244] Dos herdeiros necessários e da gravação da legítima no novo Código Civil. In: NANNI, Giovanni Ettore (Coord.). *Temas relevantes do direito civil contemporâneo: reflexões sobre os cinco anos do Código Civil.* São Paulo: Atlas, 2008, p. 736.

[245] *JTA* 104/106; *RT* 363/150.

Em síntese, observamos que os frutos e rendimentos de bens inalienáveis somente serão penhoráveis se não existirem bens livres e desembaraçados que assegurem a execução e, ainda assim, desde que não destinados a alimentos, como prescreve o artigo 950 do Código de Processo Civil. Entretanto, se os próprios frutos e rendimentos foram declarados impenhoráveis, a impossibilidade de constritá-los será absoluta, sem que se possa falar em afronta ao artigo 950 do Código de Processo Civil ou mesmo em fraude a credores.[246]

### 3.2.3. Incomunicabilidade

A incomunicabilidade impede que o patrimônio integre a comunhão estabelecida com o casamento ou com a união estável, mantendo-o particular ao beneficiário, sem constituir coisa comum. Não impede, porém, a alienação do bem pelo titular, valendo a observação de que o produto obtido na venda se subrogará ao anterior, insuscetível de comunicação.[247]

Pode-se impor a incomunicabilidade autônoma ou conjuntamente às duas outras cláusulas, sobre todo o patrimônio ou parte dele. Exceção feita às hipóteses de clausulação da legítima,[248] a incomunicabilidade acompanha a cláusula de inalienabilidade, mas o inverso não é verdadeiro.

Diversamente da inalienabilidade e da impenhorabilidade, que inadmitem imposição pelos próprios beneficiários, a cláusula de incomunicabilidade pode ser instituída pelos próprios cônjuges ou companheiros, em pacto antenupcial ou em contrato de convivência. O mesmo vale em caso de pedido de alteração de regime de bens, ao se estabelecer que determinados bens estarão excluídos da comunicação e permanecerão particulares somente a um dos sujeitos da relação.[249]

---

[246] A propósito da questão relativa a fraude contra credores, cf. item 5.2.

[247] Em sentido contrário, FIORANELLI, Ademar. *Das cláusulas de inalienabilidade, impenhorabilidade e incomunicabilidade.* São Paulo: Saraiva, 2008, p. , defende que as cláusulas de incomunicabilidade e de impenhorabilidade não se subrogam no bem que vier a ser adquirido com o produto havido na venda do bem atingido por aquelas cláusulas e que veio a ser alienado.

[248] Cf. item 4.4

[249] GOZZO, Débora. *Pacto Antenupcial.* São Paulo: Saraiva, 1992, p. 62; OLIVEIRA, Basílio de. *Concubinato: novos rumos.* Rio de Janeiro: Freitas Bastos, 1997, p. 97; MANFRÉ, José Antonio Encinas. *Regime matrimonial de bens no novo Código Civil.* São Paulo: Editora Juarez de Oliveira, 2003, p. 93 e RODRIGUES, Silvio. *Direito Civil: Direito de Família.* 27. ed., atual. por Francisco José Cahali. São Paulo: Saraiva, v. 6, 2002, p. 174-175, nota 185, apoiado na seguinte lição de Lafayette: "Podem os contraentes escolher um destes regimes, ou modificá-los e combiná-los entre si de modo a formar uma nova espécie, como se, por exemplo, convencionam a separação de certos bens e a comunhão de todos os mais".

A própria lei prevê a contratação da incomunicabilidade na hipótese da doação levada a efeito por um cônjuge ao outro, em pacto antenupcial.[250]

Merece registro a oportuna doutrina de Francisco José Cahali[251] acerca da liberdade de contratação entre conviventes, em que também faz expressa referência aos cônjuges:

> A opção legislativa pela comunhão sobre o patrimônio futuro, em sua adequada exegese, não faz ressalva para afastar da presunção qualquer bem ou direito pela sua espécie.
>
> Entretanto, ao estabelecer a comunhão abrangente, salvo disposição em contrário, pode-se concluir, pelas mesmas razões acima declinadas, terem permissão os companheiros para retirar do regime legal proposto certos e determinados bens ou direitos, devidamente especificados.
>
> Previsão dessa natureza não é estranha, inclusive, ao pacto antenupcial.

A incomunicabilidade tem seu campo de atuação, por excelência, no regime da comunhão universal de bens, único em que há previsão legal de comunicação de todo o patrimônio, independentemente do tempo e da natureza da aquisição.

Nos demais regimes de bens previstos no Código Civil, a incomunicabilidade dos bens havidos gratuitamente durante o casamento já está prevista na própria lei, o que implica uma significativa redução dos efeitos práticos da cláusula de incomunicabilidade. Porém, essa situação não autoriza concluir que este "gravame só tem sentido quando o herdeiro é casado pelo regime da comunhão universal de bens", como anota Maria Berenice Dias.[252]

A importância e a repercussão prática da cláusula de incomunicabilidade, evidenciando que seu campo de atuação pode ir muito além do regime da comunhão universal de bens, é bem demonstrada por uma série de fatores, a saber: a possibilidade de alteração do regime de bens entre os cônjuges, apontado pela própria Maria Berenice Dias; a contratação de regimes de bens mistos excluindo da comunicação determinados bens adquiridos onerosamente durante a constância do regime da comunhão parcial de bens; as doações antenupciais feitas por um cônjuge ao outro no regime da comunhão universal,

---

[250] CC, Art. 1.668. São excluídos da comunhão: (...) IV – as doações antenupciais feitas por um dos cônjuges ao outro com a cláusula de incomunicabilidade. Em sentido oposto, DIAS, Maria Berenice. *Manual das Sucessões*. São Paulo: Revista dos Tribunais, 2008, p. 277, entende que estipulação desta natureza em pacto antenupcial afronta as regras sobre regime de bens que, segundo a autora, são de ordem pública; com o que não concordamos.

[251] *Contrato de convivência na união estável*, p. 227-228.

[252] DIAS, Maria Berenice. *Manual das Sucessões*. São Paulo: Revista dos Tribunais, 2008, p. 277.

dantes analisados; e a imposição da incomunicabilidade aos frutos de bens particulares no regime da comunhão parcial.[253]

Sob esta perspectiva, no regime da comunhão parcial, a incomunicabilidade dos dividendos produzidos pelas ações, do aluguel produzido por determinado imóvel, da cria animal ou da safra agrícola está condicionada à existência de cláusula expressa a respeito dos frutos, inclusive no que toca aos bens particulares, sem o que a comunicação será de rigor.[254]

É importante que fique claro: a cláusula de incomunicabilidade incide apenas sobre o regime de bens, mais especificamente, para efeito de exclusão da meação. Sendo assim, não afasta o direito hereditário que este mesmo cônjuge, alijado da comunhão, porventura venha titular em caso de morte do cônjuge ou do companheiro.

Advindo a separação de cônjuges casados no regime da comunhão universal de bens, o patrimônio clausulado de incomunicabilidade permanecerá reservado ao respectivo titular, sendo insuscetível de partilha. Se, contudo, ao invés da separação ou do divórcio, o término do casamento se der com a morte do titular do patrimônio clausulado, o viúvo, que nada receberia em caso de separação, concorrerá normalmente à sucessão, observada a ordem da vocação hereditária.[255]

Objeto de críticas, notadamente a cláusula de inalienabilidade,[256] a clausulação do patrimônio foi admitida pelo Código Civil sob os protestos de quem simplesmente preferia vê-la suprimida, podendo

---

[253] CC, Art. 1.660. Entram na comunhão: (...) V – os frutos dos bens comuns, ou dos particulares de cada cônjuge, percebidos na constância do casamento, ou pendentes ao tempo de cessar a comunhão.

[254] MANFRÉ, José Antonio Encinas. *Regime matrimonial de bens no novo Código Civil*. São Paulo: Editora Juarez de Oliveira, 2003, p. 93: "Relevante aduzir que o art. 1.669, como o fazia o art. 265 do anterior diploma, expressa que a incomunicabilidade desses bens revistos no art. 1.668 não se estende aos frutos – por exemplo, rendas por aluguel de imóvel, safras, bonificações por ações de sociedade anônima etc. – quando se percebam ou vença durante o casamento. Aliás, para que se dê também a incomunicabilidade dos frutos, se impõe conste expressamente no correspondente ato de instituição".

[255] Cf. MALUF, Carlos Alberto Dabus. *Cláusulas de inalienabilidade, incomunicabilidade e impenhorabilidade*. 4. ed., rev. e atual. São Paulo: Revista dos Tribunais, 2006, p. 59.

[256] BEVILAQUA, Clovis. *Código Civil*. 4. ed. Rio de Janeiro: Freitas Bastos, v. VI, 1939, p. 136; ALVIM, Agostinho. *Da doação*. São Paulo: Revista dos Tribunais, 1963, p. 243-244; GOMES, Orlando. *Sucessões*. 11. ed. Rio de Janeiro: Forense, 2002, p. 158; RODRIGUES, Silvio. *Direito Civil: Direito das sucessões*. 25. ed., atual. por Zeno Veloso. São Paulo: Saraiva, v. 7, 2002, p. 191; MALUF, Carlos Alberto Dabus. *Cláusulas de inalienabilidade, incomunicabilidade e impenhorabilidade*. 4. ed., rev. e atual. São Paulo: Revista dos Tribunais, 2006, p. 35-41; LEITE, Eduardo de Oliveira. *Comentários ao novo Código Civil*. Coord. Sálvio de Figueiredo Teixeira. Rio de Janeiro: Forense, 2003, v. XXI, p. 271-272; GODOY, Cláudio Luiz Bueno de. Dos herdeiros necessários e da gravação da legítima no novo Código Civil. In: NANNI, Giovanni Ettore (Coord.). *Temas relevantes do direito civil contemporâneo: reflexões sobre os cinco anos do Código Civil*. São Paulo: Atlas, 2008, p. 736; VILAÇA NETTO, Geraldo. *Legítima. Formas de Proteção e restrição aos direitos dos herdeiros*.

ser imposta irrestritamente sobre as liberalidades praticadas em favor de terceiras pessoas e ao próprio herdeiro, no que respeita à parte disponível da herança. Sobre a legítima, como dito, a lei passou a exigir *justa causa*.

---

Trabalho de conclusão de módulo de mestrado. São Paulo: Pontifícia Universidade Católica, 2007, 41 f.

# 4. Justa Causa

## 4.1. Conceito e características gerais

Definir, como pondera Caio Mário da Silva Pereira,[257]

> (...) é trabalho da doutrina. A lei baixa comandos, com caráter geral e obrigatório. Tratando-se de conceito novo, sem a devida sedimentação, uma norma legislativa definidora poderia pecar pelo excesso, lançando a noção muito além do objeto a definir ou relevar-se demasiado restrita, deixando de abraçar nos seus termos os pressupostos necessários. É preferível que a elaboração pretoriana vá promovendo sua construção dentro da variedade dos casos de espécie, e destarte permitindo à doutrina uma flexibilidade conceitual mais proveitosa.[258]

Esse mister tornou-se ainda mais relevante com o Código Civil de 2002 que, abandonando o modelo oitocentista, delimitador de significados, fez clara, consciente e correta opção pela adoção de cláusulas gerais e de conceitos indeterminados[259], permitindo "a criação de modelos jurídicos hermenêuticos, quer pelos advogados, quer pelos juízes, para contínua atualização dos preceitos legais".[260]

A justa causa do artigo 1.848 do Código Civil é apenas um dos muitos conceitos indeterminados do Código Civil,[261] motivo de reve-

---

[257] *Instituições de Direito Civil: Direito de Família.* 11ª ed. Rio de Janeiro: Forense, v. I, 1999, p. 44-45.

[258] No mesmo sentido, SAMPAIO, Carlos. *Curso de Direito Civil, do casamento.* 1 v., p. 164 afirma: "Os códigos não são compêndios de doutrina ou repositório de jurisprudência. Dão-nos apenas o traçado geral, as linhas fundamentais das instituições que, dentro dos seus textos, vivem, palpitam, esclarecem, agitam e conservam em permanente equilíbrio toda a ordem jurídica da sociedade (...). Esta função não é da lei; pertence à doutrina e à jurisprudência".

[259] TEPEDINO, Gustavo. *Temas de Direito Civil.* Rio de Janeiro: Renovar, 1999, p. 9: "O legislador vale-se de cláusulas gerais, abdicando da técnica regulamentar que, na égide da codificação, define os tipos jurídicos e os efeitos dele decorrentes. Cabe ao intérprete depreender das cláusulas gerais os comandos incidentes sobre inúmeras situações futuras, algumas delas sequer alvitradas pelo legislador, mas que se sujeita ao tratamento legislativo pretendido por se inserirem em certas situações-padrão: a tipificação taxativa dá lugar a cláusulas gerais, abrangentes, abertas".

[260] REALE, Miguel. Visão Geral do Projeto de Código Civil. In: *Revista dos Tribunais,* ano 87, junho de 1988, v. 752, p. 3

[261] GODOY, Cláudio Luiz Bueno de. Dos herdeiros necessários e da gravação da legítima no novo Código Civil. In: NANNI, Giovanni Ettore (Coord.). *Temas relevantes do direito civil con-*

lada preocupação doutrinária, como se denota das palavras de Silvio Rodrigues,[262] de Maria Helena Marques Braceiro Daneluzzi,[263] de Giselda Maria Fernandes Novaes Hironaka[264] e Eduardo Oliveira Leite,[265] dado o subjetivismo impregnado na expressão.

Pensamos, no entanto, que a justa causa, como conceito indeterminado, revela-se altamente positiva por traduzir eficiente mecanismo de concretude e integração da norma, de modo a assegurar a possibilidade de o Magistrado confrontar os motivos apontados pelo autor da liberalidade, por vezes declarados há anos e anos, com a realidade jurídica, moral e ética contemporânea à abertura da sucessão.[266]

---

*temporâneo: reflexões sobre os cinco anos do Código Civil*. São Paulo: Atlas, 2008, p. 737-738: "Marca, também, a nova normatização, uma declarada preocupação com a sua operabilidade, que levou o legislador, conforme o acentua o mesmo Miguel Reale, *'a redigir certas normas jurídicas, que são normas abertas, e não normas cerradas, para que a atividade social mesma, na sua evolução, venha a alterar-lhe o conteúdo através daquilo que se denomina estrutura hermenêutica'*. São, a rigor, as cláusulas gerais e os conceitos indeterminados, de toda a sorte proposições dotadas de deliberada vagueza semântica, que reclamam atividade integradora do operador do direito, que lhe deve preencher o conteúdo, mediante o exame dos casos concretos. É exatamente o que se dá com a justa causa exigida para clausulação da legítima, forma, igualmente, de se carrear ao sistema gama de pautas éticas, morais, base de outro princípio cardeal do novo CC, qual seja, o princípio da eticidade."

[262] RODRIGUES, Silvio. *Direito Civil: Direito das sucessões*. 25. ed., atual. por Zeno Veloso. São Paulo: Saraiva, v. 7, 2002, p. 127: "(...) podendo-se imaginar a pletora de questões que essa exigência vai gerar, tumultuando os processos de inventário, dado o subjetivismo da questão".

[263] *Aspectos polêmicos na sucessão do cônjuge sobrevivente*. São Paulo: Letras Jurídicas, 2004, p. 117: "Verifica-se que alegada justa causa dará margem a verificação judicial e estará sujeita a certo grau de subjetividade, por parte do magistrado que deverá interpretar a vontade do testador, coadunada com a realidade dos fatos".

[264] Herdeiros Necessários e Direito de Representação. In: ——; PEREIRA, Rodrigo da Cunha (Coords.). *Direito das Sucessões*. 2. ed. Belo Horizonte: Del Rey, 2007, p. 118: "O legislador do Código Civil de 2002 houve por bem limitar essa possibilidade na medida em que determinou que todo testador que aponha em suas últimas vontades uma dessas cláusulas deverá indicar uma justa causa para tanto, a qual, como todo conceito jurídico indeterminado, deverá ser valorada, sopesada e analisada pelo magistrado processante, que deverá, por sua vez, lastrear a sua decisão em provas bem produzidas e convincentes quanto da justa causa alegada pelo testador".

[265] *Comentários ao novo Código Civil*. Coord. Sálvio de Figueiredo Teixeira. Rio de Janeiro: Forense, 2003, v. XXI, p. 270: "a agravar a problemática, socorre-se agora, o novo dispositivo legal, de um recurso eminentemente subjetivo (o que é *justa causa*?) que, certamente, será definitivo pelo Judiciário alargando-se, novamente, mais um ponto de dissídio, embora (reconheça-se) limitando o excessivo arbítrio do testador, eis que antes o poder discricionário do testador era ilimitado, e agora encontra limites na indicação, ou determinação da *justa causa*".

[266] GODOY, Cláudio Luiz Bueno de. Dos herdeiros necessários e da gravação da legítima no novo Código Civil. In: NANNI, Giovanni Ettore (Coord.). *Temas relevantes do direito civil contemporâneo: reflexões sobre os cinco anos do Código Civil*. São Paulo: Atlas, 2008, p. 737-738: "Marca, também, a nova normatização, uma declarada preocupação com a sua operalidade, que levou o legislador, confome o acentua o mesmo Miguel Reale, *'a redigir certas normas jurídicas, que são normas abertas, e não normas cerradas, para que a atividade social mesma, na sua evolução, venha a alterar-lhe o conteúdo através daquilo que se denomina estrutura hermenêutica'*. São, a rigor, as cláusulas gerais e os conceitos indeterminados, de toda sorte proposições dotadas de deliberada vagueza semântica, que reclamam atividade integradora do operador do direito, que lhe deve preencher o conteúdo, mediante o exame dos casos concretos. É exatamente o que se dá com a justa

Há cinco décadas, poucos discutiriam a justiça da cláusula de incomunicabilidade imposta ao herdeiro que viesse a contrair matrimônio com mulher que tivesse vivido em concubinato, mesmo puro, com outro homem, tamanho era o preconceito arraigado na sociedade da época. Atualmente, este fato em si não representa uma causa eficiente para justificar a incomunicabilidade dos bens, em especial, da legítima.

Nesse contexto, uma norma fechada demandaria uma construção exegética apenas para equacionar esse conflito entre a vontade declarada há anos e a realidade jurídica, moral e ética contemporânea à abertura da sucessão, o que não ocorrerá com a justa causa que, sob esta perspectiva, tem o mérito de tornar a norma viva, sempre atual.

Infinitos são os motivos que, teoricamente, autorizam a clausulação da legítima. Em rol exemplificativo, o vício de jogo, a dependência química, a incapacidade para reger sua pessoa e seus bens, a malversação do patrimônio pessoal, a inexperiência de vida, todos esses casos motivam a inalienabilidade. Por sua vez, a insolvência, a existência de condenações judiciais ou pendências bancárias motivam a impenhorabilidade. Já a incomunicabilidade tem como motivos a condenação por crime contra o patrimônio, ou a existência de casamentos anteriores nos quais o cônjuge experimentou vantagem patrimonial decorrente da contratação de regime da comunhão de bens.[267]

Entretanto, "não basta que o autor do testamento aponte a causa. Ela precisa ser justa",[268] no sentido de conformar-se à lei, à moral e aos bons costumes e estar apoiada em fatos concretos que possam ser sustentados em futura ação,[269] onde ficará comprovado que, por conta dos motivos declarados, a cláusulas sobre a legítima são indispensáveis para a preservação dos interesses do herdeiro e de sua família;[270] e não do instituidor.

---

causa exigida para clausulação da legítima, forma, igualmente, de se carrear ao sistema gama de pautas éticas, morais, base de outro princípio cardeal do novo CC, qual seja, o princípio da eticidade."

[267] Defendemos ponto de vista semelhante ao desenvolvido pelos idealizadores do Projeto de Lei 6.960, de 2002, de autoria do saudoso Deputado Ricardo Fiúza, entendendo que as razões da incomunicabilidade estão inseridas na própria incomunicabilidade. Referido projeto não foi convertido em lei até o final da legislatura de sua apresentação, não se tendo notícia de algum substituto apresentado em seu lugar.

[268] RODRIGUES, Silvio. *Direito Civil: Direito das sucessões*. 25. ed., atual. por Zeno Veloso. São Paulo: Saraiva, v. 7, 2002, p. 127.

[269] GIORGIS, José Carlos Teixeira. A justa causa no novo testamento. In: DELGADO, Mario Luiz; ALVES, Jones de Figueiredo (Coords.). *Questões Controvertidas no Novo Código Civil*. São Paulo: Método, v. 2, 2003, p. 161.

[270] SOUZA, José Ulpiano Pinto de. *Das cláusulas restrictivas da propriedade: inalienabilidade, impenhorabilidade, incommunicabilidade, conversão e administração*. São Paulo: Salesianas, 1910, p. 105; BEVILAQUA, Clovis. *Código Civil*. 4. ed. Rio de Janeiro: Freitas Bastos, v. VI, 1939, p. 136; CAR-

Efetivamente, todo o arcabouço da legítima está sediado no propósito de tutelar os interesses do herdeiro. Não haveria razão para a condicionante justa causa, constante do artigo 1.848 do Código Civil, não fosse para proteger os interesses do herdeiro. Caso contrário, bastaria manter o sistema anterior, em que não havia condicionante, ou simplesmente abolir a possibilidade de clausulação, permitindo que o herdeiro, mesmo aquele mais imprevidente, recebesse a legítima sem qualquer restrição.

O sistema intermediário adotado pelo Código Civil objetiva exatamente a assegurar a intangibilidade absoluta da legítima, salvo quando o interesse do herdeiro recomendar que seja ela clausulada, preservando "o herdeiro, donatário ou legatário da sua própria inexperiência, ou imprevidência ou prodigalidade, ou arriscada profissão".[271]

Generalidades ou ilegalidades não são aceitas e devem ser reputadas não escritas, assim como não serão admitidas motivações desvinculadas da tutela dos interesses do herdeiro ou de sua família.

Assim, face à generalidade das cláusulas, não basta o instituidor declarar abstratamente que seu filho é estroina ou perdulário;[272] que a filha é gastadora compulsiva ou que a esposa do herdeiro não é confiável;[273] que o negócio administrado pelo herdeiro é arriscado;[274] que o

---

VALHO SANTOS, J. M. *Código Civil Brasileiro Interpretado: Direito das Sucessões* (arts. 1710-1779). Rio de Janeiro: Freitas Bastos, v. XXIV, 1956, p. 84; MAXIMILIANO, Carlos. *Direito das Sucessões*. 2. ed. Rio de Janeiro: Freitas Bastos, 1943, n. 720, p. 651; RODRIGUES, Silvio. *Direito Civil: Direito das sucessões*. 25. ed., atual. por Zeno Veloso. São Paulo: Saraiva, v. 7, 2002, p. 129; DINIZ, Maria Helena. *Curso de Direito Civil Brasileiro: Direito das Sucessões*. 21. ed., rev. e atual. São Paulo: Saraiva, v. 6, 2007, p. 240; GODOY, Cláudio Luiz Bueno de. Dos herdeiros necessários e da gravação da legítima no novo Código Civil. In: NANNI, Giovanni Ettore (Coord.). *Temas relevantes do direito civil contemporâneo: reflexões sobre os cinco anos do Código Civil*. São Paulo: Atlas, 2008, p. 738.

[271] cf. SOUZA, José Ulpiano Pinto de. *Das cláusulas restritivas da propriedade: inalienabilidade, impenhorabilidade, incommunicabilidade, conversão e administração*. São Paulo: Salesianas, 1910, p. 105. Essa preocupação protetiva já se fazia presente na justificativa de Feliciano Penna para o Dec. 1.839, afirmando que a possibilidade das cláusulas restritivas constituem "uma providência tutelar, a que os testadores recorrerão nos casos, em que o conhecimento íntimo das condições, em que se acharem, determinar a sua necessidade ou conveniência. Não são raros os casos, em que a incapacidade dos herdeiros anniquila [sic], em pouco tempo, grandes fortunas, adquiridas com enorme sacrifício, ficando elles [sic] immersos [sic] em profunda miséria." (BEVILAQUA, Clovis. *Código Civil*. 4. ed. Rio de Janeiro: Freitas Bastos, v. VI, 1939, p. 187).

[272] VENOSA, Silvio de Salvo. *Direito Civil: Direito das Sucessões*. 5. ed. São Paulo: Atlas, v. 7, 2005, p. 183 e GIORGIS, José Carlos Teixeira. A justa causa no novo testamento. In: DELGADO, Mario Luiz; ALVES, Jones de Figueiredo (Coords.). *Questões Controvertidas no Novo Código Civil*. São Paulo: Método, v. 2, 2003, p. 161.

[273] RODRIGUES, Silvio. *Direito Civil: Direito das sucessões*. 25. ed., atual. por Zeno Veloso. São Paulo: Saraiva, v. 7, 2002, p. 127.

[274] FARIA, Mario Roberto Carvalho de. *Direito das Sucessões: Teoria e Prática*. 5. ed. Rio de Janeiro: Forense, 2006, p. 109.

herdeiro não tem maturidade ou capacidade para administrar o próprio patrimônio.

Também não serão aceitas como justa causa as aflições comuns aos progenitores em geral, os temores que aflingem o bom pai, como, por exemplo, o "receio de um casamento infeliz, o futuro incerto nos negócios ou a simples possibilidade de dissipação da fortuna";[275] situações que não passam de suposições,[276] sem o necessário respaldo fático exigido para a clausulação da legítima.

Tampouco prevalecerá a cláusula de incomunicabilidade motivada por questões raciais, políticas ou religiosas,[277] por serem discriminatórias e, portanto, ilegais; ou de inalienabilidade imposta ao herdeiro para obrigá-lo a permanecer em condomínio com outro co-herdeiro, por afronta à lei.[278] Do mesmo modo, não se considerará justa a restrição à legítima do herdeiro necessário respaldada nos caprichos ou na vaidade do instituidor, a exemplo do desejo particular do instituidor em manter o patrimônio no seio da família.

Por derradeiro, é imprescindível que a causa apontada subsista ao tempo da abertura da sucessão, momento em que o herdeiro necessário concretiza o direito à legítima que, salvo expecionalmente, deve ser isenta de cláusulas, como bem pactua Ana Luiza Maria Nevares,[279]

> (...) a validade da cláusula restritiva estará sempre submetida à análise da permanência dos motivos que a justificaram. Se, nos exemplos anteriores, o herdeiro passa a ganhar muito dinheiro, ou compra outro imóvel, ou ainda, passa a desenvolver o seu trabalho de outra maneira, não haverá mais razão para a manutenção do gravame.
>
> Por conseguinte, a permanência do gravame deve coincidir com a manutenção de sua causa justificadora. Isso significa dizer que uma vez ausente a motivação outrora existente, deve a cláusula restritiva ser imediatamente levantada. Em outras palavras,

---

[275] FARIA, Mario Roberto Carvalho de. *Direito das Sucessões: Teoria e Prática*. 5. ed. Rio de Janeiro: Forense, 2006, p. 209.

[276] PONTES DE MIRANDA, Francisco Cavalcante. *Comentários ao Código de Processo Civil*. Rio de Janeiro: Forense, t. XVI, arts. 1.103 a 1.210, 1977, p. 270 apud LEITE, Eduardo de Oliveira. *Comentários ao novo Código Civil*. Coord. Sálvio de Figueiredo Teixeira. Rio de Janeiro: Forense, 2003, v. XXI.

[277] *MS* n. 39.828.4/3, TJ/SP, Rel. Ruiter Oliva, j. 24.06.1997, v.u, em que decidiu que motivos religiosos não justificam a denegação para o consentimento para o casamento. Como assinala FARIAS, Cristiano Chaves de. Disposições Testamentárias e Clausulação da Legítima. In: HIRONAKA, Giselda Maria Fernandes Novaes; PEREIRA, Rodrigo da Cunha (Coords.). *Direito das Sucessões*. 2. ed. Belo Horizonte: Del Rey, 2007, p. 248: "Casar e permanecer casado consubstanciam uma projeção da personalidade, não sendo admissível o submetimento de tais situações a qualquer forma de captação patrimonial".

[278] *CC*, Art. 1320. A todo tempo será lícito ao condômino exigir a indivisão da coisa comum, respondendo o quinhão de cada um pela sua parte nas despesas da divisão.

[279] O princípio da intangibilidade da legítima. In: BODIN DE MORAES, Maria Celina. *Princípios do Direito Civil Contemporâneo*. Rio de Janeiro: Renovar. 2006, p. 532.

só se justifica o gravame enquanto perdurar a causa que o torno legítimo à luz dos valores constitucionais.

Resumindo, é indispensável que a motivação se apresente acompanhada de fatos concretos e lícitos, persistentes ao tempo da abertura da sucessão, atestando que o interesse do herdeiro reclama a inalienabilidade, a impenhorabilidade ou a incomunicabilidade da legítima.

A perdularidade do filho, per si, é insuficiente para justificar a inalienabilidade da legítima, mas não o será se estiver centrada no fato de o herdeiro ter dissipado o patrimônio imobilizado e frugífero na aquisição de veículos de luxo. Má gestão empresarial, genericamente, não carrega a concretude necessária para a impenhorabilidade, que, todavia, emergirá se demonstrada a precariedade financeira do herdeiro, atolado em dívidas e com o patrimônio já parcialmente comprometido com credores. A mera desconfiança do cônjuge do herdeiro igualmente não será o bastante para a imposição da incomunicabilidade, mas acompanhada de sentença condenatória por crime contra o patrimônio a causa encontra justificativa.[280]

A jurisprudência francesa reconheceu a legitimidade da instituição da cláusula de inalienabilidade instituída sobre determinado patrimônio sob a justificativa de assegurar uma renda em proveito dos doadores;[281] para assegurar a cláusula de reversão da doação na hipótese do advento do termo ou da condição;[282] para assegurar que o usufrutuário seja o nu-proprietário seja seu filho e não um terceiro[283] ou, simplesmente, pelo desejo do instituidor de manter o patrimônio transmitido nos domínios da família,[284] como defendem Philippe Malaurie e Laurent Aynès.[285]

---

[280] GIORGIS, José Carlos Teixeira. A justa causa no novo testamento. In: DELGADO, Mario Luiz; ALVES, Jones de Figueiredo (Coords.). *Questões Controvertidas no Novo Código Civil*. São Paulo: Método, v. 2, 2003, p. 161. Cf. item 4.1.

[281] *Code Civil*. Paris: Dalloz, 2008, nota 2, art. 900-1, p. 1029: "L'interdiction d'aliéner peut être justifiée par l'intérêt des codonateurs de garantir le paiement d'une rente viagère stipule à leur profit ou à celui du survivant d'entre eux", Civ. 1, 20 juill. 1982: Bull. Civ. I, n. 267; RTD civ 1983. 376, obs. Patarin.

[282] *Code Civil*. Paris: Dalloz, 2008, nota 5, art. 900-1, p. 1029: "Justification de l'inalienabilité par le souci d'assurer l'efficacité d'un droit de retour conventionel. Civ. 1, 15 juin 1994".

[283] MALAURIE, Philippe; AYNÈS, Laurent. *Les sucessions – Les libéralités*, p. 191, n. 23: "cass. Civ. 1, 15 de juin 1994, cite supra: em cas de donation par um père avec reserve d'usufruit, la clause d'inaliénabilité a pour intérêt létitime que le nu-propriétaire demeurera le fils, non um tiers."

[284] *Code Civil*. Paris: Dalloz, 2008, nota 3, art. 900-1, p. 1029: "Cas ou l'interêt sérieux et legitime reside dans la volonté de conserver les biens dans la famille jusqu'au decés de la donatrice: v. Civ. 1, 20 nov 1985: Bull civ I, n 313; RTD civ. 1986. 620".

[285] *Les Liberalités*, p. 191: "Quant à l'intéret séreux et legitime, que justifie la clause d'inalienabilité, Il doit être prouve par celui qui l'invoque, Il peut résulter de l'utilite morele qu'il y a à conserver

A análise destes julgados franceses permite-nos concluir que a justa causa do direito francês é distinta da justa causa do artigo 1.848 do Código Civil brasileiro. Enquanto o direito francês admite a justa causa no propósito de proteger os interesses do instituidor; no direito brasileiro a justa causa deve ser séria e justa, como no direito francês, porém sua instituição somente se justificará no propósito de proteger os interesses do herdeiro necessário, e não do instituidor.

Cada uma das cláusulas restritivas tem fundamento próprio. A de inalienabilidade evita que o herdeiro disponha, gratuita ou onerosamente, do patrimônio, pressupondo a sua inaptidão para administrar o próprio patrimônio a bem de seus interesses. A cláusula de impenhorabilidade impede que o herdeiro venha a ser despojado do patrimônio por seus credores, pressupondo certa dose de imprevidência e de inexperiência do herdeiro na condução de sua vida financeira ou de seus negócios. Já a cláusula de incomunicabilidade impede que o patrimônio se torne coisa comum ou patrimônio comum ao cônjuge,[286] independentemente do regime de bens, pressupondo o sobressalto do autor da liberalidade quanto ao cônjuge do herdeiro.

Na indicação da justa causa, o instituidor deverá especificar, concretamente,[287] o motivo pelo qual, naquele caso particular, a restrição é medida salutar aos interesses do herdeiro, cuidando de observar se a restrição imposta guarda conexão com o motivo declarado, sob pena de insubsistência da cláusula restritiva, como bem destaca Giselda Maria Fernandes Novaes Hironaka:[288]

> Por certo tal motivação há de guardar ligação com a intenção do sistema jurídico ao prever as cláusulas que ainda sejam permitidas em caráter excepcional.
>
> Assim, a cláusula de incomunicabilidade há de estar atrelada às dificuldades e divergências do casal naquelo que se refere à administração dos bens comuns, em que um propõe constantemente a alienação, ao passo que o outro com isso não concorda, negando a outorga necessária. Nesses casos, poderá o testador apor a cláusula, indicando os fatos como causa justa para a separação dos bens, tudo, é óbvio, a depender do regime de bens adotado pelo casal.

---

um bien nas famille du disponant, notadamment si une clause de teour conventionnelle a été stipulée; peu importe que cet intérêt ait disparu aprés la donation".

[286] PEREIRA, Caio Mário da Silva. *Instituições de Direito Civil*. 18ª ed., atual. por Carlos Edison do Rego Monteiro. Rio de Janeiro: Forense, v. V, 2004, p. 108.

[287] NEVARES, Ana Luiza Maia. O princípio da intangibilidade da legítima. In: BODIN DE MORAES, Maria Celina. *Princípios do Direito Civil Contemporâneo*. Rio de Janeiro: Renovar. 2006, p. 527: "Por conseguinte, a justa causa não pode estar relacionada com a concepção que o testador tenha de seu herdeiro, pois, carreada esta de total subjetividade, sendo impossível de ser analisada no caso concreto."

[288] Comentários ao Código Civi: Parte Especial do Direito das Sucessões, in: AZEVEDO, Antonio Junqueira de (coord.). São Paulo: Saraiva, v. 20, 2003.

Já as cláusulas de impenhorabilidade e inalienabilidade estão por certo ligadas à eventual prodigalidade do herdeiro, ao fato de já ter sido declarado insolvente, de já ter falido em sua atividade.

Assim, não cabe motivar a incomunicabilidade da legítima no vício de jogo do próprio herdeiro, por exemplo. O motivo apontado não está em conformidade com os fundamentos das cláusulas restritivas apontadas pelo autor da herança, tornando insubisistente a própria clausulação.

Do exposto, conclui-se que a justa causa é o motivo sério, concreto e lícito, apontado pessoalmente pelo autor da liberalidade no instrumento de doação ou no testamento, os quais, persistentes ao tempo da abertura da sucessão, justificam a inalienabilidade, a impenhorabilidade e incomunicabilidade imposta sobre a legítima do herdeiro necessário, a bem dos interesses deste herdeiro.

### 4.2. Requisitos legais

A justa causa está subordinada à observância de *requisitos de forma*, também denominados requisitos extrínsecos, e de *requisitos de fundo*, por nós designados como requisitos de mérito.

Os *requisitos de forma ou extrínsecos* estão relacionados, como o próprio nome sugere, aos aspectos formais exigidos pela lei para a imposição das cláusulas restritivas sobre a legítima e que são constatáveis a partir de uma análise comparativa do comando legal e o instrumento que as encerra.

Depreende-se do artigo 1.848 do Código Civil que três são os requisitos formais ou extrínsecos da justa causa: a existência de causa declarada; a pessoalidade da declaração e a idoneidade do instrumento que a encerra. Analisemos um a um.

*Existência de causa*:[289] não se concebe qualquer restrição à legítima senão mediante o apontamento dos motivos que conduziram o autor da liberalidade a assim proceder. Trata-se de exigência legal; texto literal de lei.

---

[289] A palavra 'causa' está empregada equivocadamente no artigo 1.848 do Código Civil. Tecnicamente, o artigo refere-se ao motivo. A respeito da distinção entre causa e motivo, estranha ao objeto do presente estudo, remetemos as considerações de PEREIRA, Caio Mário da Silva. *Instituições de Direito Civil*. 20. ed. Rio de Janeiro: Forense, v. I, 2004, p. 504-509. Malgrado o equívoco conceitual, o presente estudo utilizará a expressão "causa" como sinônimo de motivo, mantendo-se fiel à literalidade da expressão utilizada pelo Código Civil, facilitando a associação do texto à lei.

*Pessoalidade da declaração*: o apontamento da causa é ato personalíssimo que não comporta delegação a terceiros, ainda que com poderes expressamente outorgados para tal fim, como ocorre no próprio testamento, em que a vontade é manifestada direta e livremente, assegurando tratar-se da convicção íntima e inequívoca do próprio autor da liberalidade.

Os motivos pelos quais o autor da liberalidade clausula a legítima do herdeiro necessário são muito particulares, por vezes vinculados a detalhes mínimos, que só o autor da liberalidade pode traduzir com a precisão ou riqueza de detalhes necessária a evitar desvios, divergências ou omissões que desvirtuem o próprio motivo determinante da justa causa. Sob este aspecto, a pessoalidade representa um indispensável elemento de segurança, exatamente como no testamento.

*Idoneidade do instrumento que a encerra*: a justa causa deverá constar de do testamento ou do instrumento de doação, quando feita em antecipação da legítima. Todavia, enquanto no testamento é obrigatório o apontamento da justa causa, sob pena de nulidade da restrição, no instrumento de doação a imposição é mera faculdade que, se não exercida naquela oportunidade, deverá sê-lo impreterivelmente até a abertura da sucessão, por meio de testamento ulterior, sob pena de restarem injustificadas as cláusulas consignadas no instrumento de doação.[290]

Nada impede que o autor da liberalidade consigne a justa causa em testamento diverso daquele em que constaram as restrições, ainda que lavrado em modalidade distinta do primeiro. Assim, lavrado um testamento "A" na forma pública, nada impede ao testador justificar a clausulação da legítima constante do testamento "A" em testamento cerrado ou particular lavrado ulteriormente.

Admite-se, portanto, que o autor da liberalidade clausule a legítima em um testamento e declare os motivos de assim proceder em um segundo testamento.

O que não se admite é declaração de justa causa em instrumento particular subscrito por duas testemunhas; em escritura pública de declaração; em ato autêntico ou outros instrumentos que não o de doação ou em testamento, feito em quaisquer de suas modalidades.[291] Deve-se, apenas e rigorosamente, observar a forma da prática do ato: testamento ou doação, quando feita em antecipação da legítima, neste

---

[290] Cf. item 4.3.

[291] CUNHA, Ivo Gabriel da. A dispensa do ônus da inalienabilidade e a decisão judicial. In: *Ajuris: Revista da Associação dos Juízes do Rio Grande do Sul*. n. 10, ano IV, julho/1977, p. 27-28.

último caso uma faculdade que se não exercida no instrumento da doação, necessariamente deverá ser feita em testamento últerior.

Por conta dessa possibilidade de o autor da herança declarar a justa causa em testamento ulterior, o Tabelião não pode se recusar a lavrar escritura de doação ou de testamento,[292] competindo-lhe, para ressalva de sua responsabilidade, apenas e tão somente constar na escritura de doação a advertência feita ao dispondente acerca da imperiosidade de justificar as restrições impostas sobre a legítima, em testamento futuro, sob pena de invalidade das cláusulas.

A violação aos requisitos de forma constitui afronta ao artigo 1.848 do Código Civil e, por conseguinte, ao artigo 166, VII, do mesmo *Codex*, norma de ordem pública, acarretando a invalidade da cláusula restritiva da legítima.[293]

Já os *vícios de fundo ou de mérito* estão relacionados aos motivos determinantes da restrição à legítima, especificamente, a procedência ou a improcedência da causa apontada, isto é, a correlação entre os motivos apontados pelo autor da liberalidade e a realidade dos fatos. A violação do requisito de fundo franqueia ao herdeiro prejudicado insurgir contra o conteúdo das cláusulas restritivas.

A importância de distinguir os requisitos de forma dos requisitos de fundo é manifesta, pois além da validade e da procedência das cláusulas restritivas impostas sobre a legítima, também a impugnação da justa causa, a legitimidade para fazê-lo e o ônus da prova estão umbilicalmente vinculados aos tais requisitos.

### 4.3. Justa causa na doação em antecipação da legítima

Segundo o Código Civil, a validade das cláusulas de inalienabilidade, de impenhorabilidade e de incomunicabilidade impostas por testamento sobre a legítima do herdeiro necessário estão condicionadas à declaração de justa causa. Todavia, silencia-se a respeito de idêntica exigência para as doações, quando feitas em antecipação à legítima.

---

[292] Cf. FIORANELLI, Ademar. *Das cláusulas de inalienabilidade, impenhorabilidade e incomunicabilidade*. São Paulo: Saraiva, 2008, p. 16.

[293] Cf. VENOSA, Silvio de Salvo. *Direito Civil: Direito das Sucessões*. 5. ed. São Paulo: Atlas, v. 7, 2005, p. 183 e GIORGIS, José Carlos Teixeira. A justa causa no novo testamento. In: DELGADO, Mario Luiz; ALVES, Jones de Figueiredo (Coords.). *Questões Controvertidas no Novo Código Civil*. São Paulo: Método, v. 2, 2003, p. 162.

Com efeito, as doações feitas pelos ascendentes aos descendentes, ou de um cônjuge ao outro, importam em adiantamento da legítima,[294] obrigando os descendentes e cônjuge a colacionarem as liberalidades recebidas em vida por ocasião da morte do doador[295], salvo quando expressamente dispensados de fazê-lo.[296] Nesse caso, estarão adstritos apenas ao dever de conferência dos bens doados com a finalidade específica de apurar se houve ou não excesso e, por conseguinte, afronta à legítima dos demais herdeiros.

Comentando o artigo 1.171 do Código Civil de 1916, equivalente ao artigo 544 do Código Civil atual, Agostinho Alvim[297] destacava:

> O texto diz "importa" adiantamento.
>
> Resultado: morto o doador, ela aumentará a metade dos bens considerada *legítima* ou *reserva*; o bem conferido não aumenta a parte disponível, diz o art. 1.785, 2ª parte.
>
> Tal doação terá que ser descontada no pagamento que, a título de legítima, se fizer ao herdeiro donatário.
>
> Assim não será, porém, se o doador determinar que a doação saia de sua metade, ou se houver dispensado a colação, o que poderá ser dito no próprio título da liberalidade, ou em testamento (Código Civil, arts. 1.788 e 1.789).

Trata-se, portanto, de uma presunção segundo a qual a lei supõe "que os pais queiram manter, mesmo depois da morte, a igualdade de tratamento, em relação aos filhos, até para evitar disputas judiciais e ressentimentos entre eles".[298] Admite-se prova em contrário unicamente quando o doador declara que a liberalidade foi feita por conta de sua parte disponível, dispensando expressamente[299] o herdeiro necessário da colação, no próprio instrumento da liberalidade ou em

---

[294] CC, Art. 544. A doação de ascendentes a descendentes, ou de um cônjuge a outro, importa adiantamento do que lhes cabe por herança.

[295] CC, Art. 2.002. Os descendentes que concorrem à sucessão do ascendente comum são obrigados, para igualar as legítimas, a conferir o valor das doações que dele em vida receberam, sob pena de sonegação.

[296] CC, Art. 2.005. São dispensadas da colação as doações que o doador determinar saiam da parte disponível, contanto que não a excedam, computado o seu valor ao tempo da doação.

[297] *Da doação.* São Paulo: Revista dos Tribunais, 1963, p. 102-103.

[298] SOUZA, Sylvio Capanema. *Comentários ao novo Código Civil: das várias espécies de contrato, da troca ou permuta, do contrato estimatório, da doação, da locação de coisas.* Coord. Sávio de Figueiredo Teixeira. Rio de Janeiro: Forense, v. III, 2004, p. 154.

[299] Ibidem, p. 159; MONTEIRO, Washington de Barros. *Curso de Direito Civil: Direito das Sucessões*, 35ª ed., atual. por Ana Cristina de Barros Monteiro França Pinto, São Paulo: Saraiva, v. 6, p. 315; DINIZ, Maria Helena. *Curso de Direito Civil Brasileiro: Direito das Sucessões.* 21. ed., rev. e atual. São Paulo: Saraiva, v. 6, 2007, p. 405.

testamento posterior ou, ainda, quando consigna que a liberalidade não importará em adiantamento de legítima.[300]

De modo que, no silêncio ou na omissão do doador, a doação feita pelo ascendente ao descendente ou de um côjunge ao outro é considerada adiantamento de legítima. Fica claro, portanto, que até a abertura da sucessão, *quando então se certificará da existência de testamento válido dispensando-o da colação*, é a título de adiantamento da legítima que o herdeiro necessário recebe os bens doados.

Considerando a legítima como um direito do qual o herdeiro necessário não pode ser alijado ou sofrer restrições, salvo nas hipóteses legais,[301] soaria, *em primeira impressão*, um enorme contrassenso impedir o testador clausular a legítima sem justa causa, franqueando que o faça, irrestritamente, sem declarar motivo algum nas doações feitas em adiatamento da legítima.

Esse é o ponto de vista de Mauro Antonini:[302]

> *Justa causa na doação:* na doação, o doador pode impor as cláusulas restritivas de inalienabilidade, impenhorabilidade e incomunicabilidade, mas o art. 1.848 não faz menção à necessidade de indicação de justa causa na doação. A despeito da falta de previsão legal expressa, a solução mais acertada parece ser considerar necessária a declaração de justa causa também na doação, quando represente adiantamento de legítima. A não se adotar tal entendimento, o doador, por meio de doação, conseguirá burlar a restrição do art. 1.848. Sendo a doação de ascedente a descendentes, ou de um cônjuge a outro, adiantamento de legítima, por expressa previsão do art. 544, não há sentido em dar tratamento legal diferenciado à limitação da clausulação da legítima por testamento ou por doação. A coerência do sistema exige solução uniforme.

Seduzido por essa linha de raciocínio, Alexandre Laizo Clápis[303] defende, com argumentos respeitáveis, que a doação feita em antecipação da legítima, com a imposição de cláusulas restritivas da propriedade sobre esta quota parte do patrimônio, também deve ser justificada no próprio instrumento de liberalidade, a exemplo do que se verifica nos testamentos.

---

[300] LOBO, Paulo Luiz Netto. *Comentários ao Código Civil*. Coord. Antonio Junqueira de Azevedo. São Paulo: Saraiva, v. 6, 2003, p. 311.

[301] Deserdação, indignidade e mediante a própria declaração de justa causa.

[302] *Código Civil Comentado*. Coord. César Peluso. Barueri: Manole, 2007, p. 1837-1838.

[303] Clausulação da legítima e a justa causa do art. 1.848 do Código Civil, in: *RDI*, v. 57, p. 23-24. Esse também parece ser o entendimento de GODOY, Cláudio Luiz Bueno de. Dos herdeiros necessários e da gravação da legítima no novo Código Civil. In: NANNI, Giovanni Ettore (Coord.). *Temas relevantes do direito civil contemporâneo: reflexões sobre os cinco anos do Código Civil*. São Paulo: Atlas, 2008, p. 739, assim como é o entendimento de FIORANELLA, Ademar. São Paulo: Saraiva, 2008, p. 8-14.

Segundo Laizo Clápis, o fato de a lei permitir a clausulação de patrimônio, por meio de testamento ou por doação, faz incidir sobre a doação as mesmas regras aplicáveis ao testamento, inclusive aquela relativa ao artigo 1.848:

> A natureza contratual da doação é atualmente inquestionável. Os códigos incluem-na entre os contratos, ainda que reconheçam se deva submeter a algumas regras aplicáveis ao testamento.
>
> É o que ocorre com o art. 1.848 do CC/2002. Este permite clausular bens nos contratos de doação – inclusive nas modais, como dito – valendo-se para tanto, do referido dispositivo legal que está contido nas regras de testamento.
>
> Assim, se declarado no título que o bem doado é destacado da parte disponível, desnecessário que se manifeste a justa causa exigida pelo mencionado art. 1.848, *caput*, do CC/2002. No entanto, nas situações em que tais liberalidades refiram-se ao aditamento daquilo que compõe a legítima, indispensável que o doador apresente expressa motivação para a clausulação, pelos mesmos fundamentos apresentados anteriormente.

Compartilhando deste posicionamento, o Eg. Tribunal de Justiça do Rio Grande do Sul[304] decidiu pelo levantamento das cláusulas restritivas impostas sobre a legítima dos herdeiros. O argumento empregado foi de que, além de impedir a função social da propriedade, no caso em questão "não ocorreu, no ato da doação e instituição das cláusulas questionadas, a justificativa hoje exigida na lei civil. Art. 1848 do CC".

O mesmo entendimento foi referendado pela 1ª Vara de Registros Públicos da Capital de São Paulo, que, nos autos do procedimento administrativo de dúvida registral, julgou procedente a dúvida suscitada pelo Oficial do 13º Registro de Imóveis da Capital, reconhecendo a indispensabilidade de justa causa, no próprio instrumento de doação, para a clausulação do patrimônio doado em antecipação de legítima.[305]

---

[304] *AC* 70009761180, 18ª Câm. Cível, Rel. Des. André Luiz Planella Villarinho, j. 27.10.2005, v.u. No mesmo sentido, entendemos indispensável a declaração da justa causa já no instrumento de doação levado a efeito em antecipação da legítima, decisão da 1 Vara de Registros Públicos de São Paulo, proc. n. 583.00.2005.209086-6, Juíza Taia Mara Ahualli, j. 30.03.2006 e decisão do Conselho Superior da Magistratura de São Paulo, acórdão 776/6-2, j. 29.11.2007, Des. Rel. Gilberto Passos de Freitas.

[305] *RDI* 60, p. 370-371: "A dúvida é procedente. Como brilhantemente sustentado pelo Sr. Oficial Substituto Alexandre Laizo Clapis, em seu arrazoado inicial, a lei permite a estipulação de cláusulas de inalienabilidade, incomunicabilidade e impenhorabilidade nos contratos de doação remetendo as partes às normas contidas no direito sucessório, atendendo ao contido no art. 1.848 do CC. Não há dúvida da necessidade de se declinar o motivo da restrição ao direito de propriedade sobre bens que constituam adiantamento de legítima, como o caso em exame. Insuperável, portanto, a exigência formulada".

Em nosso sentir, a indispensabilidade da declaração de justa causa na doação feita em antecipação à legítima carrega consigo inconvenientes sociais e jurídicos; estimula a proliferação de conflitos familiares; possibilita uma série de situações malresolvidas, o que, em última instância, afronta uma das vigas mestras do Código Civil, consistente no princípio da concretude.

Se, de um lado, a aplicação irrestrita do artigo 1948 do Código Civil as doações feitas em antecipação de legítima[306] não parece ser a solução mais adequada, por outro lado, negar, pura e simplesmente, aplicação ao artigo 1.848 do Código Civil às doações feitas em antecipação à legítima, como defende Mário Roberto Carvalho de Faria,[307] constitui flanco aberto ao autor da herança para fraudar o comando do artigo 1.848 do Código Civil, recorrendo a uma doação ao invés de um testamento para clausular a legítima do herdeiro necessário, já que pela doação seria desnecessária qualquer justificativa.

Parece-nos que a solução não está em aplicar ou não, pura e simplesmente, o artigo 1.848 do Código Civil às doações, exigindo justa causa para a clausulação da legítima nas hipóteses em que esta for antecipada, mas sim dar uma interpretação compatível ao espírito da lei, harmonizando a proteção à legítima do herdeiro necessário com os princípios constitucionais de proteção à família e de segurança jurídica que, segundo entendemos, são colocados em risco quando admitimos, irrestritamente, a tese de que as cláusulas impostas sobre a legítima antecipada em doação devam ser justificadas, necessária e impreterivelmente, no próprio instrumento de doação.

As doações feitas pelo ascendente ao descendente, ou de um cônjuge ao outro, são consideradas, pela lei, antecipação da legítima. No entanto, a legítima, como herança, se concretizará efetivamente apenas no momento da abertura da sucessão.[308] Até esse momento, não se pode afirmar, com segurança intransponível, que o patrimônio do-

---

[306] Em se tratando de doação extraída da parte disponível, desnecessária a justa causa, como decidiu o Eg. Tribunal de Justiça de São Paulo, nos autos da Ap. Cível 577-6/4, Rel. Des.

[307] *Direito das Sucessões: Teoria e Prática*. 5. ed. Rio de Janeiro: Forense, 2006, p. 210: "Sendo as clausulas impostas por doação, não haverá necessidade de o testador justificar a imposição dos gravames, eis que o legislador restringiu sua declaração somente em caso de testamento e sobre a legítima dos herdeiros."

[308] CARVALHO SANTOS, J. M. *Código Civil Brasileiro Interpretado: Direito das Sucessões* (arts. 1122-1187). Rio de Janeiro: Freitas Bastos, v. XVI, 1956, p. 364: "Por valer como adiantamento de legítima, nem por isso a doação de pai a filho, que tal coisa declare, poderá ser considerada como doação *causa mortis* (Ac. do Tribunal de São Paulo, em 9 de outubro de 1914 na *Rev. Tribunais*, v. 11, pág. 226), mesmo porque ela é feita para valer em vida do doador, transferindo-se, imediatamente, a propriedade de uma maneira definitiva. Importa adiantamento de legítima, bem é de ver, ùnicamente para o fim de manter iguais as legítimas dos herdeiros necessários, no pressuposto de que a intenção do pai não fosse outra senão essa."

ado efetivamente integrará a legítima do herdeiro necessário, mesmo porque até a abertura da sucessão é assegurado ao doador, em testamento, esclarecer que a doação saiu da parte disponível de seu patrimônio,[309] o que torna desnecessária qualquer justificativa para as cláusulas.[310]

Se o ordenamento assegura ao autor da liberalidade a prerrogativa de dispensar o donatário da colação até o momento de sua morte, via testamento, parece ilegal suprimir essa prerrogativa com a imposição de uma obrigação não expressa na lei, qual seja, declarar justa causa nos instrumentos de doação.

Relembrando que as normas sobre a legítima são de ordem pública,[311] é defeso ao analista dar-lhes interpretação extensiva ou analógica quando não há razão contundente para fazê-lo, como ressalta Carlos Maximiliano:[312]

> Interpretação. As prescrições de ordem pública, em ordenando ou vedando, colimam um objetivo: estabelecer, salvaguardar o equilíbrio social. Por isso, tomadas em conjunto, enfeixam a íntegra das condições desse equilíbrio, o que não poderia acontecer se todos os elementos do mesmo não estivessem reunidos. Atingido aquele escopo nada se deve aditar, nem suprimir. Todo acréscimo seria inútil; toda restrição seria prejudicial. Logo, é caso de exegese *estrita*. Não há margem para interpretação extensiva, e muito menos para a analogia.

O artigo 1.848 Código Civil é absolutamente claro ao restringir a exigência da justa causa apenas para a clausulação da legítima feita em testamento. Não fez semelhante exigência para a clausulação da legítima antecipada em doação. Portanto, em princípio, não há que dar interpretação extensiva ao artigo 1.848 do Código Civil para obrigar o doador a declarar justa causa nas doações que antecipem e clausulem a legítima. Contudo, isso não significa que o doador não deva apresentar justificativa para as cláusulas restritivas em momento posterior à doação.

Os interesses da família e dos demais herdeiros necessários, bem como a própria segurança jurídica reclamam a liberdade de clausulação do patrimônio doado, independentemente de justa causa, mesmo quando a doação é realizada em antecipação de legítima. Se não, vejamos!

---

[309] Artigo 2.006, do Código Civil: "A dispensa da colação pode ser outorgada pelo doador em testamento, ou no próprio título de liberalidade".

[310] A lei exige justa causa apenas para a legítima, não formulando exigência semelhante para a clausulação da parte disponível.

[311] Cf. item 2.3.

[312] *Hermenêutica e Aplicação do Direito*. São Paulo: Livraria Freitas Bastos, 1951, p. 273.

A família, base da sociedade, desfruta de especial proteção do Estado, como assegura o *caput* do artigo 226 da Constituição Federal. Trata-se de norma endereçada ao legislador que, ao editar as leis, deve considerar e preservar o quanto possível os interesses da família. Logo, uma norma que estimule a desunião e a desarmonia familiar confronta-se com as linhas principiológicas da própria Constituição Federal.

Partindo dessa premissa, a exigência de justa causa para as doações, mesmo aquelas feitas em antecipação de legítima, afronta o princípio de proteção da família posto, não raro, representar um relevante fator de desarmonia e desunião familiar.

As cláusulas de inalienabilidade, de impenhorabilidade e de incomunicabilidade podem constar de testamento ou de instrumento de doação.[313] No que toca à legítima do herdeiro necessário, entretanto, a lei exige declaração de justa causa, em testamento, nos termos do artigo 1.848 do Código Civil.

Infere-se daí que o autor da herança tem *até* o seu falecimento para lavrar testamento válido, no qual consignará as razões pelas quais clausulou a legítima do herdeiro. Isso não significa que não possa fazê-lo, se lhe aprouver, no próprio instrumento da doação, quando a liberalidade tenha sido levada a efeito em antecipação da legítima. Apenas não está obrigado a fazê-lo no ato da doação. Quer dizer, mesmo que o autor da liberalidade tenha antecipado a legítima do herdeiro em doação, ele não está obrigado a apontar as causas da clausulação do patrimônio doado no próprio instrumento de doação, sendo-lhe facultado fazê-lo posteriormente, em testamento, como ocorre na própria dispensa da colação.[314]

Essa possibilidade não só harmoniza com o artigo 1.848 do Código Civil, que fala apenas em testamento, como soa extremamente salutar e conveniente à preservação da harmonia e da paz doméstica, tuteladas constitucionalmente, evitando os constrangimentos e os inconvenientes da declaração da causa no próprio instrumento de doação, sabidamente geradores de desunião familiar.

Imagine a situação do autor da liberalidade que, ao antecipar a legítima do herdeiro necessário, se vê obrigado a declarar no instrumento da doação que o filho é perdulário, ou que a esposa do rapaz

---

[313] BEVILAQUA, Clovis. *Código Civil.* 4. ed. Rio de Janeiro: Freitas Bastos, v. VI, 1939; CARVALHO SANTOS, J. M. *Código Civil Brasileiro Interpretado: Direito das Sucessões* (arts. 1632-1709). Rio de Janeiro: Freitas Bastos, 1956, v. XIII, p. 320.

[314] *CC,* Art. 2006. A dispensa da colação pode ser outorgada pelo doador em testamento, ou no próprio título da liberalidade.

não é confiável e, por tais razões, prescreve a inalienabilidade e a incomunicabilidade dos bens doados.

A inconveniência desta exigência salta aos olhos, notadamente ao atentarmos para o fato de que o aperfeiçoamento da liberalidade está condicionado à aceitação pelo donatário que, desse modo, tomará ciência dos termos da doação e, por óbvio, das causas apontadas pelo doador para a restrição da legítima.

Facilmente antevemos situações nas quais o herdeiro interpelará o autor da liberalidade acerca dos motivos apontados no instrumento de doação para a clausulação da legítima, estimulando divergências e desunião familiar, especialmente quando um único herdeiro necessário, dentre vários, constata que apenas a sua legítima sofreu restrições.

Para evitar esses constrangimentos ao doador e preservar a harmonia familiar e a paz doméstica, diretriz principiológica do artigo 226 da Constituição Federal, há que se reservar ao doador a prerrogativa de justificar a restrição à legítima em testamento futuro, sendo aconselhável que tal justificativa se faça por testamento cerrado, cujo conteúdo se torna conhecido somente após o falecimento do autor da herança.

Exigir a declaração de justa causa no próprio instrumento de doação também suscita inúmeros inconvenientes práticos e a proliferação de litígios, também a dano da mesma paz doméstica. Dentre as diversas hipóteses imagináveis, uma em especial será absolutamente frequente: para fugir dos rigores do artigo 1.848 do Código Civil, o doador não raro apelará para as cláusulas restritivas sobre a doação, consignando que a liberalidade é feita por conta de sua parte disponível, o que o desobriga de declinar a justa causa, imprescindível apenas para as cláusulas incidentes sobre a legítima do herdeiro necessário. É imaginável a pletora de demandas que serão ajuizadas por donatários descontentes questionando os supostos excessos no ato de liberalidade, com as danosas consequências à harmonia familiar.

O artigo 1.848 do Código Civil deve, portanto, ser interpretado de modo a harmonizar os interesses da família com os interesses do herdeiro necessário, a quem a lei assegura a intangibilidade da legítima, e o único modo de fazê-lo coerentemente é assegurar ao autor da herança a prerrogativa de justificar, em testamento, as cláusulas impostas sobre a legítima do herdeiro necessário, sejam aquelas declaradas no próprio testamento, sejam as apontadas em instrumento de doação e que não foram justificadas na oportunidade.

Ao mesmo tempo em que tutela os interesses superiores da família, evitando ou minimizando litígios e mantendo o mínimo de harmonia e coesão familiar, a solução apresentada protege o herdeiro necessário, assegurando-lhe a intangibilidade da legítima após a abertura da sucessão, quando efetivamente se concretiza o seu direito sucessório, já que serão consideradas inválidas referidas cláusulas restritivas, se injustificadas.

Trata-se, portanto, de uma faculdade conferida ao doador no apontamento das causas justificadoras da clausulação da legítima antecipada em doação, podendo ser exercida no próprio instrumento da liberalidade ou em testamento. No instrumento de doação, a justificativa constitui uma faculdade que, se não exercida, obriga o autor da liberalidade a exercê-la até a abertura da sucessão, em testamento, sob pena de nulidade das restrições.

A consequência lógica desta solução é postergar para depois da abertura da sucessão as impugnações à justa causa, sendo defeso ao interessado fazê-lo em vida,[315] como ocorre na deserdação e na exclusão por indignidade, o que também se afigura altamente salutar aos interesses da família, pelas mesmas razões anteriormente apontadas.

O próprio Alexandre Laizo Clápis,[316] defensor da tese oposta, reconhece a impossibilidade da impugnação da justa causa antes da abertura da abertura da sucessão, ao sustentar que:

> Será no procedimento autônomo de inventário que se permitirá o questionamento não só da existência ou não da causa para a clausulação da legítima, mas também quanto ser ou não justa, séria, oportuna e pertinente.

Parece-nos desarrazoado, senão ilegal, constranger o doador e o herdeiro donatário com apontamentos de motivos que somente poderão ser impugnadas ou questionadas após a abertura da sucessão.

Note-se, portanto, que a solução proposta não exime o doador de justificar a clausulação da legítima, o que poderia representar uma válvula de escape para o instituidor fraudar o comando do artigo 1.848 do Código Civil, recorrendo à doação ao invés de um testamento para clausular injustificadamente a legítima do herdeiro necessário.

---

[315] GIORGIS, José Carlos Teixeira. A justa causa no novo testamento. In: DELGADO, Mario Luiz; ALVES, Jones de Figueiredo (Coords.). *Questões Controvertidas no Novo Código Civil*. São Paulo: Método, v. 2, 2003, p. 162: "Esta justa causa será discutida posteriormente, em ação judicial proposta pelos interessados, que pode ser declaratória da nulidade ou da ineficácia da cláusula (CC, arts. 166, VII, e 169), proposta como já dito após a abertura da sucessão, colocando-se no pólo ativo o herdeiro prejudicado e no passivo o testamenteiro que defenderá as disposições finais e o Ministério Público."

[316] Clausulação da legítima e a justa causa do artigo 1.848 do Código Civil. In: *Revista de Direito Imobiliário*. São Paulo: Revista dos Tribunais, jul.-dez. 2004, ano 27, n. 57, p.26.

Ela apenas posterga a necessidade de fazê-lo até a abertura da sucessão. Até lá, persiste a clausulação dos bens doados em adiantamento de legítima, mesmo sem justificativa, que deverá ser declarada, em última hipótese, em testamento.

Nesse contexto, é razoável que se deixe para até o momento da abertura da sucessão a apresentação dos motivos da clausulação quando, então, poderão ser impugnadas imediatamente.

Por outro lado, não será incorreto pressupor que os constrangimentos e a desarmonia familiar, suscitados pelas justificativas declinadas pelo autor da herança, demovam-no de consigná-las no instrumento de doação; atitude que, indiretamente, coloca em risco a legítima dos demais herdeiros necessários, os quais, futuramente, concorrerão com o donatário na mesma sucessão e a quem a lei igualmente assegura a legítima.

De fato, partindo, por um lado, do princípio de que as doações feitas em antecipação à legítima devem ser colacionadas por ocasião da abertura da sucessão,[317] e, por outro lado, entendendo que a razão desta exigência não é outra senão a de preservar a legítima dos demais herdeiros necessários concorrentes à sucessão em igualdade de condições ao co-herdeiro agraciado em vida,[318] parece incontestável que a manutenção do patrimônio doado em poder do herdeiro beneficiado até a abertura da sucessão do doador representa importante elemento de segurança para os demais herdeiros necessários, notadamente se considerarmos que o agraciado deverá restituir o próprio bem doado, *in natura*, a fim de ser partilhado com os demais herdeiros sempre que não houver, no patrimônio, bens suficientes para igualar as legítimas e não existirem condições para repor, em dinheiro, o quinhão dos co-herdeiros.[319]

---

[317] *CC*, Art. 2.002. Há disposição semelhante nos Códigos Civils italiano (art. 737), português (art. 2.104), espanhol (art. 1.035), argentino (arts. 3.476 e 3.477), uruguaio (art. 1.100)

[318] CARVALHO SANTOS, J. M. *Código Civil Brasileiro Interpretado: Direito das Sucessões* (arts. 1122-1187). Rio de Janeiro: Freitas Bastos, v. XVI, 1956, p. 364; PONTES DE MIRANDA, Francisco Cavalcante. *Tratado de Direito Privado*. Rio de Janeiro: Borsoi, t. LV, 1968, p. 366; BEVILAQUA, Clovis. *Código Civil*. 4. ed. Rio de Janeiro: Freitas Bastos, v. VI, 1939, p. 275; MONTEIRO, Washington de Barros. *Curso de Direito Civil: Direito das Sucessões*, 35ª ed., atual. por Ana Cristina de Barros Monteiro França Pinto, São Paulo: Saraiva, v. 6, p. 311; SOUZA, Sylvio Capanema. *Comentários ao novo Código Civil: das várias espécies de contrato, da troca ou permuta, do contrato estimatório, da doação, da locação de coisas*. Coord. Sávio de Figueiredo Teixeira. Rio de Janeiro: Forense, v. III, 2004, p. 153; DINIZ, Maria Helena. *Curso de Direito Civil Brasileiro: Direito das Sucessões*. 21. ed., rev. e atual. São Paulo: Saraiva, v. 6, 2007, p. 394-395.

[319] STOLZE, Pablo Gagliano. *O contato de doação: análise crítica do atual sistema jurídico e os seus efeitos no direito de família e das sucessões*. São Paulo: Saraiva, 2007, p.68 defende sempre que a colação seja feita em dinheiro, ponto de vista compartilhado pelo autor deste trabalho, e, somente não sendo possível é que a restituição se fará com o próprio bem. O interessante é o argumento por ele utilizado para defender seu correto ponto de vista: "Tal entendimento é mais razoável, espe-

Sob essa perspectiva, as cláusulas de inalienabilidade, de impenhorabilidade e de incomunicabilidade representam, inequivocamente, uma garantia de que o patrimônio antecipado em legítima estará preservado até a abertura da sucessão para ser conferido ou colacionado, assegurando a igualdade de quinhão aos demais herdeiros necessários.

Resumidamente, notamos que a solução proposta harmoniza uma série de interesses conflitantes, tutelando de maneira uniforme e suficiente os interesses da sociedade, do doador, do próprio donatário e dos demais herdeiros necessários. Preserva a harmonia e a coesão familiar, mitiga conflitos judiciais, em especial de natureza familiar, além de respeitar o comando legal, evitando burla a lei, no que concerne ao comando do artigo 1.848 do Código Civil, com a legítima dos herdeiros necessários. Um quadro oposto a esse afigura-se altamente inconveniente para a sociedade.

O doador é retirado da situação de constrangimento que passaria com a exigência da declaração da justa causa já em testamento. Ao donatário, herdeiro necessário, assegura-se a intangibilidade da legítima uma vez que tem a certeza de que as cláusulas injustificadas não subsistirão senão até a abertura da sucessão. Por fim, os demais herdeiros necessários também têm seus interesses atendidos visto as cláusulas de inalienabilidade, de impenhorabilidade e de incomunicabilidade reforçarem a garantia de que o patrimônio antecipado em legítima estará preservado até a abertura da sucessão para ser colacionado com os demais herdeiros necessários.

### 4.4. A justa causa e o artigo 1.911 do Código Civil

Viva controvérsia envolvia a extensão da cláusula de inalienabilidade.

José Ulpiano Pinto de Souza,[320] Carlos Maximiliano,[321] Carvalho Santos,[322] Orlando Gomes,[323] Filadelfo Azevedo, Hahnemann Guima-

---

cialmente considerando que, em uma perspectiva constitucional, aquele herdeiro que recebeu a coisa deve estar-lhe imprimindo destinação econômica, valorizando-a, enfim, concretizando o princípio da função social da posse e da propriedade. Assim sendo, nada mais justo que, podendo repor o acervo em dinheiro, que o faça, mantendo a propriedade do bem que valorizou".

[320] *Das cláusulas restrictivas da propriedade: inalienabilidade, impenhorabilidade, incommunicabilidade, conversão e administração.* São Paulo: Salesianas, 1910, p. 225.

[321] *Direito das Sucessões.* 2. ed. Rio de Janeiro: Freitas Bastos, v. II, 1943, 695, p. 177.

[322] *Código Civil Brasileiro Interpretado: Direito das Sucessões* (arts. 1710-1779). Rio de Janeiro: Freitas Bastos, v. XXIV, 1956, p. 93.

[323] *Sucessões.* 11. ed. Rio de Janeiro: Forense, 2002, p. 162.

rães e Azevedo Marques[324] advogavam que a inalienabilidade não compreendia a incomunicabilidade, prevalecente apenas quando prevista expressamente. Pela clareza, Carlos Maximiliano:[325]

> A incomunicabilidade não se presume; não decorre, portanto, da inalienabilidade. Ao contrário, desde que não haja proibição expressa, todos os bens se comunicam entre os cônjuges: a comunhão é a regra. Logo, para ficar incomunicável o patrimônio transmitido, ou parte do mesmo, é indispensável que o estipulante assim determine, em termos explícitos. Se o testador apenas o torna inalienável, o consorte o inclue entre os haveres do casal e com o mesmo eleva o acervo, para o cálculo da sua meação. A comunhão de bens é a regra, entre cônjuges; a incomunicabilidade, portanto, por ser exceção, precisa estar expressa.

Ponto de vista contrário, sustentando a abrangência da incomunicabilidade pela inalienabilidade independentemente de declaração expressa, era defendido por Itabaiana de Oliveira,[326] por Orosimbo Notato,[327] por Pontes de Miranda,[328] por Clovis Bevilaqua,[329] por Eduardo Espínola[330] pois, segundo eles, comunicar implica alienar, como sintetizava Itabaiana de Oliveira:[331]

> A cláusula de inalienabilidade dos bens, salvo a hipótese do artigo 1.676 do Código Civil, se opõe à toda e qualquer espécie de alienação, porque está é "omnis actus per quem dominuus transfertur". Assim, esta cláusula impede quaisquer atos tendentes a tirar ao proprietário todos os seus direitos sôbre a coisa, ou parte dêles, e não somente os atos translativos de propriedade, mas também os constitutivos de direitos reais sôbre a coisa, como a enfiteuse, as servidões, o usufruto, o penhor, a hipoteca, etc. Conseqüentemente, a intransmissibilidade determina a incomunicabilidade dos bens, ou, em outros têrmos, os bens inalienáveis são, em sua natureza, incomunicáveis, porque a comunhão importaria divisão ao meio, isto é, transferência ou alienação de parte dos direitos sôbre a coisa.

Uniformidade de entendimento também não existia na jurisprudência, ora entendendo que a inalienabilidade abrangia a incomunicabilidade,[332] ora decidindo pela independência das cláusulas,[333] ora

---

[324] Os três últimos citados por NONATO, Orozimbo. *Estudos sobre Sucessão Testamentária*. Rio de Janeiro: Revista Forense, 1957, v. II, 642, p. 343.
[325] *Direito das Sucessões*. 2. ed. Rio de Janeiro: Freitas Bastos, v. II, 1943, 695, p. 177.
[326] *Tratado de Direito das Sucessões*. 4. ed., rev. e atual. Com a colaboração de Aires Itabaiana de Oliveira. São Paulo: Max Limonad, 1952, p. 728, p. 662.
[327] *Estudos sobre Sucessão Testamentária*. Rio de Janeiro: Revista Forense, 1957, v. II, 639, p. 344.
[328] *Tratado de Direito de Família*. Campinas: Bookseller, 2001, p. 236-237.
[329] *Código Civil*. 4. ed. Rio de Janeiro: Freitas Bastos, v. VI, 1939, p. 178.
[330] *A família no Direito Brasileiro*. Campinas: Bookseller, 2001, n. 72, p. 378, nota 482 e *RT* 54/463.
[331] Idem.
[332] *RT* 148/369; 152/252; 190/486; 234/385; 236/385; *RF* 92/87; 142/305 e 145/337.
[333] *RT* 175/369; 232/277; 247/188; 340/493; 343/520, sendo textual esse último julgado: "Cláusula de inalienabilidade não acarreta a incomunicabilidade".

asseverando que a abrangência da incomunicabilidade pela inalienabilidade dependia da interpretação concreta da vontade do autor da liberalidade.[334]

Essa divergência foi praticamente superada com a edição da Súmula 49, de 13 de dezembro de 1963, do Supremo Tribunal Federal que, acolhendo os argumentos da segunda corrente, decidiu pela abrangência da cláusula de incomunicabilidade na inalienabilidade.[335]

O Código Civil consagrou a Súmula 49 do Supremo Tribunal Federal em seu artigo 1.911, estabelecendo que a cláusula de inalienabilidade imposta em atos de liberalidade importa também na impenhorabilidade e na incomunicabilidade;[336] o que conduziu autores em geral a sustentar, sem ressalvas, a aplicabilidade irrestrita do referido dispositivo legal à sucessão em geral, inclusive sobre a legítima dos herdeiros necessários.

É o que se extrai da lição de Zeno Veloso quando, em comentários específicos ao artigo 1.911 do Código Civil, oferece interpretação ampliativa ao dispositivo para abranger as hipóteses do artigo 1.848 do mesmo Código, sob o argumento de que:

> Estabelecida a inalienabilidade, este artigo, para qualquer caso, resolve que a cláusula de inalienabilidade importa impenhorabilidade e incomunicabilidade, assunto que foi objeto de acesa contenda na doutrina brasileira, e que a jurisprudência assentou na forma regulada neste artigo.[337]

A mesma orientação é encontrada nos comentários feitos por Giselda Maria Fernandes Novaes Hironaka[338] ao artigo 1.848 do Código Civil. Embora admita a excepcionalidade das restrições à legítima no ordenamento vigente, a autora sustenta a aplicabilidade do artigo 1.911 sobre a reserva dos herdeiros necessários, dando a entender que se estiver justificada a inalienabilidade dos bens que compõem a legítima, automaticamente estará justificada a incomunicabilidade e a impenhorabilidade sobre a reserva, ainda que não tenham sido consignadas referidas cláusulas no instrumento de testamento ou de doação, ou, se consignadas, estejam desacompanhadas das justificativas específicas exigidas pela lei.

---

[334] *RT* 245/241; 320/169, de seguinte ementa: "Na interminável discussão sobre a compreensão da cláusula de inalienabilidade há que procurar sempre descobrir a intenção do testador".

[335] Súmula n. 49: "A cláusula de inalienabilidade inclui a incomunicabilidade".

[336] Art. 1.911. "A cláusula de inalienabilidade, imposta aos bens por ato de liberalidade, implica impenhorabilidade e incomunicabilidade".

[337] *Comentários ao Código Civil*, coord. Antonio Junqueira de Azevedo, v. 21, p. 234.

[338] Idem, v. 20, p. 262-263.

Euclides Benedito de Oliveira e Sebastião Amorim,[339] Gavião de Almeida,[340] Cristiano Chaves de Farias,[341] Arnaldo Rizzardo,[342] Geraldo Villaça Netto,[343] Claudio Luiz Bueno de Godoy[344] perfilham o mesmo ponto de vista.

Com o maior respeito, essa interpretação ampliativa cria uma contradição, pois, malgrado amparada no texto de lei, ignora completamente a iniciativa do legislador que parece deliberada em assegurar a intangibilidade da legítima ao herdeiro necessário, sendo infensa qualquer iniciativa em suprimi-la senão quando a própria lei expressamente admitir.

O artigo 1.911 do Código Civil, de aplicação geral, deve ser interpretado sistematicamente com o artigo 1.848 do Código Civil, de caráter excepcional, sem o que negar-se-á vigência a este último dispositivo, afrontando a legítima dos herdeiros necessários que, sabida e consabidamente, não admite restrições senão quando expressamente justificadas.

O propósito do artigo 1.848 do Código Civil foi, inegavelmente, revigorar o sistema anterior à Lei Feliciano Penna, época em que a legítima era isenta de cláusulas e de restrições, assegurando efetivamente a reserva dos herdeiros necessários livre de peias ou restrições. Apenas não o fez completa e irrestritamente, como, aliás, reclamava a autorizada doutrina de Orlando Gomes,[345] já que admite, excepcionalmente, restrições à venda, à penhora e à comunicação dos bens componentes da reserva, conquanto presente justificativa séria e razoável, como evidenciado alhures.[346]

---

[339] *Inventários e Partilhas: direito das sucessões: teoria e prática*. 15. ed. São Paulo: Leud, 2003, p. 261.

[340] *Código civil comentado*. Coord. Álvaro Villaça de Azevedo. São Paulo: Atlas, v. XVIII, 2003, p. 262.

[341] Disposições Testamentárias e Clausulação da Legítima. In: HIRONAKA, Giselda Maria Fernandes Novaes; PEREIRA, Rodrigo da Cunha (Coords.). *Direito das Sucessões*. 2. ed. Belo Horizonte: Del Rey, 2007, p. 260-261.

[342] *Direito das Sucessões*. 3. ed. Rio de Janeiro: Forense, 2007, p. 403-404.

[343] VILAÇA NETTO, Geraldo. *Legítima. Formas de Proteção e restrição aos direitos dos herdeiros*. Trabalho de conclusão de módulo de mestrado. São Paulo: Pontifícia Universidade Católica, 2007, 41 f.

[344] Dos herdeiros necessários e da gravação da legítima no novo Código Civil. In: NANNI, Giovanni Ettore (Coord.). *Temas relevantes do direito civil contemporâneo: reflexões sobre os cinco anos do Código Civil*. São Paulo: Atlas, 2008, p. 719.

[345] *Sucessões*. 11. ed. Rio de Janeiro: Forense, 2002, p. 159: "Necessário se torna, assim, abolir a prerrogativa de clausular os bens com a inalienabilidade, ao menos os da legítima".

[346] Cf. Capítulo IV.

A lei exige justificativa específica para cada uma das cláusulas restritivas da legítima, caso contrário considera-se inválida a disposição testamentária. Entenda-se: não justificada adequadamente cada uma das restrições à legítima, as cláusulas não produzirão efeitos quanto à reserva, razão pela qual o patrimônio que as compõe será transmitido sem ônus ou encargo ao herdeiro necessário.

Justamente aqui reside o ponto central da questão.

Os fundamentos para a inalienabilidade, para a impenhorabilidade ou para a incomunicabilidade da legítima não são necessariamente idênticos, ou seja, o motivo que justifica a inalienabilidade da legítima pode não motivar necessariamente a incomunicabilidade destes mesmos bens.

A desconfiança na lealdade e nos propósitos da nora pode conduzir o sogro a prescrever a incomunicabilidade dos bens transmitidos ao filho, inclusive aqueles componentes da legítima. Isso não significa, porém, que o herdeiro não saiba administrar corretamente seu patrimônio ou que ele seja dissipador, estroina, viciado em jogo, fundamentos plausíveis para tornar inalienável a legítima. Temos aqui um fundamento para justificar a incomunicabilidade da legítima que, todavia, não prevalece para justificar a inalienabilidade ou a impenhorabilidade. A recíproca é igualmente verdadeira. A incompetência administrativa do filho pode justificar a inalienabilidade, mas não a incomunicabilidade.

Embora os fundamentos justificadores da inalienabilidade, via de regra, sejam comuns à impenhorabilidade,[347] não é inimaginável que os fundamentos para a primeira não justifiquem a segunda. É o que ocorre na hipótese de o testador declarar como motivo determinante da inalienabilidade o desejo de manter no seio da família determinado imóvel pertencente aos ancestrais.[348] Ainda que se discuta a razoabilidade da causa declarada para a inalienabilidade, nada impede que o herdeiro ofereça o imóvel à penhora, sem necessidade de questionar-se a justiça ou não da causa da inalienabilidade, na medida em que a impenhorabilidade não foi declarada e tampouco justificada.

---

[347] Via de regra o fundamento para a inalienabilidade e para a impenhorabilidade está relacionado a proteção do herdeiro dissipador.

[348] MALAUREI, Phillipe; AYNÈS, Laurent. *Les successions – Les libéralités*, apontam a manutenção do patrimônio na família como justificativa possível para a cláusula inalienabilidade sobre a legítima, p. 191: "Quant à l'intérêt sérieux et legitime, qui justifie la clause d'inaliénabilité, Il doit être prouve par celui qui l'invoque; Il perut résulter de l'utilité morale qu'il y a à coserver un bien dans la famile du dispsonant, notamment si une clause de retour conventionnelle a été stipulée".

Partindo da premissa de que a justa causa é consignada no propósito de proteger os interesses do herdeiro ou de sua família, no caso acima mencionado é manifesto o interesse do herdeiro oferecer o bem em garantia de cumprimento de suas obrigações. Dessa forma, estaria zelando pelo seu nome, interesse, diga-se, superior aos motivos sentimentais apontados pelo instituidor das cláusulas.

Tivesse o autor da liberalidade o propósito de tornar o patrimônio impenhorável, seria de rigor a declaração expressa deste propósito acompanhado da respectiva justificativa.

À objeção de que semelhante entendimento aniquila a cláusula de inalienabilidade validamente instituída, pois em última instância penhorar ou comunicar significa alienar, respondemos que é o ônus de não observar os rigores de uma regra excepcional que inadmite restrições à legítima, salvo quando justificados um a um os motivos ensejadores da clausulação.

O artigo 1.911 do Código Civil, como dito, é de aplicação geral, sendo excepcionado pela regra particular do artigo 1.848 do mesmo Código, de aplicação restrita e específica à legítima dos herdeiros necessários. A exceção prevalece sobre regra geral.

Por tal razão, o interessado na restrição da legítima está obrigado a declarar expressamente cada uma das cláusulas restritivas e apresentar fundamentos específicos para cada uma delas, ainda que tal justificativa para as cláusulas de inalienabilidade e de impenhorabilidade estejam centradas no propósito de fazer subsistente a cláusula de inalienabilidade, plenamente motivada, nos termos da lei. Em outras palavras, naquelas hipóteses em que a inalienabilidade tem fundamento na perdularidade do herdeiro (justificativa mais do que razoável), o instituidor que não desejar a comunicação deste patrimônio ao cônjuge do herdeiro deve justificar também a incomunicabilidade em motivos sólidos ou, não tendo motivos específicos para tanto, admitir-se-á, excepcionalmente e em prestígio a preservação do sistema legal, como motivos plausíveis para a incomunicabilidade, a alegação de que a comunicação tornaria ineficaz a inalienabilidade regularmente instituída.[349] Trata-se de um modo de mater a coerência e a harmonia do sistema.

---

[349] Lembre-se que a comunicação terá lugar, na prática, apenas nas hipóteses hoje excepcionais do regime da comunhão universal de bens, o que reduz consideravelmente a ocorrência de tais situações.

O certo é que terá que justificar. Caso contrário, a disposição terá interpretação restritiva[350] quanto a esta parte, prevalecendo apenas relativamente àquelas cláusulas textualmente declaradas e que contaram com expressa justificativa, pois esvaece-se quanto às demais que restaram injustificadas.

A regra excepcional deve ser interpretada com o merecido rigor, indo além em se tratando de justa causa. Isso porque, ainda que o autor da liberalidade tenha expressamente declarado inalienável a legítima e que a causa por ele declinada justifique, além da inalienabilidade, também a impenhorabilidade, aquela justificativa não prevalecerá com relação à impenhorabilidade, se não tiver consignado expressamente o desejo de tornar a legítima impenhorável.

Idêntico raciocínio aplica-se à incomunicabilidade, cuja necessidade de justificativa encontra severos opositores dada a inconveniência e a impertinência da exigência legal, fonte de constrangimentos familiares.[351] Em boa hora foi apresentado o projeto de lei,[352] propondo nova redação ao artigo 1.848 do Código Civil, tendo em vista que restringe a declaração de causa justa apenas às hipóteses de inalienabilidade e de impenhorabilidade da legítima. Certo, porém, que enquanto não for convertido em lei, a tendência, com a qual discorda este autor, é no sentido de se ter como indispensável apresentar justificativa específica para a incomunicabilidade da legítima porque, como demonstrado, a incomunicabilidade não emerge pura e simplesmente da cláusula de inalienabilidade em se tratando de clausulação da legítima do herdeiro necessário.[353]

---

[350] Exceptiones sunt strictissimae interpretationis ('interpretam-se as exceções estritissimamente), MAXIMILIANO, Carlos. *Hermenêutica e Aplicação do Direito*. São Paulo: Livraria Freitas Bastos, 1951, 271, p. 275 e REALE, Miguel, *Lições Preliminares de Direito*. 21. ed., rev. e atual. São Paulo: Saraiva, 1994, p. 276.

[351] Imagine o autor da liberalidade que repousa as justificativas da incomunicabilidade na desconfiança dos sentimentos nutridos pela nora em relação ao herdeiro ou, simplesmente, por razões compreensíveis, não a deseja inserida nos quadros societários da empresa familiar. Em que pese a razoabilidade deste segundo argumento, ele certamente gerará decepções, rancores e até desagregação familiar.

[352] Projeto de Lei 6.960, de 2002, autoria do Deputado Ricardo Fiúza, que baixou ao final da legislatura sem votação: "Art. 1.848. Salvo se houver justa causa, declarada em testamento, não pode o testador estabelecer cláusula de inalienabilidade e de impenhorabilidade, sobre os bens da legítima. § 3º. Ao testador é facultado, livremente, impor a cláusula de incomunicabilidade".

[353] Mesmo se convertido em lei o projeto originalmente de Lei 6.960, de 2002, originalmente apresentado pelo saudoso Deputado Ricardo Fiúza, o transmitente estará dispensado de justificar a cláusula de incomunicabilidade, mas não estará dispensado de consignar expressamente o seu desejo à incomunicabilidade da legítima. Por se tratar de norma de exceção restritiva da legítima, a incomunicabilidade, segundo entendemos, não se presumirá inserida na cláusula de inalienabilidade.

Poder-se-ia argumentar que a lei permite a interpretação da vontade do testador, franqueando ao juiz buscar no próprio testamento o verdadeiro alcance de sua vontade, e, desse modo, ampliar a abrangência da justa causa às demais restrições legais quando tais motivos estivessem subjacentes na própria cédula testamentária.

Sem razão o argumento.

O testamento deve ser interpretado restritivamente, como bem observado por Orlando Gomes,[354] ao sustentar que as disposições testamentárias devem traduzir "inequivocamente a vontade do testador, devendo interpretar-se restritivamente".

Silvio Rodrigues[355] é ainda mais contundente quanto ao ônus do testador ser absolutamente claro quanto a sua disposição de vontade:

> Ao testador cumpre ser absolutamente claro, se quiser que sua vontade seja cumprida. Se o não for, se por negligência ou ligeireza deixar obscuro o seu pensamento, deve a disposição testamentária ser desprezada, em virtude da obscuridade, pois, desde que a cláusula reclame uma interpretação mais completa, corre-se o risco de chegar a uma conclusão que não confere com o pensamento do *de cujus*. Se, por outro lado, sua vontade deixar de ser atendida, culpa é do próprio testador, que não foi suficiente claro.

Não tendo sido o testador expressamente claro quanto ao desejo de incomunicabilidade ou de impenhorabilidade da legítima; não justificadas, especificamente, cada uma das restrições à legítima, não é permitido ao analista dar interpretação extensiva à disposição testamentária ou mesmo buscar no íntimo do testamento os fundamentos para ampliar o alcance de disposição testamentária, notadamente quando está em discussão normas restritivas de direitos, como é o caso do artigo 1.848 do Código Civil.[356]

Em se tratando de restrição à legítima, não se presumem vontades; não há lugar para deduções lógicas ou presunções. O que se admite é uma única justa causa subsidiar duas ou mais restrições à legítima, como, por exemplo, a inalienabilidade e a impenhorabilidade; ou mesmo a inalienabilidade e a incomunicabilidade. Seria a hipótese ilustrativa de o testador demonstrar que o herdeiro é um dissipador

---

[354] *Sucessões*. 11. ed. Rio de Janeiro: Forense, 2002, p.157.

[355] *Direito Civil: Direito das sucessões*. 25. ed., atual. por Zeno Veloso. São Paulo: Saraiva, v. 7, 2002, 94, p. 180.

[356] Liberdade irrestrita de disposição existirá apenas quanto à parte disponível da herança, já que em relação a ela o Código Civil manteve a ampla liberdade de disposição em testamento, bastando clareza de vontade e o propósito de fazê-lo. Com as raras exceções do artigo 550, do artigo 1642, V, e do artigo 1801 do Código Civil, o autor da liberalidade é livre para transmitir a parte disponível de seus bens a quem lhe aprouver, com ou sem restrições, e, nesta parte, perfeitamente aplicável a regra do artigo 1.911 do Código Civil já que a clausulação prescinde de qualquer justificativa.

e, por isso, envolto em dívidas. Os mesmos fundamentos justificam o desejo de tornar a legítima do herdeiro tanto inalienável e como impenhorável.

Entretanto, mesmo nesta hipótese, é imprescindível para a validade da disposição testamentária que o testador deixe absolutamente claro o desejo de tornar impenhorável e também inalienável a legítima do herdeiro, justificando esses seus dois propósitos – inalienabilidade e impenhorabilidade – pela razão comum apontada, qual seja, que o descendente é um gastador compulsivo[357] e, por conta disso, envolto em dívidas, a colocar em risco o patrimônio transmitido, a dano do herdeiro.

O propósito da lei, dito e repetido, é assegurar a intangibilidade da legítima, tornando-a isenta de cláusulas, de ônus ou de recomendações. Cuida-se de um direito quase absoluto do herdeiro necessário, razão pela qual a justificativa de cada uma das restrições é de rigor e deve ser expressa, clara, inequívoca, como determina o artigo 1.848 do Código Civil.

Conclui-se, *de lege ferenda,* que o artigo 1.911 do Código Civil não se aplica às hipóteses de clausulação da legítima.

---

[357] Expressão utilizada pelo saudoso Professor Silvio Rodrigues (RODRIGUES, Silvio. *Direito Civil: Direito das sucessões.* 25. ed., atual. por Zeno Veloso. São Paulo: Saraiva, v. 7, 2002, p.127).

# 5. Aspectos processuais da Justa Causa

## 5.1. Considerações preliminares

Como ocorre na conceituação da justa causa e nas situações concretas que a encerram, o Código Civil deixou aos operadores do direito a tarefa de definir as formas de impugnação da justa causa, a legitimidade para se insurgir contra ela, o ônus de prová-la e, ainda, a possibilidade de renovação judicial do pedido de impugnação ou superação da justa causa.

Enfrentar essa multiplicidade de situações práticas exige, antes de tudo, identificarmos o critério norteador da linha de raciocínio a ser desenvolvida para todas as hipóteses de justa causa, permitindo conclusões harmônicas e, sobretudo, coerentes em cada uma das situações particulares.

O critério proposto está ligado aos requisitos de validade da justa causa, por nós divididos[358] em dois grupos: o requisito de forma ou extrínseco e o requisito de fundo ou de mérito.

Como visto anteriormente,[359] o requisito de forma ou extrínseco, de acordo com a própria nomenclatura, relaciona-se a aspectos exteriores da justa causa, aqueles constatáveis pela análise formal do instrumento que a encerra. A ausência da causa, a declaração desta por terceira pessoa que não o autor da liberalidade,[360] ou a impropriedade do instrumento utilizado para consigná-la[361] caracterizam o vício de forma ou extrínseco.

---

[358] O critério, e distinções dele decorrentes, foi sugerida pelo orientador da tese, Dr. Francisco José Cahali, possibilitando a construção e o desenvolvimento de toda a linha de raciocínio adotada no presente trabalho.

[359] Item 4.2.

[360] A declaração da causa é de ato personalíssimo do autor da liberalidade, não admitindo delegação à terceiros, ainda que com poderes expressamente constituídos para tal fim, à semelhança do que se verifica no próprio testamento. Cf. item 4.2.

[361] A causa deve constar necessariamente do instrumento de doação ou de testamento, sob pena de nulidade dela. Cf. item 4.2.

Exemplificando, um testamento que prescreve a inalienabilidade da legítima do herdeiro necessário *sem* a devida justificativa contém um vício ao requisito de forma ou extrínseco. Do mesmo modo, conterá um vício a requisito extrínseco ou de forma, a justa causa declarada em instrumento particular na medida em que a justa causa deve ser declarada pessoalmente pelo autor da liberalidade em testamento ou no instrumento de doação.[362]

São requisitos de fundo ou de mérito aqueles relacionados aos motivos determinantes da restrição à legítima; o próprio conteúdo da causa declarada pelo autor da liberalidade, a pertinência e a procedência deles. O requisito de fundo está para a justa causa como o mérito está para uma demanda, visto constituírem a própria procedência ou improcedência dos motivos apontados para a clausulação da legítima.

Todas as questões processuais relativas à justa causa, indistintamente, submetem-se a essa visão dicotômica dos requisitos de forma e de fundo, como será evidenciado nos itens subsequentes.

### 5.2. Impugnação da justa causa

Uma vez clausulada a legítima do herdeiro necessário, não será raro que ele, ou mesmo outro interessado,[363] venha a se insurgir contra a restrição da legítima, questionando a inexistência da causa, a legalidade dela ou a procedência dos argumentos lançados pelo autor da liberalidade.

A impugnação das causas restritivas está intimamente ligada à *natureza* do vício alegado.

Declarada em testamento, três caminhos distintos são franqueados para a impugnação da justa causa. No primeiro, de caráter excepcional, a justa causa poderá ser impugnada no próprio procedimento de abertura, registro e cumprimento de testamento; no segundo, a justa causa poderá ser impugnada nos próprios autos do inventário, mediante simples requerimento de invalidade da cláusula testamentária; ou, em terceira hipótese, a justa causa deve necessariamente ser impugnada em ação autônoma, de natureza declaratória.

---

[362] CUNHA, Ivo Gabriel da. A dispensa do ônus da inalienabilidade e a decisão judicial. In: *Ajuris: Revista da Associação dos Juízes do Rio Grande do Sul*. n. 10, ano IV, julho/1977, p. 27-28.

[363] Cf. item 5.4.

José Olympio de Castro Filho[364] resistia ao reconhecimento da nulidade de cláusulas testamentárias em procedimento de apresentação e abertura de testamento:

> Sem embargo de autorizadas opiniões em contrário, antes referidas (supra, n. 69), tal expressão, que parece ter sido repetida por força da lei do menor esforço, há de ser entendida em termos. Ao juiz descabe, como acreditamos haver antes demonstrado, no processo de jurisdição voluntária, a apreciação de nulidade de testamento, nem lhe sendo permitido decidir a respeito, em tal procedimento, porque neste não intervêm as partes interessadas, sem cuja audiência seria inadmissível a decisão judicial (*Nemo rinauditus damnari censetur*).

Pontes de Miranda parece compartilhar deste mesmo entendimento:[365]

> Nulidades, se as há, dependem de provas aliunde, de contenda de provas, de longo exame, que as torne, afinal, visíveis. Essas, ainda alegadas, não podem ser discutidas e julgadas no rito de apresentação, abertura e cumpra-se que precede ao registro e ao arquivamento. Não é lugar, nem momento próprio.

O Tribunal de Justiça de São Paulo, em acórdão relatado pelo Desembargador Reis Kuntz, acolheu esse entendimento, entendendo pela impossibilidade de questionamento da justa causa no procedimento de abertura, registro e cumprimento de testamento, face aos estreitos limites de cognição deste procedimento.[366]

Em nosso sentir, não se deve ampliar demasiadamente o âmbito de abrangência dos procedimentos de abertura e registro e cumprimento de testamento, mas a possibilidade de fazê-lo em casos específicos também não deve ser afastada pura e simplesmente.

O pedido de invalidade da cláusula poderá ser formulado incidentalmente ao procedimento de abertura, registro e cumprimento de testamento ou nos autos do próprio inventário, independentemente de ação judicial autônoma, quando a justa causa contiver vício de forma ou extrínseco, a exemplo da ausência da própria causa exigida pelo artigo 1.848 do Código Civil, ou, quando relacionados aos argumentos de mérito, como ocorre nos questionamentos à justiça da causa, revestirem-se de evidente afronta à lei ou centrados em manifesto espírito de emulação do autor da liberalidade que o magistrado deles possa conhecer oficiosamente.[367]

---

[364] *Comentários ao Código de Processo Civil*. Rio de Janeiro: Forense, v. X, arts. 1.103 a 1.120, 1976, p. 157-158.

[365] PONTES DE MIRANDA, Francisco Cavalcante. *Comentários ao Código de Processo Civil*. Rio de Janeiro: Forense, t. XVI, arts. 1.103 a 1.210, 1977, p. 165.

[366] AC 497.715-4/9-00, TJ/SP, Rel. Des. Reis Kuntz, j. 28.06.2007, v.u.

[367] Há que existir manifesta afronta a lei ou a norma de ordem pública. Existindo dúvida quanto à legalidade da cláusula, o Magistrado não poderá se pronunciar, de ofício ou a requerimento do

O próprio Pontes de Miranda,[368] que se posicionara contrário ao reconhecimento de nulidade no procedimento de abertura, registro e cumprimento de testamento, enumera uma série de situações em que admite a proclamação da nulidade do próprio testamento no procedimento especial em análise:

> O que se requer ao juiz é a *inspeção*, para verificar se o instrumento tem as formalidades extrínsecas essenciais, e também, por força do art. 145 do Cód. Civil de 1916, se não contém nulidade pronunciável de ofício. Diziam o mesmo, no direito anterior, os tratadistas. Pena foi que o Código de 1939, art. 526, só se referisse a solenidades extrínsecas. Foi o que lhe criticamos e o Código de 1973 atendeu ao que dissemos, posto que ainda fale de "vício externo". Na execução, eliminará o juiz tudo que for contrário a direito, *decretando* a nulidade das diversas disposições; mas há nulidades visíveis, não extrínsecas, que fazem nenhum o próprio testamento, e fora absurdo que, vendo-as, o juiz ordenasse o cumprimento da cédula. Casos típicos são o testamento feito pelo interdito, o testamento do menor de dezesseis anos, o do louco, ou surdo-mudo que não possa exprimir a sua vontade. Trata-se de comparação fácil de datas, diante das certidões. Se o Código Civil, art. 146, parágrafo único, manda que o juiz as pronuncie de ofício, – também no plano processual, o art. 1.126 (suspeito de nulidade ou falsidade) não nos deixa dúvida, a despeito do final do assunto.
>
> (...)
>
> Qualquer outra nulidade, das que de ofício não se pronunciam, terá de ser apreciada em ação própria, e não no processo especial da apresentação e cumpra-se dos testamentos, que é de cognição superficial. Sobre as que o juiz pode apreciar, não precisa que se arguam, para que ele as decrete.

Os argumentos lançados por Pontes de Miranda são inteiramente aplicáveis a algumas das hipóteses de justa causa, não sendo temerário imaginar que, se ao seu tempo existisse dispositivo semelhante ao artigo 1.848 do Código Civil, ele teria ampliado sua lição para acrescentar, dentre os casos de nulidades ou irregularidades visíveis, a ausência de justa causa, afinal, nos dizeres do tratadista,

> é regra, pois, que se há de negar o cumpra-se quando houve nulidade resultante de se haverem preterido formalidades visíveis no próprio instrumento (como número insuficiente de testemunhas) ou em prova literal (ser absolutamente incapaz uma delas); ou se houver nulidade por falta de solenidade intrínseca, daquelas nulidades substanciais ao testamento e pronunciáveis, de ofício, pelo juiz, sejam visíveis no testamento ("eu, testador, interdito por loucura na cidade de São Paulo, mas em verdade com uso das minhas faculdades mentais"), sejam só verificáveis em certidões (testamento feito pelo interdito e certidão de registro).[369]

---

interessado/legitimado, acerca da questão nos próprios autos de apresentação, cumprimento e registro do testamento, devendo remetê-los às vias próprias.

[368] PONTES DE MIRANDA, Francisco Cavalcante. *Comentários ao Código de Processo Civil*. Rio de Janeiro: Forense, t. XVI, arts. 1.103 a 1.210, 1977, p. 165-166.

[369] Idem, p. 166.

A declaração da causa é requisito imposto por lei para a aposição de restrições à legítima. Daí por que sua ausência (da justa causa) franqueia ao magistrado, de ofício ou a requerimento do interessado, proclamar a nulidade da disposição testamentária no próprio procedimento de abertura, registro e cumprimento de testamento ou mesmo no inventário,[370] independente de ação específica para tal fim, mesmo porque não é razoável obrigá-lo a silenciar diante de disposição testamentária contrária a texto literal de lei sob frágeis argumentos de que o procedimento é de cognição superficial ou que não há contraditório.

Equipara-se à ausência de causa, a causa declarada em instrumento inidôneo.

Em situações como essas, não se analisa o conteúdo fático ou jurídico da causa; se ela é procedente ou não, e sim a existência ou inexistência dela. A ausência de causa, vício de forma, não demanda cognição exauriente e tampouco contraditório.

Com razão, Francisco José Cahali e Giselda Maria Fernandes Novaes Hironaka ao asseverar que, "apesar de não estar expresso, é ilação logicamente admissível a de que o juiz, reconhecendo a ausência de justa causa ao interpretar testamento, possa considerar não escrita uma tal disposição",[371] e, para tanto, acrescentaríamos, prescindível processo autônomo.

De igual maneira, sujeitar-se-á a proclamação de invalidade destas disposições testamentárias no próprio procedimento de abertura do testamento ou no inventário, o sucedido que motiva a inalienabilidade e a impenhorabilidade dos bens que compõem a legítima na resistência do sucessor em seguir a mesma profissão que a sua; que torna incomunicável a legítima por conta da idade avançada do herdeiro temendo venha ele ser hipoteticamente desposado por caçadora de dotes;[372] que apoia a incomunicabilidade da legítima em fun-

---

[370] ANTONINI, Mauro. *Código Civil Comentado.* Coord. César Peluso. Barueri: Manole, 2007, p. 1837: "É inerente à exigência de indicação da justa causa a possibilidade da discussão judicial sobre a justiça da causa indicada, pois, do contrário, a exigência legal seria inócua. Tal discussão só poderá ocorrer após a abertura da sucessão, porque só a partir dela o testamento adquire eficácia (cf. art. 1.858). A controvérsia será dirimida, em regra, em ação própria, não no inventário; pois, a princípio, envolverá questões de alta indagação, mas nada impede que, não demandando produção de provas em audiência, seja resolvida no próprio inventário (art. 984 do CPC). Tome-se o exemplo mencionado, no qual a cláusula é absolutamente genérica, a impedir controle judicial, quando é possível decisão em incidente no próprio inventário."

[371] CAHALI, Francisco José; Hironaka, Giselda Maria Fernandes Novaes. *Direito das Sucessões.* 3. ed., atual. e ampl. São Paulo: Saraiva, 2007, p. 276.

[372] Esta situação difere daquela em que o sucedido indica elementos concretos que amparam os argumentos lançados para a incomunicabilidade. A situação espelhada no exemplo é daquele testador que generaliza uma situação hipotética.

damentos raciais, religiosos ou políticos ou, ainda mais grave, que a fundamenta no fato de o herdeiro ter contraído casamento quando preferia vê-lo solteiro ou, mesmo, ter casado com terceiro que não aquele da preferência do testador sem contudo apontar qualquer vício de conduta ou de caráter do cônjuge eleito,[373] afinal

> toda e qualquer condição relacionada ao poder de escolha da entidade familiar é nula de pleno direito por violar frontalmente direito da personalidade, atingindo, de modo inequívoco, a dignidade da pessoa humana. Casar e permanecer casado consubstanciam uma projeção da personalidade, não sendo admissível a submissão de tais situações a qualquer forma de captação patrimonial.[374]

Cláusulas deste jaez devem ser simplesmente ignoradas pelo julgador, a exemplo do que se verifica nos códigos civis italiano,[375] chileno[376] e de Quebec,[377] que contêm disposições expressas a respeito, considerando não escritas quaisquer cláusulas testamentárias que limitam o casamento ou o direito do cônjuge sobrevivente ao segundo casamento.

Embora estreitos os limites do procedimento de apresentação, registro e abertura do testamento; os motivos determinantes das justas causas listados anteriormente mostram-se contrários à lei; a valores éticos e morais[378] ou a direitos fundamentais, resultando daí a ilicitude

---

[373] CARVALHO JÚNIOR, Pedro Lino. Das cláusulas restritivas da legítima. In: FARIAS, Cristiano Chaves de (coord.). *Temas Atuais de Direito e de Processo de Família*. Rio de Janeiro: Lumen Juris, 2004, p. 640: "E se o juiz não se convencer da existência da causa ou mesmo de sua justeza? Ser-lhe-ia permitido rechaçá-la *ex officio*? A questão é delicada. No entanto, é irrecusável que, em situações limites, não se possa negar ao magistrado esta possibilidade. Imagine-se a hipótese de o testador estabelecer a seguinte disposição: *gravo a legítima de minha filha Agripina com a cláusula de inalienabilidade, por não ter esta se casado com Rômulo, a quem eu desejaria ter como genro*. É evidente que a existência de tais gravames jamais pode significar um castigo, nem tampouco admitir, por via indireta, a aposição de condições imoriais e ilícitas".

[374] FARIAS, Cristiano Chaves de. Disposições Testamentárias e Clausulação da Legítima. In: HIRONAKA, Giselda Maria Fernandes Novaes; PEREIRA, Rodrigo da Cunha (Coords.). *Direito das Sucessões*. 2. ed. Belo Horizonte: Del Rey, 2007, p. 248.

[375] Art. 636. Divieto di nozze. É illecita La condizione che impedisce le prime nozze o le ulteriori (art. 634; att. 138)

[376] Art. 1.074. La condición impuesta al heredero o legatário de no contraer matrimonio se tendrá por no escrita, salvo que se limite a no contraerlo antes de la edad de dieciocho años o menos. Art. 1075. Se tendrá asimismo por no puesta la condición de permanecer em estado de viudedad; a menos que ele asignatario tenga uno o más hijos del anterior matrimonio, al tiempo de deferírsele la asignación.

[377] Art. 757. La condition impossible ou contrarie à l'ordre public este réputée non écrite. Ainsi est réputée non écrite la disposition limitant, dans le cas de remariage, lês droits du conjoint survivant.

[378] Humberto Theodoro Jr. assim se manifesta sobre a noção de negócio imoral: "É a honestidade e o pudor públicos que se tem de adotar como padrão, de modo que se qualifica como imoral e ofensivo aos bons costumes o que é incompatível com o sentimento geral reinante no meio social onde o fato humano se realizou". (THEODORO JÚNIOR, Humberto. *Comentários ao Novo Código*

e, por conseguinte, a nulidade de todos eles, nos termos dos incisos II e VII, do artigo 166 do Código Civil.[379]

O conceito de ilicitude constante do inciso II do artigo 166 do Código Civil abrange a imoralidade do objeto, em cujo rol Humberto Theodoro Júnior[380] inclui "todas as prestações contrárias ao exercício dos direitos fundamentais e inalienáveis do homem, como a vida, a saúde, a integridade física e a liberdade"; gêneros dos quais a liberdade de culto, de pensamento e de contrair casamento são espécies.

Nada impede, portanto, o Magistrado, *ex officio*[381] ou mediante provocação, proclamar a nulidade das cláusulas restritivas da legítima nos próprios autos de apresentação de testamento ou do inventário sempre que vierem desacompanhadas de justificativa; quando as justificativas vierem consignadas por terceira pessoa que não o autor da liberalidade ou em instrumento diverso da doação ou do testamento ou, ainda, quando justificadas no próprio testamento ou no instrumento de doação, o magistrado constatar de plano, independentemente de dilação probatória, que os fundamentos articulados pelo autor da liberalidade afrontam disposição literal de lei; violam normas de ordem pública;[382] cerceiam direitos fundamentais do herdeiro, ou ofendem a dignidade da pessoa humana, como se verifica nos códigos civis francês,[383] italiano[384] e de Quebec,[385] em que existe disposição expressa considerando não escritas toda e quaisquer cláu-

---

*Civil: dos defeitos do negócio jurídico.* Coord. Sálvio de Figueiredo Teixeira. Rio de Janeiro: Forense, v. III, t. 1, 2003, p. 453).

[379] Art. 166: É nulo o negócio jurídico quando: ... II – for ilícito, impossível ou indeterminável o seu objeto; ... VII – a lei taxativamente declarar de nulo, ou proibir-lhe a prática, sem cominar sanção.

[380] THEODORO JÚNIOR, Humberto. *Comentários ao Novo Código Civil: dos defeitos do negócio jurídico.* Coord. Sálvio de Figueiredo Teixeira. Rio de Janeiro: Forense, v. III, t. 1, 2003, p. 454.

[381] Art. 168. As nulidades dos artigos antecedentes podem ser alegadas por qualquer interessado, ou pelo Ministério Público, quando lhes couber intervir. Parágrafo único: As nulidades devem ser pronunciadas pelo juiz, quando conhecer do negócio jurídico ou dos seus efeitos e as encontrar provadas, não lhe sendo permitindo supri-las, ainda que a requerimento das partes.

[382] Alexandre Laizo Clapis, "Clausulação da Legítima e a Justa Causa do Art. 1.848 do Código Civil", RDI 57/18: "Clausulada a legítima o juiz deverá (i) verificar se atendido o requisito legal de justa motivação, tendo em conta tratar-se de norma de ordem pública e (ii) se manifestada a causa, avaliar quanto à justeza, seriedade, pertinência etc., da respectiva motivação."

[383] Art. 900. Dans toute disposition entre vifs ou testamentaire, lês conditions impossibles, celles qui sont contraries aux ois ou aux moeurs, seront réputées non écrites.

[384] Art. 634. Condizioni impossibili o illecite. Nelle disposizioni testamentarie (558) si considerano non apposte le condizioni impossibili e quelle contrarie a norme imperative, all'ordine pubblico o al buon costume, salvo quanto è stabilito dall''art. 626 (1354).

[385] Art. 757. La condition impossible ou contrarie à l'ordre public este réputée non écrite.

sulas testamentárias contrárias a texto literal de lei, à normas de ordem pública ou aos bons costumes.

Dentro desse contexto estão as conclusões de Cristiano Chaves de Farias,[386] limitadas, porém, ao vício de forma:

> Aqui surge indagação de primeira ordem: seria permitido ao magistrado rechaçar *ex officio* a cláusula restritiva? A questão é delicada mas a solução parece óbvia. É induvidoso que, em situações limites, não se pode negar ao julgador a possibilidade de adotar providências de ofício, quando já provocado. Assim, no curso do inventário, poderá, *sponte sua*, declarar a insubsistência de uma cláusula restritiva, percebendo a falta de justa causa.

Fique claro, entretanto, que o fato de o Magistrado exarar o *cumpra-se* no testamento, deixando de pronunciar a invalidade da justa causa quando presentes referidos vícios de forma, não tem o condão de sanar o vício existente; tampouco este ato pode ser compreendido pela parte como chancela a causa apontada para as restrições à legítima.

> A sentença do cumpra-se, integrativa do testamento, tem eficácia somente *enquanto tem eficácia o testamento*. Perdendo-a esse, perde-a aquela. Portanto, *a)* se alguma relação jurídica testamentária é, em ação declaratória, segundo o art. 4º, declarada *inexistente*, não tem eficácia, aí, o cumpra-se; *b)* se foi decretada a nulidade, ou a ineficácia de alguma disposição, *aí,* não tem eficácia a sentença do cumpra-se; *c)* se o ato do testamento foi anulado (eficácia constitutiva *negativa,* desconstituidora do testamento, contra eficácia constitutiva positiva, integrativa do testamento), cessa a eficácia; *d)* se o testamento se tornou, posteriormente, ineficaz, o cumpra-se também se tornou.[387]

De fato,

> a eficácia do cumpra-se, baseada em cognição superficial, cede à eficácia das sentenças de cognição completa, porque foi concebida com tal limitação à própria sentença do cumpra-se. Se essa, ciente ou não o juiz, foi proferida após a sentença de cognição completa ter passado em julgado, a eficácia integrativa cai no vácuo: não há testamento, ou não há *eficácia do testamento*, e não pode integrá-lo (não se integra o que não existe), ou atribuir eficácia ao que não *mais existe* como fonte de eficácia.[388]

Exatamente nestes termos decidiu o ministro Franciulli Netto,[389] ainda desembargador no Tribunal de Justiça de São Paulo, entendendo que o cumpra-se exarado em testamento não tem o condão de

---

[386] Disposições Testamentárias e Clausulação da Legítima. In: HIRONAKA, Giselda Maria Fernandes Novaes; PEREIRA, Rodrigo da Cunha (Coords.). *Direito das Sucessões*. 2. ed. Belo Horizonte: Del Rey, 2007, p. 258-259.

[387] PONTES DE MIRANDA, Francisco Cavalcante. *Comentários ao Código de Processo Civil*. Rio de Janeiro: Forense, t. XVI, arts. 1.103 a 1.210, 1977p. 168.

[388] Ibidem. p. 168-169.

[389] *AC* n. 284.845, 6ª Câmara, j. 01.11.79, in: *RT* 536/93.

validar nulidades ou ineficácias constantes da disposição de última vontade:

> O despacho que manda cumprir o testamento somente produz efeitos processuais que lhe são próprios e nada julga a respeito de sua validade, legitimidade, eficácia e interpretação. Não impede, em hipótese alguma, a apuração de eventual nulidade no juízo contencioso e a desconstituição total ou parcial de sua eficácia.

Em resumo, o magistrado pode e deve conhecer os vícios de forma nos próprios autos de apresentação de testamento ou do inventário, dando efetividade e agilidade à prestação jurisdicional,[390] assim como deverá fazê-lo, em caráter excepcional, quando o vício estiver atrelado ao mérito da causa, porém, for evidente a afronta à disposição literal de lei; a violação de normas de ordem pública;[391] a ofensa a direitos fundamentais.[392] Não o fazendo, a parte deverá suscitar o problema em ação própria.

Diversa será a solução quando a causa apontada não contiver vício de forma ou, presentes vícios de fundo, os chamados vícios de mérito, estes não violarem disposição literal de lei, não afrontarem norma de ordem pública ou não ofenderem direitos fundamentais que permitam ao juiz deles conhecer de ofício.

Em situações tais não restará alternativa ao interessado senão contestar a causa em ação autônoma, de natureza declaratória,[393] a ser aforada após a abertura da sucessão,[394] onde serão produzidas as

---

[390] AC 1.0145.03.082805-0/001(1), 1ª Câm. Cível, TJ/MG, Rel. Des. Geraldo Augusto, j. 08.11.05, de onde se extrai o seguinte trecho do voto proferido pelo Des. Gouvêa Neto, Revisor do recurso: "Hoje, com a nova dinâmica da instrumentalidade do processo, e ante o princípio da utilidade desse e os ideais de justiça, certas filigranas formalísticas devem ser relevadas em nome da efetividade do processo e da realização da prestação jurisdicional, tendo-se em vista que ao julgador não é dado distanciar-se da lei, mas transcendê-la, mormente quando inexiste a possibilidade de lesão do direito".

[391] CLÁPIS, Alexandre Laizo, "Clausulação da Legítima e a Justa Causa do Art. 1.848 do Código Civil", *RDI* 57/18: "Clausulada a legítima o juiz deverá (i) verificar se atendido o requisito legal de justa motivação, tendo em conta tratar-se de norma de ordem pública e (ii) se manifestada a causa, avaliar quanto a justeza, seriedade, pertinência etc., da respectiva motivação".

[392] Não há discricionariedade para o Magistrado e para o Ministério Público diante de cláusulas que afrontem norma de ordem pública ou afrontem a dignidade humana, competindo-lhes pronunciar de ofício nulidade delas.

[393] VENOSA, Silvio de Salvo. *Direito Civil: Direito das Sucessões*. 5. ed. São Paulo: Atlas, v. 7, 2005, p. 183, fala em declaratória de ineficácia de cláusula.

[394] ANTONINI, Mauro. *Código Civil Comentado*. Coord. César Peluso. Barueri: Manole, 2007, p. 1837; GIORGIS, José Carlos Teixeira. A justa causa no novo testamento. In: DELGADO, Mario Luiz; ALVES, Jones de Figueiredo (Coords.). *Questões Controvertidas no Novo Código Civil*. São Paulo: Método, v. 2, 2003, p. 162; HIRONAKA, Giselda Maria Fernandes Novaes. *Comentários ao Código Civil*. Coord. Antonio Junqueira de Azevedo. São Paulo: Saraiva, v. 20, 2003, p. 258-259; Alexandre Laizo Clápis, "Clausulação da Legítima e a justa causa do art. 1.848 do Código Civil", *RDI* 57/26, de quem se extrai o seguinte trecho, com as ressalvas quanto ao procedimento único apontado pelo autor: "será no procedimento autônomo ao inventário que se permitirá o

provas da improcedência dos fundamentos de mérito apontados para restringir a legítima, dela participando o Ministério Público[395] e o testamenteiro obrigatoriamente.

Vale dizer, se a justa causa estiver centrada em fundamentos jurídicos razoáveis, *ainda que improcedentes*,[396] mas que demandam produção de prova para a constatação da sua improcedência, o interessado deverá recorrer obrigatoriamente às vias próprias. É o caso do autor da herança que justifica a impenhorabilidade da legítima do herdeiro insolvente, assim considerado judicialmente, amparado no propósito de preservar o patrimônio transmitido a este herdeiro contra a investida de credores; ou ainda, o autor da herança que justifica a inalienabilidade do único imóvel transmitido ao herdeiro necessário apoiado no fato de o sucessor ser viciado em jogo e ter alienado outros imóveis para pagar dívidas contraídas em apostas, a dano da esposa e dos filhos.

Nas duas hipóteses acima ventiladas, as causas apontadas pelo autor da herança para fundamentar seu propósito restritivo são razoáveis, têm conteúdo jurídico e respaldo aparentemente fático, razão pela qual a declaração judicial de procedência ou de improcedência delas deverá ser objeto de ação judicial própria, com ampla dilação probatória, a ser ajuizada pelo interessado.

Raciocínio semelhante ao desenvolvido na impugnação da justa causa declarada em testamento deve ser desenvolvido para a impugnação da justa causa declarada no instrumento da doação, quando feita em antecipação da legítima,[397] lembrando que o doador não está obrigado a justificar as restrições consignadas no instrumento de doação, podendo fazê-lo, por testamento, até a abertura da sucessão.[398]

Vícios relacionados a aspectos formais ou extrínsecos, como ocorre na clausulação dos bens doados em adiantamento da legítima sem a devida justificativa no instrumento da doação ou em ulterior testamento, poderão ser reconhecidos de ofício pelo magistrado, quando em contato com a matéria ou mediante simples provocação

---

questionamento não só da existência ou não da causa para clausulação da legítima, mas também quanto ser ou não justa, séria, oportuna e pertinente. Este será o momento em que os herdeiros, os cônjuges e os credores dos herdeiros poderão impugnar a intenção do autor da herança (doador ou testador) de apor as cláusulas restritivas".

[395] Cf. RODRIGUES, Oswaldo Peregrina. *O Ministério Público e o Direito das Sucessões*. São Paulo, 2008. Trabalho fornecido pelo autor. Não publicado.

[396] A procedência dos argumentos será analisada no mérito da ação declaratória.

[397] A doação feita por conta da parte disponível pode ser clausulada livremente, independentemente de justificativa.

[398] Cf. item 4.3.

do interessado, porque a ausência de justificativa constitui violação a texto literal de lei. Também caberá pronunciamento de ofício quando a justa causa declarada no instrumento de doação afrontar normas de ordem pública, estabelecer condições impossíveis ou afrontar a disposição literal de lei, pois, nestes casos todos, os motivos determinantes da restrição à legítima são ilícitos, e, por isso, nulos, a teor do artigo 166, II e VII, conjugado com o parágrafo único do artigo 168 do Código Civil.

Eventuais vícios da justa causa, mesmo aqueles suscetíveis a reconhecimento *de ofício*, chegarão ao conhecimento do magistrado por ocasião do inventário do doador, quando o herdeiro colacionar os bens recebidos em antecipação da legítima, ou, então, por meio de ação declaratória ajuizada especificamente para questionar a ausência ou a improcedência da causa justificadora da restrição à legítima.

Tanto em uma quanto noutra hipótese, a discussão se apresentará após a abertura da sucessão do doador, sendo defeso ao donatário questionar a ausência ou a injustiça da causa se vivo o autor da liberalidade, pelas razões anteriormente expostas em capítulo específico.[399]

### 5.3. Aceitação da doação, confissão e renúncia à impugnação da justa causa

Questão interessante envolve as consequências da aceitação da doação. Considerando que a doação somente se aperfeiçoa após a aceitação pelo donatário,[400] poder-se-ia concluir que esta aceitação equivale a uma admissão, pelo donatário, também das justas causas apontadas no instrumento de doação feita em antecipação à legítima? Existe, aí, uma renúncia ao direito de questioná-las posteriormente?

Partindo da premissa de que a renúncia é "ato pelo qual alguém manifesta a intenção de abrir mão de sua titularidade sobre um direito";[401] que "manifestação do renunciante há de ser inequívoca",[402] e que ela "não se presume",[403] consoante entendimento consolidado na

---

[399] Cf. item 4.3.

[400] ALVIM, Agostinho. *Da doação*. São Paulo: Revista dos Tribunais, 1963, p. 40: "A aceitação é indispensável ao aperfeiçoamento da doação, como expressamente resulta do art. 1.165, onde está dito também que a doação é contrato."

[401] DINIZ, Maria Helena. *Dicionário Jurídico*. São Paulo: Saraiva, v. 4, 1998, p. 138.

[402] PEREIRA, Caio Mário da Silva. *Instituições de Direito Civil*. 20. ed. Rio de Janeiro: Forense, v. I, 2004, p. 472.

[403] GOMES, Orlando. *Introdução ao Direito Civil*. 12. ed. Rio de Janeiro: Forense, 1996, p. 245.

doutrina e nos tribunais,[404] conclui-se que a aceitação da doação, em quaisquer de suas modalidades,[405] não pode ser admitida como renúncia ao direito do donatário impugnar a justiça da causa apontada pelo doador como razão determinante da clausulação da legítima.

Nem mesmo a renúncia expressa ao direito de impugnar a justa causa pode ser recebida como ato jurídico válido e eficaz. Em que pese o silêncio do Código Civil, o direito à legítima livre de restrições ou apontamentos constitui norma de ordem pública,[406] e, como tal, comporta apenas as exceções legais.

A lei brasileira excepciona o princípio da intangibilidade da legítima apenas e tão somente quando há causa justa declarada em testamento.

Demonstrada a inexistência da causa, a inidoneidade do instrumento ou a delegação do apontamento da causa a terceira pessoa, a restrição à legítima é nula, a teor do artigo 166, VII, do Código Civil.[407] Isso sem perder de vista que a renúncia encontra sua razão de ser na justa causa declarada pelo autor da liberalidade, a invalidade da justa causa (principal) enseja a invalidade da renúncia (acessório); verdadeira aplicação do princípio *accessorium sequitur principale*.

A aceitação da doação pode ser reputada como uma confissão de veracidade, pelo donatário, das causas apontadas pelo doador no instrumento de doação? Demonstramos que não. As mesmas razões apontadas para a renúncia reforçam a convicção de que a aceitação da doação não pode ser interpretada como confissão, pelo donatário, das causas apontadas pelo doador.

---

[404] *AC* n. 173.998, extinto 2º TAC/SP, 1ª Câmara, Rel. Juiz Izidoro Carmona, j. 19.9.84: "Quanto à disponibilidade de direitos, a renúncia não pode ser presumida, nem ser inferida de simples conjecturas, devendo, isto sim, ser de tal forma expressa, que represente um ato positivo da vontade de renunciar". No mesmo sentido, os seguintes julgados: *AC* n. 1.211.215-3, TJ/SP, 13ª Câmara de Direito Privado, Rel. Des. Cauduro Padin, j. 14.11.07; *AC* n. 90.334-4, TJ/SP, 1ª Câmara de Direito Privado, Rel. Des. Guimarães e Souza, j. 29.09.98, v.u; AI n. 394.851, extinto 1º TAC/SP, Rel. Juiz Marcondes Machado, j. 31.08.98 e *JTA*-Lex 134/171.

[405] A aceitação da doação pode ser expressa, tácita ou presumida, conforme preleciona Agostinho Alvim, observando que é importante distinguir entre as três modalidades "porque, na hipótese de consentimento pelo silêncio, a doação se consuma no momento em que se esgota o prazo dado; enquanto que, se se exigir prática de atos (consentimento tácito, ou indireto), a doação somente se aperfeiçoa no momento em que um ato nessas condições seja praticado". (ALVIM, Agostinho. *Da doação*. São Paulo: Revista dos Tribunais, 1963, p. 41-42).

[406] Cf. item 2.3. Ainda, Cf. STOLZE, Pablo Gagliano. *O contato de doação: análise crítica do atual sistema jurídico e os seus efeitos no direito de família e das sucessões*. São Paulo: Saraiva, 2007, p. 46-47.

[407] Cf. VENOSA, Silvio de Salvo. *Direito Civil: Direito das Sucessões*. 5. ed. São Paulo: Atlas, v. 7, 2005, p. 183, e GIORGIS, José Carlos Teixeira. A justa causa no novo testamento. In: DELGADO, Mario Luiz; ALVES, Jones de Figueiredo (Coords.). *Questões Controvertidas no Novo Código Civil*. São Paulo: Método, v. 2, 2003, p. 162.

A legítima do herdeiro necessário é matéria de ordem pública[408] e, como tal, não admite confissão já que "pressupõe que o *fato* sobre o qual ela recai seja *disponível* para a parte, que não se trate, portanto, de norma de ordem pública (art. 351 do Código de Processo Civil e art. 213 do Código Civil)", como anota Cássio Scarpinella Bueno.[409]

De mais a mais, o valor da confissão não é absoluto, e sim, relativo, podendo ser desprezada se comprovada a distância de seu teor com a realidade, como observa João Batista Lopes:[410]

> A confissão judicial, quando admitida, tem plena eficácia, mas não acarreta necessariamente a procedência do pedido, porque a presunção de verdade é relativa.
>
> Assim, é perfeitamente possível que o juiz despreze a confissão se ela se mostrar em conflito aberto com o conjunto das provas (v.g. o réu, por engano, confessa a mora, mas o pagamento é demonstrado por documento anexado aos autos).

Outro não é o posicionamento de Marcus Vinícius Rios Gonçalves:[411]

> Tanto a confissão expressa quanto a ficta geram uma presunção de veracidade dos fatos. Mas ela é relativa, e não absoluta, podendo ser contrariada por outros elementos de convencimento.
>
> A confissão é mais um deles, que deve ser somado aos demais, no momento em que o juiz fará a sua apreciação dos fatos. Não mais se considera a confissão como uma prova absoluta, a "rainha das provas", cabendo ao juiz decidir se reputa os fatos sobre os quais ela versa incontroversos, dispensando outras provas, ou se ainda não os considera como tais, determinando-as.

Portanto, ainda que hipoteticamente fosse admitida a legalidade da confissão, o seu valor será sempre relativo, podendo ser contrariada posteriormente, em ação declaratória ajuizada após a abertura da sucessão, onde o donatário demonstrará que o ato de aceitar a doação não pode ser reputado como reconhecimento tácito das causas nela constantes. A aceitação se limita à liberalidade; não das causas apontadas no instrumento que a formalizou. Demonstrada a improcedência das causas, a restrição à legítima será inválida.

Pode suceder ainda que o doador condicione a doação à aceitação, pelo donatário, das justas causas apresentadas para a legítima. É válida semelhante condição?

---

[408] Cf. item 2.3.

[409] *Curso Sistematizado de Direito Processual Civil: procedimento comum: ordinário e sumário*. São Paulo: Saraiva, v. 2, t. 1, 2007, p. 265-266.

[410] *A prova no Direito Processual Civil*. São Paulo: Editora dos Tribunais, 1999, p. 90.

[411] *Novo Curso de Direito Processual Civil*. 4. ed., rev. e atual., 2ª tiragem. São Paulo: Saraiva, v. 1, 2007, p. 489.

O Código Civil francês[412] considera não escrita toda cláusula que priva o interessado questionar a validade de uma cláusula de inalienabilidade ou que o priva da possibilidade de superá-la judicialmente. O Código de Quebec[413] também considera não escrita a cláusula que impeça o herdeiro ou o legatário questionar a validade total ou parcial do testamento.

O Código Civil uruguaio,[414] por sua vez, fala em nulidade envolvendo transação sobre a legítima futura, caminho idêntico ao adotado pelos códigos civis português[415] e chileno.[416]

Nosso código civil não contém disposição expressa a respeito, mas daí não se conclui pela legalidade de quaisquer cláusulas que venham restringir o direito do herdeiro necessário contestar a validade das cláusulas restritivas da legítima impostas em desacordo com a lei, mais especificamente, em desacordo com o artigo 1.848 do Código Civil.

A esse respeito, são pertinentes as considerações lançadas por Carlos Maximilliano[417] sobre a intangibilidade da legítima:

> É indiferente a forma pela qual se dê a diminuição da reserva – legado, instituição de herdeiro, fideicomisso, usufruto, uso, habitação, servidão, perdão de dívida, ereção de fundação, nada disso pode afetar a legítima. Esta não será subordinada a *condições*, nem sequer *potestativas;* nem onerada com *encargos ou pagamentos de legados.*
>
> Transgredidas estas regras proibitórias, consideram-se inexistentes os legados, encargos, condições, ônus e tudo o mais que deva recair sobre a parte obrigatória da herança.

Em realidade, na situação proposta não há tecnicamente uma condição, mas um requisito do negócio que não está subordinado a evento futuro e incerto, elemento essencial da condição propriamente dita.[418]

---

[412] Art. 900-8, com a redação da Lei n. 84.562, de 4 de julho de 1984: "Est réputée non écrite tota clause por laquelle le disponsant prive de la libéralité celui qui mettrait em cause la validité d'une clause d'inaliénabilité ou demanderait l'autorisation d'aliéner".

[413] Art. 758. La clause pénale ayant por bu d'empêcher l'héritier ou le légataire particulier de contester la validité de tout ou partie du testament est réputée non écrite.

[414] Art. 888. Toda renuncia o transacción sobre la legítima futura entre aquellos que la deben y sus herderos forzosos és nula: y los segundos podrán reclamarla cuando mueran los primeros; sin perjuicio de traer a colocación lo que hubieren recibido por la renuncia o transcción.

[415] Art. 2.163. "O testador não pode impor encargos sobre a legítima, nem designar os bens que a devem preencher, contra a vontade do herdeiro.

[416] Art. 1.192. La legítima rigorosa no es susceptible de condición, plazo, modo o gravamen alguno.

[417] *Direito das Sucessões*. 2. ed. Rio de Janeiro: Freitas Bastos, v. III, 1943, p. 23.

[418] Cf. PEREIRA, Caio Mário da Silva. *Instituições de Direito Civil*. 20. ed. Rio de Janeiro: Forense, v. I, 2004, p. 555 e seguintes.

Dito isso, o condicionamento da doação à aceitação da justa causa pelo herdeiro necessário não encontra amparo jurídico porque, aceitando semelhante imposição, estar-se-ia flexibilizando o princípio da intangibilidade da legítima, norma de ordem pública, o que é vedado por lei.

O herdeiro pode até não exercer o direito de impugnar a justa causa, contudo não pode renunciar ao direito de fazê-lo ainda que a renúncia venha camuflada por meio de uma confissão, representada pelo reconhecimento dos fundamentos da justa causa ou pela aceitação da doação feita sob a *condição* de não impugnar os motivos determinantes da restrição à legítima.[419]

Ademais, a aceitação da justa causa manifestada em vida pelo herdeiro necessário soa ilegal também porque, na parte que constitui adiantamento de legítima, estaria ocorrendo uma transação sobre herança futura, o que também é vedado por lei.[420]

### 5.4. Legitimidade para impugnar a justa causa

Giselda Maria Fernandes Novaes Hironaka,[421] Mauro Antonini[422] e Alexandre Laizo Clápis[423] defendem que a justa causa pode ser im-

---

[419] Admitindo o reconhecimento dos fundamentos da justa causa pelo herdeiro, manifestam-se HIRONAKA, Giselda Maria Fernandes Novaes. *Comentários ao Código Civil*. Coord. Antonio Junqueira de Azevedo. São Paulo: Saraiva, v. 20, 2003, p. 264; ANTONINI, Mauro. *Código Civil Comentado*. Coord. César Peluso. Barueri: Manole, 2007, p. 1837; AC 7000.680.301-9, TJ/RS, 8ª Câmara Cível, Rel. Des. Catarina Rita Krieger Martins, do qual se extrai o seguinte trecho: "O caso é peculiar. Geralmente, o herdeiro que recebeu, por testamento bens gravados com cláusula de inalienabilidade, incomunicabilidade e impenhorabilidade recorre a juízo para afastar as restrições. Nesses casos, a jurisprudência majoritária tem entendido que cabe afastar os gravames, demonstra justa causa, sob o fundamento da necessária circulação de bens na sociedade moderna. Todavia, no caso concreto, o herdeiro quer justamente o contrário. Quer que o bem recebido fique gravado, pois o testamento está sob incidência do Código Civil de 1916, o qual não possui disposição análoga a do art. 1.848, do Código Civil de 2002.

[420] CC, Art. 426. Não pode ser objeto de contrato a herança de pessoa viva.

[421] *Comentários ao Código Civil*. Coord. Antonio Junqueira de Azevedo. São Paulo: Saraiva, v. 20, 2003, p. 264: "Indicada a causa, será ela analisada pelo magistrado, ouvido o herdeiro sobre quem pese a cláusula. Este, se concordar com a cláusula aposta, poderá ainda assistir contradita levada a efeito por seu cônjuge, por seus credores, etc."

[422] *Código Civil Comentado*. Coord. César Peluso. Barueri: Manole, 2007, p. 1837: "De quem é a *legitimidade ativa* para essa ação, ou para suscita o incidente no inventário? Silvio de Salvo Venosa (op. cit., p. 220) faz referência exclusivamente ao hedeiro prejudicado. Giselda Maria Fernandes Novaes Hironaka afirma que têm legitimidade para questoinar a cláusula o herdeiro prejudicado, seu cônjuge, credores etc. (*Comentários ao Código Civil*. São Paulo, Saraiva, 2003, v. XX, p. 264). Parece mais adequada a segunda solução, de legitimidade mais ampla, por guardar coerência com o que ocorre na redução das disposições testamentárias."

[423] "Clausulação da Legítima e a Justa Causa do art. 1.848 do Código Civil", in *RDI* 57/26: "Este é o momento em que os herdeiros, os cônjuges e os credores dos herdeiros poderão impugnar a intenção do autor da herança (doador ou testador) de apor as cláusulas restritivas".

pugnada por qualquer interessado na intangibilidade da legítima. Assim, segundo eles, estariam legitimados para impugnar as cláusulas de inalienabilidade e de impenhorabilidade o próprio herdeiro prejudicado, seu credor ou o adquirente do imóvel alienado pelo herdeiro sem a respectiva autorização judicial. No que respeita à cláusula de incomunicabilidade, estariam legitimados para impugná-la, além do próprio herdeiro, o seu cônjuge e até mesmo o credor do cônjuge do herdeiro na medida em que a comunicação dos bens lhe amplia as perspectivas de recebimento de seu crédito.

Com visão bem mais restritiva, Silvio de Salvo Venosa[424] sustenta que a legitimidade para impugnar a justa causa está restrita à pessoa do herdeiro prejudicado.

Parece-nos que a solução mais conforme ao espírito da lei está em encontrar o equilíbrio entre estas duas correntes doutrinárias, ora acolhendo a corrente mais liberal, que prega a legitimidade de todo e qualquer interessado na intangibilidade da legítima, ora para restringir esta legitimidade exclusivamente ao herdeiro prejudicado, como sustenta a corrente mais conservadora.

Sem olvidar que a clausulação da legítima somente tem lugar quando amparar os interesses do herdeiro ou de sua família, não há deixar de reconhecer que este ponde de equilíbrio passa pela dicotomia dos requisitos de forma e de fundo atinentes a justa causa, critério por nós apresentado para solucionar as questões práticas vinculadas à justa causa.[425]

Enquanto o vício de forma pode ser suscitado por qualquer interessado, somente o herdeiro prejudicado está legitimado a impugnar os requisitos de fundo, ou seja, o conteúdo da justa causa em si. Apenas uma exceção surge a esta regra geral, especificamente quando estivermos diante de um vício de fundo que afronte direta e frontalmente norma de ordem pública, quando, então, será permitido ao Magistrado, em caráter excepcinal, dele conhecer de ofício. Vejamos.

Ao discorrer sobre o artigo 166 do Código Civil, Silvio Rodrigues[426] observa que o interesse nele tutelado é de ordem pública, pois o que está em jogo é o interesse da sociedade na preservação da lei, da moral e dos bons costumes implícitos em cada um dos seus incisos. A infringência a quaisquer dos preceitos nele constantes representa uma ofensa direta à estabilidade e à estrutura da própria sociedade que

---

[424] *Direito Civil: Direito das Sucessões*. 5. ed. São Paulo: Atlas, v. 7, 2005, p. 183.

[425] Cf. item 5.1.

[426] *Direito Civil: Parte Geral*. 32. ed. São Paulo: Saraiva, v. 1, 2002, p. 285-290.

reage com maior rigor, suprimindo de efeitos do ato ou do negócio jurídico, impedindo a ocorrência da prescrição, e, o que nos interessa particularmente, legitimando qualquer interessado a arguir a afronta à lei, inclusive o Ministério Público.

Nas palavras do querido Professor,[427] a infração ao comando do artigo 166 do Código Civil

> representa um agravo à ordem pública, não só os diretamente prejudicados podem alegá-la, como igualmente pode fazê-lo o representante da sociedade, o Ministério Público. Ademais, tratando-se de um defeito de tal modo grave, impõe o ordenamento jurídico, na defesa de seu próprio interesse, que o juiz decrete a nulidade desde que conheça do ato ou de seus efeitos, e a encontre provada. (CC, art. 168, parágrafo único).

Pablo Stolze,[428] Silvio de Salvo Venosa[429] e Carlos Roberto Gonçalves[430] manifestam idêntico ponto de vista, defendendo, categoricamente, a legitimidade de qualquer interessado para suscitar a afronta à norma de ordem pública, como é o caso do artigo 166 do Código Civil, reclamando a nulidade do ato ou do negócio jurídico.

A ausência de justa causa, o apontamento dela em instrumento distinto da doação ou do testamento e declaração da causa feita por pessoa distinta do autor da liberalidade, vícios de forma, constituem afronta aos artigos 1.848 e, consequentemente, 166, inciso VII do Código Civil,[431] resultando daí a legitimidade de todo e qualquer interessado em questionar a clausulação da legítima, desde que presente um desses vícios, inclusive o próprio herdeiro prejudicado, seu cônjuge, seu credor, o adquirente do imóvel indevidamente clausulado e o próprio Ministério Público, como defende a corrente mais abrangente.

Em aprofundado estudo sobre a participação do Ministério Público no direito das sucessões, Oswaldo Peregrina Rodrigues[432] apresenta uma multiplicidade de fundamentos legais que emprestam

---

[427] *Direito Civil: Parte Geral*. 32. ed. São Paulo: Saraiva, v. 1, 2002, p. 287.

[428] *O contato de doação: análise crítica do atual sistema jurídico e os seus efeitos no direito de família e das sucessões*. São Paulo: Saraiva, 2007, p. 43.

[429] *Direito Civil: Parte Geral*. 8. ed. São Paulo: Atlas, v. 1, 2008, p. 489.

[430] *Direito Civil Brasileiro: parte geral*. São Paulo: Saraiva, 2003, p. 432-433.

[431] No mesmo sentido, VENOSA, Silvio de Salvo. *Direito Civil: Direito das Sucessões*. 5. ed. São Paulo: Atlas, v. 7, 2005, p. 183 e GIORGIS, José Carlos Teixeira. A justa causa no novo testamento. In: DELGADO, Mario Luiz; ALVES, Jones de Figueiredo (Coords.). *Questões Controvertidas no Novo Código Civil*. São Paulo: Método, v. 2, 2003, p. 162.

[432] *O Ministério Público e o Direito das Sucessões*. São Paulo, 2008. Trabalho fornecido pelo autor. Não publicado. Segundo o autor, esta legitimidade estaria amparada no artigo 82, II do Código de Processo Civil; no artigo 45 da Lei Complementar n. 304/82, tacitamente extinta pela Lei Complementar n. 734/93, que difundiu aquelas atribuições entre as Promotorias de Justiça de Família e as Cíveis.

legitimidade ao Ministério Público para figurar como parte ou como interveniente nas ações relativas ao direito sucessório, todos inteiramente aplicáveis à justa causa, mas deixa claro que "o respeito à vontade do testador é o mote da intervenção ministerial decorrente da acepção 'disposições de última vontade' (art. 82, II, do CPC), todavia, essa derradeira vontade dependerá de interpretação", concluindo, na sequência, que "há de ser protegida sim, a vontade do testador, nunca, porém, sobrepondo-a à determinação legal, que, em verdade, é a vontade última a ser cumprida e respeitada".

Fica claro, portanto, que diante de um vício de forma, o Ministério Público está legitimado tanto para suscitar a invalidade da cláusula testamentária em afronta ao comando legal como também para figurar como *custos legis,* se tal iniciativa partir de terceiro. Se terceiro tomar a dianteira, o órgão ministerial será obrigatoriamente intimado para "averiguar a correta e devida aplicação da norma legal vigente".[433]

Nem mesmo o fato de o herdeiro concordar com a restrição à legítima imposta no ato de liberalidade, hipótese admitida por alguns autores[434] e já apreciada pelo Poder Judiciário,[435] retira dos demais interessados a legitimidade para impugnar da justa causa quando presente um vício de forma que, por afrontar norma de natureza cogente, não admite transação ou renúncia.

Ausentes vícios de forma, ninguém, senão o herdeiro prejudicado, estará legitimado a impugnar o conteúdo, o mérito, da justa causa.

A legítima é um direito intangível do herdeiro necessário, do qual ele não pode ser alijado ou sofrer restrições, salvo em hipóteses expressamente previstas em lei que, dentre elas, estabelece, em re-

---

[433] Idem. Diferentemente do que se verifica na impugnação ao conteúdo da justa causa em que o Ministério Público atuará unicamente como *custos legis,* já que somente o herdeiro prejudicado estará legitimado para discutir o conteúdo da causa declarada.

[434] HIRONAKA, Giselda Maria Fernandes Novaes. *Comentários ao Código Civil.* Coord. Antonio Junqueira de Azevedo. São Paulo: Saraiva, v. 20, 2003, p. 264; ANTONINI, Mauro. *Código Civil Comentado.* Coord. César Peluso. Barueri: Manole, 2007, p. 1837.

[435] *AC* 7000.680.301-9, TJ/RS, 8ª Câmara Cível, Rel. Des. Catarina Rita Krieger Martins, do qual se extrai o seguinte trecho: "O caso é peculiar. Geralmente, o herdeiro que recebeu, por testamento bens gravados com cláusula de inalienabilidade, incomunicabilidade e impenhorabilidade recorre a juízo para afastar as restrições. Nesses casos, a jurisprudência majoritária tem entendido que cabe afastar os gravames, demonstra justa causa, sob o fundamento da necessária circulação de bens na sociedade moderna. Todavia, no caso concreto, o herdeiro quer justamente o contrário. Quer que o bem recebido fique gravado, pois o testamento está sob incidência do Código Civil de 1916, o qual não possui disposição análoga a do art. 1.848, do Código Civil de 2002.

gime de exceção, a possibilidade de clausular a legítima mediante o apontamento de justa causa.

No entanto, somente será justa, ou melhor, considerada justa, a causa que vier ao encontro dos interesses do herdeiro ou de sua família;[436] que tutelar os interesses do herdeiro e de sua família.

O propósito da justa causa, portanto, é proteger o herdeiro ou sua família, e não aos interesses do autor da herança, do credor do herdeiro, do cônjuge do herdeiro, do adquirente do imóvel clausulado, ou de qualquer outro interessado jurídica ou economicamente no levantamento das cláusulas restritivas, como irrestritamente sustenta a corrente mais liberal.

De sorte que, presentes os requisitos formais, não havendo violação ao comando do artigo 1.848 e, consequentemente, do artigo 166, inciso VII, do Código Civil, o interesse público desaparece, razão pela qual desaparece também a legitimidade de terceiros para impugnar as causas declaradas pelo autor da liberalidade, justificando as razões da clausulação da legítima. Somente o herdeiro estará legitimado a impugnar os fundamentos da justa causa.

Nem mesmo o argumento de que pode haver conluio entre autor da herança e o herdeiro para prejudicar credores é suficiente para legitimá-los a impugnação dos fundamentos da justa causa,[437] pois a

---

[436] BEVILAQUA, Clovis. *Código Civil*. 4. ed. Rio de Janeiro: Freitas Bastos, v. VI, 1939, p. 136; Carvalho CARVALHO SANTOS, J. M. *Código Civil Brasileiro Interpretado: Direito das Sucessões* (arts. 1710-1779). Rio de Janeiro: Freitas Bastos, v. XXIV, 1956, p. 84; MAXIMILIANO, Carlos. *Direito das Sucessões*. 2. ed. Rio de Janeiro: Freitas Bastos, v. II, 1943, p. 199; RODRIGUES, Silvio. *Direito Civil: Direito das sucessões*. 25. ed., atual. por Zeno Veloso. São Paulo: Saraiva, v. 7, 2002, p. 129; DINIZ, Maria Helena. *Curso de Direito Civil Brasileiro: Direito das Sucessões*. 21. ed., rev. e atual. São Paulo: Saraiva, v. 6, 2007, p. 240; GODOY, Cláudio Luiz Bueno de. Dos herdeiros necessários e da gravação da legítima no novo Código Civil. In: NANNI, Giovanni Ettore (Coord.). *Temas relevantes do direito civil contemporâneo: reflexões sobre os cinco anos do Código Civil*. São Paulo: Atlas, 2008, p. 738.

[437] CARVALHO JÚNIOR, Pedro Lino de. Das cláusulas restritivas da legítima. In: FARIAS, Cristiano Chaves de. (Coord.). *Temas Atuais de Direito e Processo de Família*. Rio de Janeiro: Lumen Juris, 2004, p. 624: "Nestes casos, não é possível sequer imaginar qualquer ato fraudulento, pois o patrimônio era do testador e, em vista do estado de coisas, constituiria uma *justa causa* a aposição de tal gravame". Também entendendo inviável a discussão envolvendo fraude contra credores, mormente quando o ato que se questiona foi praticado por terceiro que não o devedor, o Eg. Tribunal de Justiça de Minas Gerais, nos autos da *AC* n. 1.0349.04.005891-0/001, relatada pelo Des. Alberto Vilas Boas, da 10ª Câmara Cível, julgada em 30.05.2006, rejeitou a pretensão do credor que almejava penhorar no rosto de inventário bens clausulados por testamentos sob o fundamento de que a restrição tinha propósito fraudar o crédito pré-existente. Em sentido contrário, o Tribunal de Justiça de São Paulo acolheu a alegação de fraude contra credores em posterior justificação das cláusulas lançadas mais de duas décadas após a doação, em acórdão assim ementado: "Ação Pauliana. Declaração de nulidade das cláusulas de impenhorabilidade sobre os bens dos apelantes/devedores, instituídas pelos doadores, por meio de escritura pública de retificação e ratificação, 20 anos após formalizadas as doações e após a celebração dos contratos de abertura de crédito pelos apelantes perante o apelado/credor. Caracterização do 'eventus

caracterização da fraude está condicionada ao propósito do devedor suprimir bens que se encontram em seu patrimônio livres e desembaraçados, furtando a garantia geral que os credores encontram em seu patrimônio,[438] inocorrente no caso em questão.

Carlos Alberto Dabus Maluf[439] faz oportuna consideração, observando que a suposta fragilização das garantias dos credores oriunda da cláusula de impenhorabilidade "não é obra do devedor mesmo, senão do autor da liberalidade ou do outorgante no negocial".

Realmente, o herdeiro devedor nada fez senão aceitar a herança ou a doação já com as cláusulas restritivas da propriedade, de iniciativa do autor da liberalidade, o que exclui a possibilidade de fraude.

Clóvis Bevilaqua[440] já observava que "os credores do herdeiro, se anteriores à herança, não podem julgar-se prejudicados, porque a herança, mera possibilidade, não era parte componente do patrimônio do seu devedor; e, se posteriores, já encontravam o bem sujeito á condição da impenhorabilidade", argumento igualmente defendido por Itabaiana de Oliveira[441] ao sustentar que:

> Esta impenhorabilidade é oponível a todos os credores sem distinção de data, como a todos os credores sem distinção de qualidade. Se os credores do herdeiro-devedor são anteriores à herança, não podem julgar-se prejudicados, pois a herança, então mera possibilidade, não fazia, ainda, parte integrante do patrimônio do seu devedor; e, se eles são posteriores à aquisição da herança por parte do herdeiro, já encontraram os frutos e rendimentos dessa herança sujeitos à condição de impenhorabilidade, não podendo, por isso, alegar ignorância.[442]

Ora, dentre as justificativas para impenhorabilidade da legítima está o risco de a mesma ser penhorada pelos credores do herdeiro necessário. Essa é a própria razão de ser da cláusula de impenhorabi-

---

damni' e 'consilium fraudis'. Insolvência. Anterioridade do crédito ao gravame. Recurso improvido.", AC n. 209.386-4/9-00, Rel. Des. Teixeira Leite, j. 27.09.2007, v.u."

[438] PEREIRA, Caio Mário da Silva. *Instituições de Direito Civil*. 20. ed. Rio de Janeiro: Forense, v. I, 2004, p. 536-543.

[439] *Cláusulas de inalienabilidade, incomunicabilidade e impenhorabilidade*. 4. ed., rev. e atual. São Paulo: Revista dos Tribunais, 2006, p. 62.

[440] *Código Civil*. 4. ed. Rio de Janeiro: Freitas Bastos, v. VI, 1939, p. 189.

[441] *Tratado de Direito das Sucessões*. 4. ed., rev. e atual. com a colaboração de Aires Itabaiana de Oliveira, 1952, 726, p. 659-660.

[442] No mesmo sentido, MAXIMILIANO, Carlos. *Direito das Sucessões*. 2. ed. Rio de Janeiro: Freitas Bastos, 1943, v. II, n. 708, p. 189: "Nem se taxe de imoral a cláusula por importar em fraude aos credores; porque estes, como sugere MOURLON, ao entrar em negócio com o beneficiado, 'não podiam contar com a liberalidade que lhes aproveitasse contra a vontade do doador ou testador'. Deveriam tomar por base do crédito as possibilidades pessoais e os bens desembaraçados do contratante; não as heranças *futuras*, e, muito menos, os favores voluntários e revogáveis". Cf., ainda, CARVALHO SANTOS, J. M. *Código Civil Brasileiro Interpretado: Direito das Sucessões* (arts. 1632-1709). Rio de Janeiro: Freitas Bastos, v. XIII, 1956, p. 98.

lidade: "subtrair o bem à sua qualidade de garantia dos credores",[443] o fazendo em nome e por conta dos interesses do herdeiro, não raro desgastado por dívidas e de futuro incerto, como obtemperava Carlos Maximiliano:[444]

> As cousas inalienáveis não podem sofrer penhora nem sequer por dívidas contraídas pelo herdeiro ou legatário antes da abertura da sucessão. Exegese diversa contrastaria com o *fim de lei*, que é livrar da miséria o perdulário e o inábil ou infeliz no manejo dos negócios. A providência tornar-se-ia inócua, se fora lícito aos credores cair sobre o quinhão do sucessor crivado de dívidas. Em regra, é exatamente por saber achar-se o herdeiro oberado de compromissos que o ascendente clausula a herança.

Permitir a discussão de possível fraude aos credores do herdeiro representa um contra-senso; o aniquilamento da própria razão de ser da cláusula de impenhorabilidade e, sobretudo, uma afronta ao comando legal que admite a clausulação da legítima do herdeiro na tutela do interesse do herdeiro.

Resumindo: presente vício de forma, qualquer interessado estará legitimado a suscitar a nulidade das cláusulas restritivas impostas sobre a legítima, seja o próprio herdeiro, o seu cônjuge, o seu credor, o adquirente do imóvel clausulado, o Ministério Público, enfim, qualquer interessado jurídica ou economicamente, já que estamos diante de hipótese de afronta aos artigos 1.848, e, por via indireta, ao artigo 166, VII, do Código Civil; este último norma de ordem pública. Ausentes tais vícios, somente o herdeiro prejudicado estará legitimado para impugnar o conteúdo da justa causa, pois é o único interessado na insubsistência das cláusulas, consignadas no seu interesse ou de sua família.

### 5.5. Ônus da prova

A quem compete provar a causa mencionada no artigo 1.848 do Código Civil e a justiça dela? Como nas demais questões práticas, a resposta também passa pela natureza do vício de que, em tese, é portadora a causa apontada no testamento ou no instrumento de doação, devendo ser equacionada a partir dos planos da validade e da procedência da justa causa.

O plano da validade está ligado aos requisitos de forma. Já o plano da procedência da causa está relacionado aos vícios de mérito ex-

---

[443] PEREIRA, Caio Mário da Silva. *Instituições de Direito Civil: direitos reais*. 18. ed., atual. por Carlos Edison do Rego Monteiro. Rio de Janeiro: Forense, v. IV, 2004, p. 107.

[444] *Direito das Sucessões*. 2. ed. Rio de Janeiro: Freitas Bastos, 1943, v. II, n. 708, p. 189.

clusivamente, estando atrelado à procedência ou à improcedência das causas apontadas para justificar a restrição à legítima.

Ao autor da liberalidade, instituidor das cláusulas, compete os planos da validade, sendo dele o ônus de declarar pessoalmente causa lícita e possível, em instrumento idôneo. Ao herdeiro necessário caberá enfrentar o plano da procedência da cláusula, sendo dele, hedeiro interessado na intangibilidade da legítima, o ônus de provar a improcedência ou a injustiça da causa.

Constatado um vício de forma,[445] estar-se-á diante de uma afronta ao artigo 166, VII do Código Civil, em que a própria lei assegura ao Magistrado, de ofício ou a requerimento de qualquer interessado,[446] declarar a nulidade das cláusulas restritivas.

O autor da liberalidade que deixa injustificada a restrição à legítima (vício de forma) viola o comando do artigo 1.848 do Código Civil, que o obriga a fazê-lo, acarretando a invalidade das restrições, nos termos do artigo 166, VII, do Código Civil. O mesmo ocorre quando o autor da liberalidade transfere a terceiros o ônus de justificar a restrição à legítima ou recorre a instrumento diverso da doação ou do testamento para fazê-lo (vício de forma).

Se as cláusulas restritivas devem constar de instrumento de doação ou de testamento, as justificativas para elas devem, por identidade de razões e semelhança de motivos, igualmente constar do testamento ou da doação que as encerra, admitindo, excepcionalmente, pelas relevantes razões já declinadas anteriormente,[447] que venham, na doação em antecipação da legítima, a ser apresentadas ulteriormente, em testamento. Inadmite-se outro meio, nem mesmo a escritura pública de declaração.

Todas as situações retratadas nos parágrafos anteriores convergem em um ponto: o vício que as macula está relacionado única e exclusivamente com a validade da causa, observando que no plano da validade não se discute a procedência ou a improcedência das razões declinadas pelo testador para restringir a legítima do herdeiro necessário.

Claro está que se o vício está relacionado com a validade da causa por conta de o autor da liberalidade não ter observado requisitos de forma, somente ele, doador ou testador, pode cuidar de não incorrer

---

[445] Cf. itens 4.2 e 5.1.

[446] Cf item 5.4.

[447] Cf. item 4.3.

em vício dessa natureza, observando rigorosamente a determinação constante do artigo 1.848 do Código Civil.

Portanto, é dele, autor da liberalidade, o ônus de declarar uma causa lícita e possível,[448] em instrumento idôneo, que dê sustentação ao seu desejo de clausular a legítima.

Ausentes vícios de forma, militará favoravelmente à causa uma presunção relativa de veracidade de seu conteúdo, prevalecendo a restrição à legítima até prova em contrário,[449] a ser produzida em ação autônoma, onde o herdeiro, interessado na intangibilidade da reserva, deverá provar que a causa declarada não procede ou é injusta. De sorte que, comprovada a presença dos requisitos de forma, opera-se uma inversão do ônus da prova, transferindo do autor da liberalidade para o herdeiro o ônus de provar a improcedência das justificativas apresentadas para a clausulação da legítima.

Gavião de Almeida[450] também defende que o ônus da prova da improcedência da causa é do herdeiro interessado na intangibilidade da legítima

> imposta a incomunicabilidade, portanto, têm os herdeiros que tiveram seus bens clausulados possibilidade de afastá-la provando que a causa informada não existe ou que não é justa, embora neste último caso a subjetividade imposta no pressuposto de validade da limitação venha a ensejar dificuldades, servindo como motivo de posicionamento jurídico sobre o assunto.

Sintetizando, o ônus de observar os requisitos de forma compete ao autor da liberalidade. Ao herdeiro necessário interessado na intangibilidade da legítima competirá o ônus de comprovar a impro-

---

[448] Nenhuma relação existe entre licitude e possibilidade com procedência e improcedência da causa. Licitude e possibilidade estão atreladas aos vícios de forma e de origem, enquanto a procedência ou improcedência da causa estão relacionadas aos vícios de fundo ou de mérito, à relação existente entre a causa e a exata correspondência dela com o mundo dos fatos e com os interesses do herdeiro.

[449] Essa presunção de veracidade, que milita favoravelmente à causa até o interessado provar a improcedência ou a injustiça dela em ação autônoma, decorre "da motivação geral de favorecer, beneficiar, proteger os herdeiros", achando-se implícita na manifestação de vontade do autor da liberalidade "em garantir o dependente", conforme trecho do *AC 70.007 705 536*, 7ª Câmara Cível, Rel. Des. Sérgio Fernando de Vasconcellos Chaves, j. 17.03.2004.

[450] ALMEIDA, José Luiz Gavião de. *Código civil comentado*. Coord. Álvaro Villaça de Azevedo. São Paulo: Atlas, v. XVIII, 2003, p. 258. No mesmo sentido, GIORGIS, José Carlos Teixeira. A justa causa no novo testamento. In: DELGADO, Mario Luiz; ALVES, Jones de Figueiredo (Coords.). *Questões Controvertidas no Novo Código Civil*. São Paulo: Método, v. 2, 2003, p. 162, transcrevendo, literalmente, a lição de Gavião de Almeida. Confira, ainda, *AI* n. 461.519-4/6-00, assim ementado: "Agravo de Instrumento – Inventário – Cláusula de incomunicabilidade – Admissibilidade – Apresentada justificativa adequada – Testador cumpriu o artigo 1.848 do Código Civil – Recurso Improvido".

cedência ou a injustiça das razões consignadas em doação ou em testamento.[451]

Essa divisão do ônus da prova atende ao comando do artigo 333 do Código de Processo Civil,[452] tendo em vista que, de um lado, impõe ao autor da liberalidade o ônus de provar fato constitutivo de seu direito, qual seja, o ônus de observar a presença dos requisitos de forma, declarando pessoalmente, em instrumento idôneo, a causa da restrição à legítima; e, de outro lado, carreia ao interessado na intangibilidade da legítima o ônus de provar fato extintivo, modificativo ou impeditivo do direito do autor da liberalidade, qual seja, que a causa apontada em doação ou testamento pelo instituidor é improcedente.

Importantes efeitos práticos advêm dessa equalização do ônus da prova.

Não se desincumbindo de seu ônus *probandi*, o autor da liberalidade franqueia ao magistrado conhecer *ex officio* o vício de forma; o magistrado ou o herdeiro interessado na intangibilidade da legítima prescindirá de ação autônoma para o reconhecimento do vício de forma, podendo fazê-lo de ofício ou mediante simples requerimento do interessado nos autos da apresentação do testamento ou nos autos do inventário; não há dilação probatória já que o vício da causa é facilmente cogniscível em análise superficial.[453]

Desincumbindo-se desse seu ônus, o autor da liberalidade retira do magistrado a possibilidade do conhecimento *ex officio* de vícios de fundo; torna imprescindível a propositura de ação autônoma para o reconhecimento da improcedência da causa; transfere ao interessado na intangibilidade da legítima o ônus de provar a improcedência da causa porque, presentes os requisitos de forma, incide uma presunção relativa de veracidade sobre o conteúdo da causa até pronunciamento judicial de mérito reconhecendo a improcedência ou a injustiça das razões apontadas.

---

[451] Essa conclusão está respaldada no *AI* nº 461.519-4/6-00, do TJ/SP, relada pelo Des. Oldemar Azevedo, j. 04.10.2006, que afastou pretensão dos herdeiros necessários à desobstrução da legítima, entendendo que o autor da herança se desincumbiu do seu ônus probatório ao indicar causa adequada para limitar a legítima, deixando a entrever que aos herdeiros compete provar a improcedência ou a injustiça dela: "Agravo de Instrumento – Inventário – Cláusula de incomunicabilidade – Admissibilidade – Apresentada justificativa adequada – Testador cumpriu o artigo 1.848, do Código Civil – Recurso improvido."

[452] *CPC*, art. 333. O ônus da prova incumbe: I – ao autor, quanto ao fato constitutivo do seu direito; II – ao réu, quanto à existência de fato impeditivo, modificativo ou extintivo do direito do autor.

[453] Inexistência de causa; declaração em instrumento inadequado ou declaração por terceiro que não o testador.

*5.5.1. O ônus da prova nas causas ilegais e imorais*

Dentre as questões relativas ao ônus da prova, chama a atenção aquela referente ao vício de fundo, também denominado de mérito, em que a causa declarada pelo autor da liberalidade contraria texto literal de lei, colide com valores éticos e morais, afronta direitos fundamentais ou normas de ordem pública. Nessas situações, a quem compete o ônus da prova?

A contrariedade da causa a texto expresso em lei, a colidência dela com valores éticos e morais, a afronta a direitos fundamentais ou normas de ordem pública asseguram ao magistrado a proclamação de ofício à invalidade da cláusula, independentemente de ação autônoma, em consonância com os artigos 166, II, e 168 do Código Civil.

É o caso, por exemplo, do pai que prescreve a incomunicabilidade da legítima da filha porque preferia vê-la solteira;[454] que impõe a inalienabilidade sobre os bens componentes da legítima pelo simples fato de se tratar de filho havido fora do casamento, reconhecido forçosamente em ação de investigação de paternidade, e que, por isso, não deseja que ele disponha do patrimônio recebido, malferindo o artigo 226, § 6º, da Constituição Federal.[455]

Mas, não ocorrendo a proclamação oficiosa da nulidade da cláusula pelo magistrado, o ônus de provar a violação a texto literal de lei, a colidência com valores éticos e morais, a violação de direitos fundamentais ou de normas de ordem pública recairá sobre o interessado na intangibilidade da legítima, por tais matérias constituírem fatos extintivos do direito do instituidor, autor da liberalidade, clausular a legítima.

*5.5.2. Regra de julgamento em caso de dúvida*

Pairando dúvida no espírito do julgador quanto à procedência das causas apontadas para a restrição da legítima, objeto de impugna-

---

[454] Essa situação é ilegal, pois afronta direitos individuais, como anota FARIAS, Cristiano Chaves de. Disposições Testamentárias e Clausulação da Legítima. In: HIRONAKA, Giselda Maria Fernandes Novaes; PEREIRA, Rodrigo da Cunha (Coords.). *Direito das Sucessões*. 2. ed. Belo Horizonte: Del Rey, 2007, p. 248: "toda e qualquer condição relacionada ao poder de escolha da entidade familiar é nula de pleno direito por violar frontalmente direito da personalidade, atingindo, de modo inequívoco, a dignidade da pessoa humana. Casar e permanecer casado consubstanciam uma projeção da personalidade, não sendo admissível o submetimento de tais situações a qualquer forma de captação patrimonial".

[455] Art. 226. § 6º. "Os filhos, havidos ou não da relação do casamento, ou por adoção, terão os mesmos direitos e qualificações, proibidas designações discriminatórias relativas à filiação."

ção pelo interessado, qual deve ser a regra de julgamento a ser adotada pelo magistrado? Julga-se favoravelmente à causa ou contra ela?

Exemplificativamente, o autor da liberalidade consigna a inalienabilidade da legítima centrado na irresponsabilidade do herdeiro necessário para a prática de atos de administração patrimonial. A prova produzida nos autos da impugnação da justa causa oscila, ora favoravelmente ao conteúdo da causa, ora favoravelmente ao herdeiro legitimário que impugnou a procedência dela.

O autor da liberalidade, por meio do testamenteiro, não consegue demonstrar o fato constitutivo de seu direito de clausular a legítima e, por outro lado, o herdeiro legitimário também não consegue se desincumbir satisfatoriamente do ônus de demonstrar o fato extintivo ou modificativo do direito do autor da liberalidade.

Gavião de Almeida[456] advoga que o benefício da dúvida milita em favor da causa, ficando, portanto, mantidas as restrições:

> Não se pode presumir má intenção do sucedido ao estabelecer cláusula nos bens que deixa a seus herdeiros. Se pretendesse efetivamente ofertar-lhes prejuízo, teria usufruído do patrimônio que amealhou e nada deixado. Se faz restrição à alienação dos bens que transmite, há que se entender nisso preocupação com o futuro de seus sucessores, em geral mais novos e, como é próprio da juventude, sem grandes compromissos com o futuro.

Outro a defender que o benefício da dúvida milita em favor da causa é Alexandre Laizo Clápis,[457] enfatizando que "basta a dúvida para justificar tal remédio", ou seja, a clausulação da legítima.

Pensamos que a solução que melhor ampara o desejo do legislador aponta em direção oposta.

Na dúvida quanto à procedência ou à justiça da causa declarada pelo instituidor, o magistrado deve julgar favoravelmente à impugnação do herdeiro necessário interessado na intangibilidade da legítima, considerando improcedente a causa apontada pelo autor da liberalidade e, por consequência, determinar o levantamento das restrições à legítima. Assim se conclui porque a legítima é um direito praticamente intocável do herdeiro necessário[458] que o Código Civil deliberada-

---

[456] *Código civil comentado*. Coord. Álvaro Villaça de Azevedo. São Paulo: Atlas, v. XVIII, 2003, p.257.

[457] "Clausulação da Legítima e a justa causa do art. 1.848 do Código Civil", *RDI* 57, p. 14.

[458] CLÁPIS, Alexandre Laizo, idem, p. 14: "A legítima em nosso direito há tempos é considerada parte sagrada e intocável da herança e o legislador do novo Código Civil manteve esta orientação já tradicional em nosso ordenamento jurídico. Tal proteção era prevista no art. 2º do Dec. 1.839/1907, que autorizou o testador dispor livremente apenas da metade da herança e considerou a outra metade reservada aos herdeiros necessários. Dispõe o art. 1.846 do CC atual: 'pertence aos herdeiros necessários, de pleno direito, a metade dos bens da herança, constituin-

mente reforçou, proibindo a conversão de bens da legítima em outros de espécie diversa ou exigindo justa causa séria e contundente para permitir a clausulação da legítima.

Como dito por Maria Helena Marques Braceiro Daneluzzi,[459] "em havendo conflito entre a vontade do testador de impor restrições e o próprio direito constitucionalmente previsto, ou seja, o direito à herança, direito subjetivo, pertencente à personalidade, este deve prevalecer, sem dúvida alguma," no que está absolutamente ao lado da razão.

De fato, a intangibilidade da legítima traduz uma das formas de tutela da dignidade do herdeiro, princípio constitucional consagrado como cláusula pétrea da Constituição Federal de 1988, como já evidenciado anteriormente.[460] Daí por que, na dúvida entre os prós e contras à intangibilidade da legítima, deve-se preservar esta última.

Não se está com isso a desdizer a presunção de veracidade da causa advinda da presença dos requisitos de forma, ou extrínsecos, anteriormente defendida. O que se sustenta é que a presunção de veracidade advinda com a presença dos requisitos de forma (declaração de causa, em instrumento idôneo, feita pessoalmente pelo próprio autor da liberalidade) deixará de existir quando, impugnada judicialmente a causa, as provas produzidas no curso da ação declaratória não forem suficientes para convencer o magistrado acerca da procedência delas.

Presentes os requisitos de forma, presume-se favoravelmente à causa. Essa presunção de veracidade da cláusula perdurará até o trânsito em julgado da sentença que reconhecer a improcedência dos fundamentos apresentados para restringir a legítima. Impugnados os fundamentos da causa, a dúvida quanto à procedência da cláusula milita em favor da intangibilidade da legítima e contra a causa, porque é desejo do legislador tornar a legítima livre de restrições, quando da edição do Código Civil.[461]

---

do a legítima'. Depreende-se que a reserva é, portanto, intocável pelo autor da herança em razão do direito assegurado aos herdeiros necessários de receberem a legítima. E para tanto basta que pertençam a tal categoria de sucessores."

[459] *Aspectos polêmicos na sucessão do cônjuge sobrevivente.* São Paulo: Letras Jurídicas, 2004, p. 49.

[460] Item 2.3.

[461] O saudoso Professor Silvio Rodrigues noticiava que, no seio da Comissão que elaborou o Projeto, do qual resultou o Código Civil de 2002, o Prof. Miguel Reale, principal artífice da codificação, manifestava-se pontualmente contrário às cláusulas restritivas da legítima, entendendo-as como um entrave à vida econômica e à mobilidade social, exteriorizando um individualismo incompatível com o princípio da socialidade norteador da nova codificação. (RODRIGUES, Silvio. *Direito Civil: Direito das sucessões.* 25. ed., atual. por Zeno Veloso. São Paulo: Saraiva, v. 7, 2002, p. 126).

Correta, pois, a ponderação feita por José da Silva Pacheco,[462] ao ressaltar que:

> Não basta que o testador declare que há justa causa. É preciso que ele demonstre, com argumentos razoáveis, a ocorrência de causa para tolher o herdeiro, no exercício do direito de usar, gozar e dispor dos bens que lhe foram transferidos por sucessão hereditária.

A restrição à legítima constitui regra de exceção, e, como tal, não admite presunções para ampliar o seu alcance, como já observava José Ulpiano, quando comentou o termo *"condição* de inalienabilidade", constante do artigo 3º da Lei Feliciano Penna, Dec. 1.839, de 1907:[463]

> Daquele notado procedimento do legislador, ao facultar as diversas cláusulas mencionadas nesse art. 3º, é forçosa a seguinte conclusão: o ascendente para determinar a conversão dos bens legitimarios em outras espécies, para prescrever a sua incommunicabilidade, para attribuir á mulher herdeira a sua livre administração, basta-lhe manifestar a sua vontade, sem expresar os motivos, as hypotheses, as circumstancias, ou as condições, ou a causa porque a estabelece. De modo que, si o testador limitar-se a estabelecer puramente que os bens legitimarios serão inalienáveis, sem expressar os seus motivos ou condições, ou melhor a sua causa, arrisca-se à impugnação da validade de sua clausula, deante desta interpretação restricta. Ora, esta interpretação restricta é amparada na regra jurídica que diz que a disposição commum, deve ser entendida dentro dos seus rigorosos termos. Quem invoca uma excepção á regra geral, deve provar que o acto expecional invocado guardou todos os termos da lei excepcional.[464]

Portanto, e repetindo as conclusões anteriormente apontadas, impugnadas as razões apontadas para a restrição da legítima e produzidas as provas, remanescendo dúvida no espírito do julgador relativamente acerca da procedência ou da justiça da causa declinada, o magistrado deve julgar contra a causa e favoravelmente à intangibilidade da legítima.

Essa solução, insiste-se uma vez mais, atende aos fins sociais da norma na medida em que preserva o interesse do herdeiro, que receberá a legítima sem ônus algum, como também preserva o interesse

---

[462] "A legítima dos herdeiros necessários e das cláusulas restritivas sobre ela". Disponível em: http://www.gontijo-familia.adv.br/tex240.htm. Acesso em 21-08-2008.

[463] O artigo 3º do Dec. 1.839, de 31 de dezembro de 1907, tinha a seguinte redação: "O direito dos herdeiros, mencionados no artigo precedente, não impede que o testador determine que sejam convertidos em outras espécies os bens que constituírem a legítima, prescreva-lhes a incomunicabilidade, atribua á mulher herdeira a livre administração, estabeleça as condições de inalienabilidade temporária ou vitalícia, a qual não prejudicará a livre disposição testamentária e, na falta desta, a transferencia dos bens aos herdeiros legítimos, desembaraçados de qualquer ônus".

[464] SOUZA, José Ulpiano Pinto de. *Das cláusulas restrictivas da propriedade: inalienabilidade, impenhorabilidade, incommunicabilidade, conversão e administração.* São Paulo: Salesianas, n. 62, 1910, p. 91-92.

da coletividade, permitindo a circulação de bens e, por conseguinte, da riqueza.

Imperioso, portanto, que o autor da liberalidade, desejando clausular a legítima, não se limite a declarar a "justa causa", devendo fazê-la acompanhada de argumentos concretos, apontando sempre que possível as evidências, os indícios e indicando as provas que darão subsídios para a manutenção das cláusulas restritivas se, futuramente, o interessado vier a impugná-las.

Esse posicionamento afina com o ponto de vista de Mario Roberto Carvalho de Faria,[465] para quem,

> prescrevendo qualquer das cláusulas sobre a legítima de um herdeiro, deverá o testador declarar a causa de forma clara e concisa, justificando os motivos de sua apreensão quanto à livre disponibilidade do quinhão pelo gravado e, se possível, indicando provas que propiciem ao magistrado um julgamento tranqüilo e seguro.

Isso não significa que o sucedido deva produzir prova exauriente da justa causa no ato de disposição,[466] mas sim que deva, tanto quanto possível, apontar os subsídios que darão guarida ao cumprimento de sua vontade, sob pena de não vê-la cumprida no que toca às restrições à legítima.

É o caso do autor da liberalidade que arrola, em testamento ou no instrumento da doação, as pessoas que poderão testemunhar os fatos declarados para justificar a restrição da legítima; que aponta as provas destes fatos ou que discrimina detalhes envolvendo as razões da clausulação da legítima.

Ilustrativamente, age zelosamente o autor da liberalidade que discrimina na cédula testamentária as propriedades rurais e os imóveis urbanos alienados pelo herdeiro para adquirir automóveis, embarcações ou aeronave de luxo, vestuário de grife, promover confraternizações sociais e patrocinar colunistas sociais, justificando, desse modo, a imposição da inalienabilidade e da incomunicabilidade sobre a legítima do herdeiro, por ele considerado estroina e dissipador.

O mesmo zelo é demonstrado pelo testador que relaciona as clínicas médicas em que o herdeiro legitimário esteve internado para tratamento de dependência química, fazendo-o para subsidiar as cláusulas de inalienabilidade da legítima. Essa prova pode, ainda, ser

---

[465] FARIA, Mario Roberto Carvalho de. *Direito das Sucessões: Teoria e Prática*. 5. ed. Rio de Janeiro: Forense, 2006, p. 209.

[466] ALMEIDA, José Luiz Gavião de. *Código civil comentado*. Coord. Álvaro Villaça de Azevedo. São Paulo: Atlas, v. XVIII, 2003, p. 258, observa: "apenas a declaração do motivo deve constar do testamento, não a sua comprovação." Idênticas são as palavras de GIORGIS, José Carlos Teixeira. A justa causa no novo testamento. In: DELGADO, Mario Luiz; ALVES, Jones de Figueiredo (Coords.). *Questões Controvertidas no Novo Código Civil*. São Paulo: Método, v. 2, 2003, p. 161.

reforçada com outros elementos evidenciadores da incapacidade do herdeiro para administrar patrimônio, como, por exemplo, indicando a delegacia de polícia onde foi lavrado o auto de apreensão e entrega do veículo e de objetos pessoais de propriedade do herdeiro, apreendidos em poder de traficantes, que os recebeu em pagamento de entorpecentes.

Outro exemplo de zelo, ainda, é do autor da herança que indica o processo e o Juízo que tramita a ação criminal sentenciando a jovem esposa do herdeiro pela prática de estelionato ou outros crimes contra a fé pública ou contra o patrimônio.[467] E reforça a suspeita acerca dos verdadeiros propósitos da moça, que aceita ser desposada pelo herdeiro de vasto patrimônio, trinta anos mais velho que ela, apenas pelo regime da comunhão universal de bens.

Nada impede que o autor da liberalidade, em vida, se acautele quanto à prova de suas alegações, promovendo, inclusive, a ação de asseguração de provas[468] visando a resguardar os elementos probatórios que, após a abertura da sucessão, darão os subsídios para a manutenção da sua vontade caso algum interessado venha impugnar a justa causa.[469]

### 5.6. Coisa julgada e justa causa

Nelson Nery Junior[470] define coisa julgada material como "a qualidade que torna imutável e indiscutível o comando que emerge da

---

[467] VENOSA, Silvio de Salvo. *Direito Civil: Direito das Sucessões*. 5. ed. São Paulo: Atlas, v. 7, 2005, p. 183.

[468] SILVA, Ovídio A. Baptista da. *Do processo cautelar*. Rio de Janeiro: Forense, 1996, p. 362: "Na asseguração cautelar de provas, o que se pretende é tão-somente documentar algum fato cujo desaparecimento seja provável, a fim de poder-se depois utilizá-la como prova". Cf., a propósito, CARVALHO JÚNIOR, Pedro Lino. Das cláusulas restritivas da legítima. In: FARIAS, Cristiano Chaves de. (Coord.). *Temas Atuais de Direito e Processo de Família*. Rio de Janeiro: Lumen Juris, 2004, p. 639: "Em situações desse jaez, não se há de entender como interditada a hipótese de ele fazer uso de uma *produção antecipada de provas*, nos termos do art. 846 do CPC, pois, *mesmo não estando obrigado a fazê-lo*, ser-lhe-ia lícito optar por esta via, na qual, por exemplo, poderia comprovar a ruinosa situação econômica de seus herdeiros, a prodigalidade e/ou a incapacidade gerencial destes, manifestada pela prática de atos determinados".

[469] O fato de o autor da liberalidade assegurar em vida a prova de suas alegações não significa que necessariamente estarão assegurados os fundamentos para a justa causa. Pode ocorrer de a prova não ser aceita em juízo futuro, como pode ocorrer de os fundamentos existentes ao tempo da liberalidade, provados na medida produzida em vida, já não mais existam ao tempo da abertura da sucessão, quando a questão efetivamente se apresentará. Trata-se, pois, apenas de uma segurança a mais direcionada ao cumprimento de sua vontade.

[470] NERY JÚNIOR., Nelson. *Teoria Geral dos Recursos*. 6. ed., atual., ampl. e reformulada. São Paulo: Revista dos Tribunais, 2004, p. 500-501.

parte dispositiva da sentença de mérito não mais sujeita a recurso ordinário ou extraordinário (CPC 467; LICC 6º § 3º), nem à remessa necessária do CPC 475", amparada pela necessidade de segurança jurídica decorrente da imutabilidade de uma sentença; fator de pacificação social.

Esse importante elemento sociológico inerente à coisa julgada, representado pelo fator de segurança e pacificação social, também é destacado por Adroaldo Furtado Fabrício:[471]

> O instituto da coisa julgada emerge de um imperativo político: a própria atividade jurisdicional não poderia realizar seus precípuos objetivos se não chegasse um momento para além do qual o litígio não pudesse prosseguir. É imprescindível colocar-se um limite temporal absoluto, um ponto final inarredável à permissibilidade da discussão e das impugnações. Sem isso, a jurisdição resultaria inútil e não valeria senão como exercício acadêmico, já que permaneceria indefinidamente aberta a possibilidade de rediscutir-se o decidido, com as óbvias repercussões negativas sobre a estabilidade das relações jurídicas.

A questão proposta é saber se a imutabilidade da decisão judicial, não mais sujeita a recurso, alcança o julgamento afeto à justa causa, ou, em letras diretas, se decidida a impugnação judicial à justa causa, o interessado estaria legitimado a intentar nova demanda, rediscutindo a existência ou a procedência dos motivos apontados para a clausulação da legítima. Noutros termos, julgada improcedente a impugnação lançada pelo interessado contra a restrição à legítima, será possível questioná-la posteriormente em outra ação judicial?

Ao discorrer sobre o trânsito em julgado em geral, e na ação de alimentos em particular, Adroaldo Furtado Fabrício[472] sustenta o equívoco de atrelar o instituto da coisa julgada à qualidade da sentença, pois, segundo ele, a coisa julgada está afeta à própria relação de direito material na medida em que submete as partes, até então sujeitas à regência de uma norma genérica, ao comando específico da sentença proferida em processo de que são partes.

Depois de criticar as várias correntes doutrinárias que procuram explicar o fenômeno da coisa julgada e a possibilidade de sua revisão, inclusive aquelas que recorrem à distinção entre coisa julgada material e coisa julgada formal ou aquelas que atrelam os efeitos da coisa julgada à natureza de determinados pronunciamentos judiciais,[473]

---

[471] FABRICIO, Adroaldo Furtado. A coisa julgada nas ações de alimentos. Ajuris: Revista da Associação dos Juízes do Rio Grande do Sul, Porto Alegre, v.18, n.52, jul. 1991, p. 7.

[472] FABRÍCIO, Adroaldo Furtado, idem.

[473] Mereceram especial destaque essas duas correntes doutrinárias face à repercussão delas na doutrina pátria, contando com seus principais expoentes: Eduardo Couture e Pontes de Miranda.

Adroaldo Furtado Fabrício busca no dinamismo e na continuidade da relação jurídica a possibilidade maior ou menor de mutabilidade e de estabilidade das decisões judiciais.

A exata compreensão de sua teoria justifica a transcrição integral de suas palavras:

> O processo e a sentença apanham sempre, como se fotografassem, imobilizando, determinado momento da relação jurídica (momento que pode ser o da propositura da demanda, o da *litiscontestatio,* o do saneamento, o da própria sentença ou outro, segundo variáveis que não cabe analisar aqui e de todo modo estarão cristalizadas em disposição legislativa). Tudo o que venha a ocorrer depois desse momento – visto que do Juiz não se pode esperar poderes divinatórios – está fora do alcance da sentença e da coisa julgada, por tratar-se de dados a cujo respeito, por hipótese, não se exerceu *cognitio* e ainda menos *iudicium.*
>
> Dependendo do maior ou menor grau de dinamismo e mobilidade que a relação jurídica acertada possua, o estado dela, que se cristalizou na sentença, terá maior ou menor permanência, assim como a fotografia guarda similitude com o objeto fotografado por um tempo mais ou menos longo, segundo se trate de coisa mais ou menos mutável. A imagem fixada do pássaro em pleno vôo é tão fiel ao modelo quanto à da montanha sólida e inamovível; a subseqüente falta de correspondência, extremamente variável de um para outro exemplo, decorre da mutabilidade do objeto e não da qualidade de sua representação fotográfica.
>
> As relações jurídicas têm, igualmente, diferentes graus de variabilidade.[474]

E prossegue:

> O que ocorre, pois, com as relações jurídicas de natureza alimentar não é um fenômeno único, ou sequer excepcionalmente raro. Acontece, isto sim, que elas se costumam caracterizar por duas qualidades aí em regra reunidas: a *longa duração* e um *particular dinamismo.*

Partindo da premissa de que as relações jurídicas têm maior ou menor duração e dinamismo, proveitosa é a teoria de Liebman[475] acerca da cláusula *rebus sic stantibus* implicitamente existente nas sentenças, autorizando, em casos específicos, a apreciação judicial da questão, conforme os fatos existentes à época, sem implicar em mitigação da coisa julgada:

> De certo modo todas as sentenças contêm implicitamente a cláusula *rebus sic stantibus*, enquanto a coisa julgada não impede absolutamente que se tenham em conta os fatos que intervierem sucessivamente à emanação da sentença: por exemplo, se o devedor paga a soma devida, perde a condenação todo o valor. Outra coisa não acontece para os casos ora considerados, nos quais tratando-se de uma relação que se prolonga no tempo, e dizendo a decisão ser determinada pelas circunstâncias con-

---

[474] FABRÍCIO, Adroaldo Furtado. A coisa julgada nas ações de alimentos. In: *Ajuris: Revista da Associação dos Juízes do Rio Grande do Sul.* Porto Alegre, v.18, n.52, jul. 1991, p. 7.

[475] LIEBMAN, Enrico Tulio. *Eficácia e Autoridade da sentença e outros escritos sobre coisa julgada.* 2.ed. Rio de Janeiro: Forense, 1981, p. 25-26.

cretas do caso, a mudança deste justifica, sem mais, uma correspondente adaptação da determinação feita precedentemente, o que será uma aplicação, e nunca uma derrogação dos princípios gerais e nenhum obstáculo encontrará na coisa julgada. Esta, pelo contrário, fará sentir toda a sua força, neste como em todos os outros casos, no excluir totalmente uma apreciação diversa do caso, enquanto permaneça inalterado. O que há de diverso nestes casos não é rigidez menos da coisa julgada, mas a natureza da relação jurídica, que continua a viver no tempo com conteúdo ou medida determinados por elementos essencialmente variáveis, de maneira que fatos que sobrevenham podem influir nela, não só no sentido de extingui-la, fazendo por isso extinguir o valor da sentença, mas também no sentido de exigir mudança na determinação dela, feita anteriormente.

Reconhecendo a validade do argumento, Adroaldo Furtado Fabrício[476] recorre ao fundamento apontado por Liebman para concluir pela impropriedade do termo modificação do julgado ou da rediscussão da coisa julgada quando, em realidade, está diante de outra demanda, fundada em outra causa de pedir, a permitir a propositura de nova ação para análise e julgamento da mesma relação jurídica que se protraiu no tempo, mas que, face à dinâmica dos fatos, já não guarda relação à causa *petendi* anteriormente julgada:

> Rigorosamente, todas as sentenças contêm implícita a cláusula *rebus sic stantibus*, pelas razões que vêm de ser expostas quanto à superveniência de fatos novos e até mesmo por simples aplicação dos critérios de identificação das demandas.
>
> Com efeito, todo o falso problema resulta de não levar que a impropriamente dita ação de modificação (para redução, majoração, exoneração ou mesmo inversão) é *outra demanda*, fundada em *causa petendi* diversa da que estivera presente no processo anteriormente julgado, ou nos processos anteriormente julgados, pois já pode ter ocorrido mais de um. Tem aqui a importância e a utilidade de sempre o princípio da "tríplice identidade", segundo a qual a ação (no sentido impróprio do pleito judicial) só é a mesma se coincidem os três elementos: pessoas, pedido e causa de pedir. Variando esta, outra é a ação.

O que deve ser considerado, portanto, é o prolongamento da relação jurídica no tempo e a variabilidade dos fatos que envolveram julgamentos anteriores. Verificada a estaticidade da relação jurídica ou a invariabilidade daqueles fatos, torna-se inviável a propositura de nova ação para questionar os mesmos fatos anteriormente julgados, já amparados pela coisa julgada. Ao revés, se a relação jurídica protraiu no tempo e os fatos que sustentaram um julgamento anterior se alteraram completamente, é patente a legalidade da propositura

---

[476] FABRÍCIO, Adroaldo Furtado. A coisa julgada nas ações de alimentos. In: *Ajuris: Revista da Associação dos Juízes do Rio Grande do Sul*. Porto Alegre, v.18, n.52, jul. 1991, p. 25-26.

de nova ação, centrada em fatos distintos, ou seja, em causa de pedir distinta.[477]

Transportando essas considerações para a impugnação da justa causa, conclui-se, antecipadamente, pela impropriedade da expressão *renovação do pedido* ou *rediscussão da questão* anteriormente julgada, uma vez que os fatos ensejadores da primeira sentença estão amparados pela coisa julgada e seus efeitos. Alterados quaisquer dos elementos componentes da tríplice identidade da ação – partes, causa de pedir e pedido – estar-se-á diante de *outra* demanda que será julgada em conformidade com a nova realidade fática; e não reapreciação do julgamento anterior.

A propositura de nova ação questionando a justa causa anteriormente apreciada pelo Poder Judiciário está condicionada à continuidade da relação jurídica ou a variabilidade dos fatos que subsidiaram o julgamento anterior.

A análise desses dois pressupostos autorizadores da nova impugnação – e, de fato, é nova – também passa necessariamente pelo duplo enfoque da legalidade da justa causa, a saber: os requisitos de forma e de fundo. E, de antemão, pode ser afirmado que apenas os requisitos de fundo, também chamados de mérito, permitem novas impugnações, visto que somente eles admitem a variabilidade fática exigida para a propositura de novas impugnações da justa causa sem afrontar a garantia constitucional da coisa julgada.

Com efeito, os vícios de forma ou extrínsecos, como exposto, estão relacionados à ausência de justa causa, à declaração dela por terceira pessoa que não o autor da liberalidade ou à impropriedade do instrumento utilizado para consigná-la.[478]

Assim, é fácil antever que a decisão judicial que julga a impugnação à justa causa reconhecendo a presença ou a ausência de quaisquer dos requisitos de forma está centrada em elementos fáticos invariáveis no tempo.

---

[477] Esse foi o entendimento do Superior Tribunal de Justiça, em acórdão assim ementado: "Civil e Processual Civil – Segunda ação de investigação de paternidade – Causa de pedir da primeira distinta da causa petendi da segunda. Pelo disposto nos três incisos do art. 363 do Código Civil o filho dispõe de três fundamentos distintos e autônomos para propor a ação de investigação de paternidade. O fato de ter sido julgada improcedente a primeira ação que teve como causa de pedir a afirmação de que ao tempo da sua concepção a sua mãe estava concubinada com o seu pretendido pai, não lhe impede de ajuizar uma segunda demanda, com outra *causa petendi*, assim entendida que a sua concepção coincidiu com as relações sexuais mantidas por sua mãe com o seu pretendido pai. São dois os fundamentos diferentes, duas causas de pedir distintas e a admissibilidade do processamento da segunda ação não importa em ofensa ao princípio da coisa julgada. Recurso conhecido e provido.", *RSTJ* 137/419-420.

[478] Cf. item 4.2.

Os requisitos de forma estão ou não presentes na abertura da sucessão e não é o transcurso do tempo que alterará essa ordem de coisas. O tempo não fará desaparecer a justa causa declarada em testamento como também não fará emergir uma não declarada. O tempo não tornará personalíssima a declaração da justa causa feita por terceiro. Da mesma forma, o transcurso do tempo, per si, não transportará a justa causa declarada em instrumento inidôneo para a escritura de doação ou para um testamento. Esta invariabilidade dos fatos que fundamentaram a decisão judicial reconhecendo ou não o preenchimento dos requisitos de forma a tornam imutável, protegida pelo manto da coisa julgada.

Outra será a solução quando a impugnação à justa causa estiver relacionada a vícios de fundo ou de mérito; aqueles relacionados aos motivos determinantes da restrição à legítima, ao próprio conteúdo da causa declarada pelo autor da liberalidade, mais especificamente, à própria procedência dela.

Diversamente dos vícios de forma, a relação jurídica envolvendo um vício de fundo se prolonga no tempo, dentro do qual pode sofrer variações. Um estado de coisas contemporâneo a um julgamento reconhecendo a procedência da justa causa pode simplesmente desaparecer com o transcurso do tempo e, desaparecido o motivo para a clausulação da legítima, desaparece a razão determinante da própria cláusula, legitimando o herdeiro necessário a discutir em juízo este novo estado de coisas, sem afrontar a garantia individual do caso julgado.

Naquilo que respeita as razões de mérito, não é raro que "passados vários anos do testamento, a causa, que à época era justa, não seja mais, o que também poderá autorizar o afastamento de sua incidência", como afirma Francisco Eduardo Loureiro, citado por Mauro Antonini.[479]

Esse entendimento encontra amparo em Cristiano Chaves de Farias, que entende ser perfeitamente possível a propositura de outra demanda para contestar o mérito da justa causa mesmo após pronunciamento judicial anterior reconhecendo a procedência dos fundamentos apontados pelo legislador, afinal,

> se o herdeiro, em determinado momento, apresentou-se incapaz de gerir seu patrimônio, não significa que estará incapacitado para sempre. Ou seja, a justa causa pode ter

---

[479] *Código Civil Comentado*. Coord. César Peluso. Barueri: Manole, 2007, p.1837.

existido (justificando a imposição das cláusulas restritivas) e desaparecido, permitindo a atuação judicial, levantando-a ou determinando a sua sub-rogação.[480]

É o caso do herdeiro necessário que teve sua legítima clausulada pela inalienabilidade e pela impenhorabilidade em razão de notória dependência química que o incapacitava para a administração de sua pessoa e de seus bens e que, anos após a sentença que julgou improcedente a sua impugnação deduzida contra a causa, demonstra estar totalmente restabelecido da dependência química motivadora da causa, inclusive administrando o próprio negócio.

Do mesmo modo, é o caso do herdeiro reservatário que, após a sentença de improcedência da impugnação judicial endereçada contra a incomunicabilidade da legítima, comprova que o patrimônio amealhado desde então pelo cônjuge suspeito de se casar motivado por interesses puramente econômicos é infinitamente superior à própria legítima clausulada.

Compete, nesses casos, ao herdeiro demonstrar judicialmente que não mais subsistem os fundamentos que em outros tempos conduziram o Poder Judiciário a reconhecer a procedência da causa apontada pelo autor da liberalidade e, consequentemente, a manter as restrições sobre a legítima.

A alteração dos elementos fáticos que outrora fundamentaram o pronunciamento judicial reconhecendo a procedência da justa causa constitui a cláusula *rebus sic stantibus* de que fala Liebman,[481] permitindo a propositura de *nova* demanda sem ofender a garantia constitucional da coisa julgada.[482]

Questão polêmica é saber se a recíproca é verdadeira. Impugnado o mérito da justa causa, o juiz reconhece a insubsistência dos fundamentos que a amparam, declarando nula a cláusula. Constando, mais tarde, que o fundamento apontado no testamento era de fato procedente, as restrições à legítima poderão ser revigoradas?

---

[480] FARIAS, Cristiano Chaves de. "Disposições testamentárias e clausulação da legítima". In: CAHALI, Francisco José; Hironaka, Giselda Maria Fernandes Novaes. *Direito das Sucessões*. 3.ed., atual. e ampl. São Paulo: Saraiva, 2007, p. 259. Idêntico é o posicionamentos de GIORGIS, José Carlos Teixeira. "A justa causa no novo testamento". In: DELGADO, Mario Luiz; ALVES, Jones Figueiredo (coords.). *Questões Controvertidas no novo Código Civil*. São Paulo: Método, v. 2, 2003, p. 149 e de CARVALHO JÚNIOR, Pedro Lino. Das cláusulas restritivas da legítima. In: FARIAS, Cristiano Chaves de. (Coord.). *Temas Atuais de Direito e Processo de Família*. Rio de Janeiro: Lumen Juris, 2004, p 641.

[481] LIEBMAN, Enrico Tulio. *Eficácia e Autoridade da sentença e outros escritos sobre coisa julgada*. 2.ed. Rio de Janeiro: Forense, 1981, p. 25.

[482] Nos dizeres de TEIXEIRA, Sálvio de Figueiredo. *Código de Processo Civil Anotado*. 7.ed. São Paulo: Saraiva, 2003, notas ao art. 456: "não há ofensa há coisa julgada quando a parte repete a ação mas sob outro fundamento, como *causa petendi* diversa."

A solução mais segura aponta pela negativa pelo simples fato de que, nesse caso, a sentença que julgou pela nulidade da cláusula restritiva está coberta pela coisa julgada material, não podendo mais ser questionada judicialmente, senão por via excepcional da ação rescisória.[483]

O que distingue as duas situações é o fato novo superveniente, presente na primeira e ausente na segunda. Na primeira situação reproduzida, a sentença reconheceu a existência de uma situação fática que, posteriormente, simplesmente deixou de existir, dando azo à propositura de nova ação, com *causa petendi* diversa da primeira, sobre o qual não houve pronunciamento judicial, qual seja, o desaparecimento da justa causa presente em outros tempos. Na segunda situação, o Judiciário reconheceu inexistente ou insuficiente a justa causa que, mais tarde, apresenta-se de fato real. A situação fática é exatamente a mesma já repelida pelo Poder Judiciário, não existindo fato ou fundamento novo para embasar a nova pretensão, mas apenas repetição daqueles anteriormente submetidos a julgamento que, por ocasião da apreciação judicial, impede seu reexame posterior ao trânsito em julgado.

De fato, no exato instante em que transitou em julgado a sentença declarando nula a disposição testamentária, o herdeiro ou o legatário incorporou em sua esfera jurídica um patrimônio isento de restrição e assim permanecerá.

A segurança e a estabilidade das relações jurídicas decorrentes dessa sentença de procedência da impugnação à justa causa impedem a rediscussão da questão já apreciada judicialmente, estando acobertada pelo manto da coisa julgada, garantia constitucional.[484]

Poder-se-ia argumentar pela injustiça do pronunciamento judicial e pela necessidade de sua retificação, ao que respondemos com a lição de Adrolado Furtado Fabrício,[485] apoiado em Castro Mendes, ao defender a impertinência da discussão envolvendo a justiça da sentença proferida em desconformidade com os fatos:

> *A res iudicata* torna até impertinente ou no mínimo irrelevante toda a discussão em torno da "justiça" (na verdade, conformidade ao Direito preexistente) da sentença nela

---

[483] Art. 485, IX e § 1º: "Art. 485. A sentença de mérito, transitada em julgado, pode ser rescindida quando: ... IX – fundada em erro de fato, resultante de atos ou de documento da causa... § 1º Há erro, quando a sentença admitir um fato inexistente, ou quando considerar inexistente um fato efetivamente ocorrido".

[484] CF, art. 5º, XXXVI – a lei não prejudicará o direito adquirido, o ato jurídico perfeito e a coisa julgada.

[485] FABRICIO, Adroaldo Furtado. A coisa julgada nas ações de alimentos. Ajuris: Revista da Associação dos Juízes do Rio Grande do Sul, Porto Alegre, v.18, n.52, jul. 1991, p. 9.

abroquelada. Esta passa a integrar o sistema jurídico e, no que diz respeito ao caso concreto, com *exclusividade*. O vencido a ela se submete, não por concordar com o seu teor, mas por ser ela, para a *factis species* considerada expressão única da vontade do Estado e, portanto, o único Direito possível. A parte mal sucedida pode manifestar seu desgosto e até sua indignação em roda de amigos; os juristas podem formar opinião contrária à solução passada em julgado, nada disso tem a menor relevância *jurídica*; nenhuma dessas reações terá o mínimo reflexo sobre a disciplina da relação jurídica anteriormente controvertida.

Tem razão o eminente autor. Transitada em julgado uma sentença teoricamente injusta e decorrido o prazo da rescisória, a segurança e a estabilidade das relações jurídicas não permitem que se questione a justiça do pronunciamento judicial. Nada há a ser feito se não houver alteração da situação fática envolvendo uma relação jurídica já decidida definitivamente.

A solução proposta não destoa do desejo do legislador em assegurar, nos limites excepcionais do artigo 1.848 do Código Civil, a intangibilidade da legítima mostrando-se consentânea aos interesses da sociedade. Afinal, desonerado o patrimônio, esse retorna ao mercado alienável e penhorável, o que, sob o enfoque do princípio da socialidade inspirador do Código Civil,[486] assegura a circulação de riqueza e preserva o interesse dos terceiros que de boa-fé contrataram com o herdeiro.[487]

---

[486] Miguel Reale, principal artífice do Código Civil, em visão geral do projeto do atual Codex, reafirmou que o código foi edificado sob três pilares: princípio da eticidade, da concretude e da socialidade, sobre o qual fez as seguintes considerações: "O 'sentido social' é uma das características mais marcantes do projeto, em contraste com o sentido individualista que condiciona o Código Civil ainda em vigor. Seria absurdo negar os altos méritos da obra do insigne Clóvis Bevilaqua, mas é preciso lembrar que ele redigiu sua proposta em fins do século passado, não sendo segredo para ninguém que o mundo nunca mudou tanto como no decorrer do presente século, assolado por profundos conflitos sociais e miltares. Se não houve a vitória do socialismo, houve o triunfo da 'socialidade', fazendo prevalecer os valores coletivos sobre os individuais, sem perda, porém, do valor fundante da pessoa humana.", in: *RT* 752-23.

[487] Dentre os vários argumentos contrários às cláusulas restritivas da propriedade, um deles é recorrente na doutrina: referidas cláusulas retiram, na prática, o bem do comércio por longo período, o que, nas palavras de Silvio Rodrigues, contraria o interesse social porque "é de interesse da comunidade a circulação de bens e qualquer medida que a restrinja, no mero interesse individual, deve ser abolida", in: *Direito Civil: Direito das Sucessões*, 35ª ed., atual. por Zeno Veloso, São Paulo: Saraiva, v. 7, 2002, p. 191.

# 6. Levantamento, extinção e sub-rogação de vínculos

## 6.1. Levantamento dos vínculos, com e sem sub-rogação

Na redação do artigo 1.676 do Código Civil de 1916, a cláusula de inalienabilidade não podia, sob pena de nulidade, ser invalidada ou dispensada por atos judiciais de qualquer natureza, salvo nas hipóteses de expropriação por necessidade ou utilidade pública ou de execução por dívidas provenientes de impostos relativos aos próprios imóveis. Ainda assim, nas três hipóteses excepcionais, o produto obtido na alienação do bem seria sub-rogado em outros imóveis, sob os quais recairiam as restrições impostas aos primeiros.

O Decreto-Lei 6.777, de 8 de agosto de 1944, trouxe algum abrandamento ao rigor legal, admitindo a sub-rogação do produto obtido na expropriação do bem clausulado, além de imóveis, por apólices da dívida pública, o que se mostrou insuficiente para demover parte considerável da doutrina quanto à excepcionalidade da regra do artigo 1.676 do Código Civil de 1916.

É o caso de Carlos Maximiliano[488] que, analisando as razões que conduziram o legislador a suprimir a vedação constante da parte final do artigo 1.723 do Anteprojeto do Código Civil de 1916, proibindo a sub-rogação de bens clausulados,[489] faz severas ressalvas quanto à possibilidade de sub-rogação, mesmo nas exceções legais: "a única hipótese defensável de sub-rogação autorizada é a de se acharem em ruína os bens, não haver quem os arrende obrigando-se à repará-los,

---

[488] *Direito das Sucessões*. 2. ed. Rio de Janeiro: Freitas Bastos, 1943, v. 2, § 698, p. 180-181.

[489] O artigo 1.723 do Projeto do Código Civil de 1916 tinha a seguinte redação: "A cláusula de inalienabilidade temporária ou vitalícia imposta aos bens pelos testadores ou doadores, não poderá, em caso algum, saldo os de desapropriação por utilidade ou necessidade pública e de execução por dívidas provenientes de impostos relativos aos respectivos imóveis, ser invalidada ou dispensada, sob pena de nulidade, por atos judiciais de qualquer espécie; sendo igualmente proibida, sob a mesma pena, existindo aquela cláusula, a subrogação dos bens".

e não ter o herdeiro ou legatório meios para custear as obras necessárias".

Nas palavras de Carvalho Santos,[490] a "determinação do testador, ou doador, fora às exceções acima previstas, prevalecerá sempre. Nenhum ato judicial de qualquer espécie poderá invalidá-la ou dispensá-la, sob pena de nulidade".

Washington de Barros Monteiro,[491] em edição antiga de sua obra, anota que a "cláusula de inalienabilidade, de que cogita o art. 1.676, o princípio irrecusável, a regra que se impõe ao intérprete, vem a ser do respeito intransigente à vontade manifestada pelo testador, ou doador. Estabelecido o vínculo, não pode este ser dispensado, ou invalidado, por ato judicial de qualquer espécie, sob pena de nulidade", chegando ao extremo de sustentar que o vínculo não pode ser liberado "ainda que o proprietário dos bens não tenha herdeiros, ou que seu estado de saúde esteja a reclamar recursos financeiros mais substanciais para o tratamento respectivo".

Esse conservadorismo doutrinário exerceu influência decisiva nos Tribunais Estaduais que, a pretexto da observância do comando legal, decidiram pela manutenção das cláusulas restritivas mesmo em hipóteses nas quais a razão e a prudência recomendavam superá-las independentemente de sub-rogação; como foi o caso do Tribunal de Justiça de São Paulo que, em grau de apelação, negou alvará para a alienação de imóvel clausulado para o custeio de tratamento de saúde do herdeiro:

> Segundo o art. 1676 do CC, a cláusula de inalienabilidade imposta pelos doadores e testadores não poderá em caso algum, salvo os de expropriação por necessidade ou utilidade pública e de execução por dívidas provenientes de impostos relativos aos respectivos imóveis, ser dispensada ou invalidada por atos judiciais de qualquer espécie, sob pena de nulidade. Assim, embora o estado de saúde do donatário reclame recursos financeiros, não poderá o juiz, tolhido pelo artigo, deferir a liberação.[492]

Trilhando idêntico raciocínio, decisão mais recente assentou que "a disposição de última vontade é um ato que tem que ser preservado ao máximo"; indeferindo, assim, autorização para a alienação judicial de bens gravados com cláusulas de impenhorabilidade e inalienabi-

---

[490] *Código Civil Brasileiro Interpretado: Direito das Sucessões* (arts. 1632-1709). Rio de Janeiro: Freitas Bastos, v. XIII, 1956, p. 322.

[491] *Curso de Direito Civil: Direito das Sucessões*. 27ª ed., São Paulo: Saraiva, v. 6, 1999, p. 140.

[492] *RDI* n. 12, julho-dezembro de 1983, p. 68.

lidade, entendendo que iniciativa semelhante, ainda que amparada pelo Judiciário, afronta o artigo 1.676 do Código Civil de 1916.[493]

Ignorando o fundamento inspirador da Lei Feliciano Penna, a tese da preservação da vontade do testador saiu vencedora em inúmeros julgados,[494] implicando, em boa parte deles, dano dos interesses do próprio herdeiro ou de sua família que, carentes de recursos, viam-se impossibilitados de alienar ou onerar bens clausulados havidos por herança ou doação e, dessa forma, obter os recursos necessários à própria subsistência ou a manutenção da própria saúde.

Abrandando o rigor excessivo deste entendimento, Orozimbo Nonato,[495] em resposta à doutrina de Carlos Maximiliano, já advertia não ser possível

> reduzir a possibilidade da sub-rogação ao só único caso de ruína irrestaurável pelo herdeiro, legatário ou donatário e nem seria dado ao mais previsto dos legisladores traçar a *priori* o quadro completo das hipóteses em que se torna possível e aconselhável a sub-rogação.

Para Orozimbo Nonato,[496] acompanhado por Clóvis Bevilaqua,[497] o levantamento das cláusulas restritivas, com a sub-rogação, é possível "não apenas nos casos de indeclinável necessidade, senão ainda

---

[493] *RT*: 790/378: "Os bens gravados com as cláusulas de impenhorabilidade e inalienabilidade, atendendo disposição de última vontade estabelecidas em testamento público não podem ter suas liberações deferidas pelo Juiz, porque fere a lei adjetiva civil e o ato liberatório é nulo de pleno direito".

[494] *RT* 597/212; 578/111 e 614/156, este último assim ementado: "Cuidando-se de imóvel onerado com cláusula de inalienabilidade absoluta e vitalícia por disposição contratual (CC, art. 1676), torna-se juridicamente impossível sua disposição a qualquer título, como também, a invalidação ou dispensa por decisão judicial."

[495] Eis a lição de *Estudos sobre Sucessão Testamentária*. Rio de Janeiro: Revista Forense, 1957, p. 324-325: "O Código Civil, no art. 1627, não na repele, em princípio. E este é o principal argumento de sua admissão, uma vez que o elemento histórico não bastaria a fundamentá-la, pois o que interessa não é a mens legislatoris, senão a mens legis. De resto, na legislação vigente, é a sub-rogação admitida às expressas no Código de Processo Civil (arts. 629 e 634). O que constituía admissão virtual ou implícita passou a ser permissão direta e explícita e o art. 630 do Código de Processo manda apenas verifique o juiz "ser caso de alienação", competindo-lhe, assim, o exame de todas as circunstâncias da espécie. Os autores e os arestos indicam a necessidade de exame atento de tais circunstâncias, a termos de não permitir prejuízos aos herdeiros e, às suas custas, a logro de proveitos imodestos. Deve o juiz, a todo poder que pode, atender à vontade do testador, ainda no particular versado, salvo se o acatamento pontual e rigoroso dessa vontade suscite consideráveis prejuízos ao herdeiro ou donatário."

[496] Idem.

[497] *Código Civil*. 4. ed. Rio de Janeiro: Freitas Bastos, v. VI, 1939, p. 137: "A subrogação póde dar logar a abusos; mas a sua prohibição, em absoluto, seria injusta por lesiva de legitimos interesses. Muitas vezes o proprietario estará impossibilitado de utilizar o immovel, por falta de recursos, pela situação do bem, ou por outra razão egualmente valiosa. O direito não póde querer o prejuízo do proprietario e a inutilização do bem, quando os fins da inalienabilidade se podem alcançar com o expediente da subrogação"

nos de real e manifesta conveniência do proprietário do bem clausulado."

Orlando Gomes,[498] defensor da supressão incondicional de restrições à legítima, fala em "premente necessidade, a evidente utilidade e a real conveniência" do herdeiro ou legatário como parâmetros norteadores para a apreciação do levantamento das cláusulas.

Gradativamente, os Tribunais passaram a recepcionar esse entendimento liberal, permitindo o levantamento das cláusulas quando demonstrada a necessidade do herdeiro, do legatário ou de seus familiares.

Assim é que o Tribunal de Justiça de São Paulo, ainda sob o comando do artigo 1.676 do Código Civil de 1916, autorizou o levantamento da cláusula de inalienabilidade, assegurando ao herdeiro, soropositivo, a venda do imóvel para que, com o produto obtido, iniciasse adequado tratamento de saúde,[499] posição esta defendida por Mário Roberto Carvalho de Faria.[500]

O tratamento de saúde da doadora responsável pela imposição das cláusulas restritivas, mãe da herdeira legatária, também serviu de fundamento para o Tribunal do Estado de Minas Gerais autorizar a alienação de imóvel gravado de inalienabilidade.[501] A sensibilidade do Tribunal mineiro também amparou herdeira idosa que, não dispondo de recursos, não tinha outros meios de prover o próprio sustento senão com o produto de bem herdado com a cláusula de inalienabilidade.[502]

O Tribunal baiano julgou favoravelmente a alienação de único bem herdado de modo a permitir ao herdeiro quitar dívidas fiscais.[503]

Reconhecida a insolvência do herdeiro, o Tribunal de Justiça do Rio de Janeiro admitiu a discussão envolvendo a venda de imóveis clausulados para enfrentar despesas com o inventário.[504] O Tribunal fluminense também autorizou a alienação de imóvel clausulado sobre o qual pairava condomínio entre o herdeiro e terceiros, permitindo,

---

[498] *Sucessões*. 11. ed. Rio de Janeiro: Forense, 2002, p. 164.

[499] *RT* 724/417.

[500] *Direito Direito das Sucessões: Teoria e Prática*. 5. ed. Rio de Janeiro: Forense, 2006, p. 172: "Pode ocorrer de o proprietário do bem gravado sofrer de grave doença que impunha um tratamento oneroso e, para o qual ele não possua os recursos necessários sem a alienação do bem gravado".

[501] *RT* 772/395-398.

[502] *RT* 669/156

[503] *RT* 594/220.

[504] *AI* n. 599, 4ª Câmara Cível, Rel. Des. Álvaro Mayrink da Costa, j. 24.08.1993.

desse modo, acabar com o estado de indivisão reinante entre eles.[505] Da mesma forma procedeu o Tribunal de São Paulo que, além de assentir na extinção de condomínio de bem indivisível sobre o qual pairava a inalienabilidade apenas sobre a sexta parte do imóvel titulada pelo herdeiro,[506] ainda consentiu na aquisição de outro com melhor rentabilidade.[507]

Todas essas decisões, proferidas sob a égide do Código Civil revogado, tiveram por fundamento a preservação do interesse do herdeiro ou do legatário, sobrepondo à literalidade do artigo 1.676 da codificação anterior, absolutamente reticente quanto às hipóteses de levantamento dos vínculos.

De fato, o art. 1.676 do Código Civil de 1916 já vinha merecendo interpretação menos literal da doutrina e da jurisprudência, moldando o rigor legal aos interesses do herdeiro e do legatário, como era o propósito da lei Feliciano Penna.[508]

Essa interpretação liberal foi de certa forma consolidada no parágrafo único, do artigo 1.911 do Código Civil atual que, diferentemente da legislação revogada, atenuou ainda mais o rigor excessivo das três exceções constantes do artigo 1.676 do Código anterior,[509] autorizando a alienação, com sub-rogação, de bens clausulados por *mera conveniência econômica da parte*,[510] como observado por Mauro Antonini:[511]

> Sub-rogação do vínculo: por fim, no § 2º há previsão da sub-rogação do vínculo, que consiste na possibilidade de converter os bens gravados com essas cláusulas em

---

[505] RDI 33/158-160.

[506] RT 505/61.

[507] RT 576/113.

[508] *Resp.* 34.744-SP, 4ª T., Relator Ministro César Asfor Rocha, j. 9.07.1996, DOU de 18.11.1996, p. 44.898: "A regra restritiva da propriedade encartadas no art. 1.676 deve ser interpretada com temperamento, pois a sua finalidade foi a de preservar o patrimônio a que se dirige, para assegurar à entidade familiar, sobretudo aos pósteros, uma base econômica e financeira segura e duradoura. Todavia, não pode ser tão austeramente aplicada a ponto de se prestar a ser fator de lesividade de legítimos interesses, desde que o seu abrandamento decorra de real conveniência ou manifesta vantagem para quem ela visa proteger, associado ao intuito de resguardar outros princípios que o sistema da legislação civil encerra, como se dá no caso, pelas peculiaridades que lhe cercam.", in: *RSTJ* 90/120. No mesmo sentido, confira os julgados constantes da *RSTJ* 140/405 e *RT* 531/274.

[509] Expropriação por necessidade, expropriação por utilidade pública e execução por dívidas provenientes de impostos relativos aos respectivos imóveis.

[510] Art. 1911. A cláusula de inalienabilidade, imposta aos bens por ato de liberalidade, implica impenhorabilidade e incomunicabilidade. Parágrafo único. No caso de desapropriação de bens clausulados, ou de sua alienação, por conveniência econômica do donatário ou do herdeiro, mediante autorização do juiz, o produto da venda converter-se-á em outros bens, sobre os quais incidirão as restrições apostas aos primeiros.

[511] *Civil Comentado*. Coord. César Peluso. Barueri: Manole, 2007, p. 1839.

outros, nos quais as cláusulas se sub-rogam. Exige o dispositivo que, para tanto, haja justa causa, o que significa, na verdade, mera conveniência da sub-rogação.

Nas palavras de Euclides de Oliveira e Sebastião Amorim,[512] "diferentemente das disposições do Código anterior, o Novo Código Civil admite mais largamente a alienação judicial do bem vinculado, desde que se comprove conveniência econômica do herdeiro".

Arnaldo Rizzardo[513] faz coro ao mesmo entendimento:

> Duas são as situações que comportam a transferência da cláusula, e que acontecem com a transmissão do bem, levando a sub-rogar-se o valor conseguido em outros bens: a desapropriação e a alienação por conveniência econômica. No pertinente à última, vem reforçada pelo § 2º do art. 1.848, que não encontra regra similar no Código anterior: "Mediante autorização judicial e havendo justa causa, podem ser alienados os bens gravados, convertendo-se em outros, que ficarão sub-rogados nos ônus dos primeiros". Chega-se que basta a merca conveniência econômica para tipificar a justa causa [para a sub-rogação].

Interpretação histórica, sistemática e axiológica do § 2º do artigo 1.848 e do parágrafo único do artigo 1.911 do Código Civil não permite outra conclusão senão a de que o levantamento das cláusulas restritivas, em especial daquelas apostas sobre a legítima, será sempre possível, bastando ao herdeiro ou ao legatário mostrar judicialmente que o afastamento das cláusulas é conveniente a si ou a seus entes próximos, mostrando-se necessário ou vantajoso, direta ou indiretamente ao herdeiro, tenha a vantagem ou a necessidade natureza econômica ou não.

Essas são as únicas ressalvas às lições de Euclides de Oliveira e Sebastião Amorim, de Mauro Antonini e de Arnaldo Rizzardo que, atrelados à expressão constante do texto legal, restringem a possibilidade de levantamento das cláusulas à conveniência econômica do herdeiro e à imperiosidade da sub-rogação por outros bens, sugerindo, a nosso ver equivocadamente, deva o herdeiro experimentar necessariamente uma vantagem financeira com a superação das cláusulas e a indispensabilidade da sub-rogação em outros bens, quando, na verdade, não era essa a opinião já consolidada na doutrina e nos tribunais.

*De lege ferenda*, a vantagem referida no parágrafo único do artigo 1.911 do Código Civil não pode se restringir a ideia de proveito econômico para o herdeiro ou para o legatário, no sentido único de concretizarem um negócio que lhes proporcione bons dividendos ou um retorno financeiro imediato, a exemplo do herdeiro que pretende

---

[512] *Inventários e Partilhas: direito das sucessões: teoria e prática*. 15. ed. São Paulo: Leud, 2003, p. 261.

[513] *Direito das Sucessões*. 3. ed. Rio de Janeiro: Forense, 2007, p. 404-405.

alienar imóvel clausulado para a aquisição de outro mais rentável ou, ainda, de imóvel clausulado em ruína, substituindo-o por outro em condições de ser produzir frutos imediatamente.

O sentido técnico e restrito de vantagem econômica evidentemente está inserido na expressão "conveniência econômica", constante do parágrafo único do artigo 1.911 do Código Civil. Todavia, o significado da conveniência econômica exigida pelo mencionado dispositivo legal não se restringe à vantagem econômica, sob pena de repristinarmos entendimento superado que preservava a vontade do testador, mesmo quando se revelava contrária aos interesses do herdeiro.

Lei nova deve ser interpretada com olhos para o futuro![514]

Antes mesmo da vigência do Código Civil, os Tribunais flexibilizavam o rigor do artigo 1.676 do Código revogado que, à evidência, depunha contra os interesses do herdeiro e da sociedade na medida em que fazia prevalecer a vontade individual do testador em detrimento dos interesses coletivos na circulação da riqueza.

Em um desses julgados, a Desembargadora Maria Elza, do Tribunal de Justiça de Minas Gerais, com sensibilidade, observou que:

> A regra insculpida no art. 1.676 do CC [de 1916] não pode ser objeto de uma interpretação literal, mas teleológica e sistêmica. Esse artigo de lei há que estar em consonância com o texto constitucional e com o art. 5º da LICC. Não se pode perder de vista que é na Constituição Federal que o Código Civil vai encontrar a sua validade jurídica. Além disso, a Lei de Introdução ao Código Civil, que tem natureza de sobredireito, tece parâmetros de exegese aplicáveis a todos os ramos do Direito vigente.[515]

E, a partir desses argumentos, autorizou a alienação de imóvel clausulado para atender a reclamos de saúde da mãe da herdeira.

De fato, existem situações em que o interesse do herdeiro ou do legatário no levantamento dos vínculos não está relacionado a uma vantagem econômica, ao menos direta e imediata. Ainda assim, a alienação ou a desoneração de bem clausulado para custear tratamento da própria saúde ou de um parente próximo é absolutamente conveniente ao herdeiro e deve ser deferida, mesmo que todo o produto da

---

[514] CARVALHO JÚNIOR, Pedro Lino de. Das cláusulas restritivas da legítima. In: FARIAS, Cristiano Chaves de. (Coord.). *Temas Atuais de Direito e Processo de Família*. Rio de Janeiro: Lumen Juris, 2004, p. 617: "na atual conjuntura, a atividade interpretativa, mesmo que não o pretenda explicitamente, está efetuando uma verdadeira *reescritura* do texto codificado. Urge, portanto, que se impeçam eventuais retrocessos hermenêuticos, mormente naquelas hipóteses em que alguns esquecem que a matriz axiológica do novo diploma legal está situada na Carta Constitucional, pois nesta se pactuou o projeto existencial da sociedade, do qual a legislação civil há de ser a sua explicitação".

[515] *RT* 772-395-398.

venda venha a ser consumido na terapia, como decidido pelo Tribunal de Justiça de Minas Gerais.[516]

Pelas mesmas razões, a autorização para alienar ou desonerar o imóvel gravado de impenhorabilidade atende a conveniência do herdeiro ou legatário que pretende utilizar os recursos para quitar as mensalidades da faculdade ou de curso de pós-graduação, assegurando-lhe, futuramente, o exercício de uma profissão e, mais do que isso, preservar-lhe a própria dignidade;[517] o mesmo se dá para quitar crédito educativo; para oferecer o próprio imóvel em garantia do crédito para custeio agrícola, sem o que o imóvel doado ou herdado não cumprirá a função social, considerando a carência de recursos financeiros do herdeiro ou legatário para fazê-lo produtivo;[518] ou, ainda, para permitir ao herdeiro necessário ou seu parente próximo submeter-se a tratamento estético para a correção de imperfeição física ultrajante.

A esse respeito, Teresa Ancona Lopes de Magalhães[519] bem destaca a importância da reparação à lesão estética deformante na preservação da dignidade da pessoa:

> O dano deformante à integridade física não é igual a qualquer outro tipo de dano moral; é, sem dúvida, a mais grave e mais violenta das lesões à pessoa, porque, além de gerar sofrimento pela transformação física (dano moral objetivo), o que não precisa ser provado por ninguém duvida das tristezas e humilhações pelas quais passa uma pessoa que, por exemplo, perdeu uma perna, gera outro dano moral, que ao primeiro se soma, que é o dano moral à imagem social.

Negar autorização para a alienação de um bem clausualdo visando a obter recursos para tratamento de saúde, para a correção de uma imperfeição física ultrajante, para a formação intelectual ou para proporcionar os recursos indispensáveis ao desempenho de uma profissão porque o testador ou o doador, por desvelo ou por capricho, clausulou a legítima do herdeiro necessário, constitui uma afronta à dignidade do beneficiário que, titular de um patrimônio, vê frustradas suas justas expectativas de realização pessoal, tradução modesta do princípio da dignidade da pessoa humana, insculpido no inciso III

---

[516] RT 669/156; 772/395.

[517] A obtenção de um diploma tem significado especial. Os filhos experimentam a sensação indescritível de conquista pessoal e a perspectiva de projeção profissional. Os pais, orgulhosos, experimentam a sensação única de dever cumprido. Esses sentimentos conformam-se à ideia de realização pessoal que, de forma simplória, é a tradução do próprio princípio da dignidade da pessoa humana (Constituição Federal, art. 1º, III).

[518] AC n. 041.991.5-3, TJ/PR, 7ª Câm. Cível, Rel. Des. Demeterco Junior, v.u., j. 02.10.207.

[519] Dano Estético. São Paulo: Revista dos Tribunais. 1980, p. 127.

do artigo 1º da Constituição Federal,[520] que a herança e, em especial, a legítima, visam a tutelar.[521]

De forma idêntica, condicionar o levantamento da cláusula à necessidade imperiosa de sub-rogação nem sempre atende às conveniências do herdeiro porque, em situações como aquelas reproduzidas nos parágrafos anteriores, o interessado necessita dos recursos financeiros para aplicá-los e consumi-los imediatamente no tratamento de saúde, no custeio da universidade ou da safra agrícola.

Como dito pelo Ministro Barros Monteiro,[522] "a vida é muito mais rica que a acuidade e que o espírito premonitor dos elaboradores de lei pode captar, e a sua energia está sempre a criar situações novas que não se amoldam com confortável harmonia às previsões que o direito positivo congrega".

Em tais situações, o herdeiro ou o legatário não experimenta vantagem econômica imediata, sendo que todas elas carregam consigo a incerteza do retorno patrimonial ou pessoal, afinal, não é impossível imaginar que o investimento na profissão traga retorno algum ou aquém do investimento levado a efeito; a safra pode não ser colhida; o doente pode simplesmente sucumbir.

A despeito da álea ínsita em cada uma dessas situações e da incerteza do proveito econômico, é inquestionável o interesse, a conveniência e o direito do herdeiro ou do legatário obter o levantamento das cláusulas, independentemente de sub-rogação,[523] se o caso concreto assim o recomendar.[524]

Demonstrada judicialmente a conveniência da venda, como se dá na utilização dos recursos para tratamento médico ou custeio da

---

[520] FARIAS, Cristiano Chaves de. Disposições Testamentárias e Clausulação da Legítima. In: HIRONAKA, Giselda Maria Fernandes Novaes; PEREIRA, Rodrigo da Cunha (Coords.). *Direito das Sucessões*. 2. ed. Belo Horizonte: Del Rey, 2007, p. 261: "Torna-se de grande relevo, ainda, assinalar relativização das cláusulas restritas, sendo possível o seu levantamento em situações excepcionais, como em caso de perigo de perecimento da coisa, para garantir utilidade do bem ou mesmo para assegurar a dignidade humana do titular do patrimônio." No mesmo sentido, trecho da *AC* n. 70011565496, TJ/RS, Rel. Des. Texeira Giorgis, j. 13.07.2005: "A restrição do direito à propriedade e uso pode ter razões pouco dignas, mas seguramente ofende o princípio da dignidade da pessoa humana, valor supremo do ordenamento, que protege a dimensão ética e espiritual do indivíduo".

[521] Cf. item 2.3.

[522] *Resp* n. 89.792-MG, 4ª T., DJU de 21.08.2000.

[523] Parágrafo único, do artigo 1.911: "No caso de desapropriação de bens clausulados, ou de sua alienação, por conveniência econômica do donatário ou do herdeiro, mediante autorização judicial, o produto da venda converte-se-á em outros bens, sobre os quais incidirão as restrições apostas aos primeiros."

[524] As hipóteses em que o magistrado autoriza o levantamento dos vínculos sem sub-rogação equiparam-se às situações de extinção do próprio vínculo.

formação profissional, o magistrado, atento às peculiaridades do caso, deverá determinar o levantamento das cláusulas para os fins almejados, independentemente de sub-rogação,[525] mesmo porque soa ilógico e desarrazoado proteger o futuro do herdeiro ou do legatário se presente é a necessidade dele.

Na realidade, o que se verifica em hipóteses como aquelas narradas nos parágrafos anteriores é que o interesse demonstrado pelo herdeiro transcende ao próprio interesse que o autor da herança visava proteger quando instituiu e justificou as cláusulas, como observa Ivo Gabriel da Cunha:[526]

> Ora, se a oneração do patrimônio só pode ser temporária e se só pode ela ser realizada para beneficiar herdeiros, parece lícito sustentar que o cumprimento da vontade do testador encontra termo final no justo momento em que a cláusula passa a prejudicar o herdeiro. Ou melhor, onerados os bens do legado pela inalienabilidade e vindo a acontecer mudança total na situação de fato, tornando-se o ônus extremamente lesivo àquelas pessoas que exatamente pretendera proteger, dá-se o cumprimento da vontade do testador, dá-se o término do prazo de vigência do gravame, devendo o mesmo cessar, sob pena de adquirir este o caráter odioso que Clóvis afirmava ser incompatível com o nosso sistema jurídico (vide retro). Não se trata, aqui, propriamente, de caducidade da disposição testamentária que instituiu a inalienabilidade, já que esta supõe ocorra a ineficácia da disposição por causa ulterior e externa ao testamento (arts. 1.708 e 1.709, do CC). Trata-se precipuamente de solução por inadimplemento das condições pelas quais foi clausulada a legítima.

Bem decidiu o Ministro Asfor Rocha,[527] ainda na vigência do Código Civil anterior, ao proclamar que:

> A inalienabilidade de que trata o artigo 1.676 foi instituída para possibilitar à família uma base econômica e financeira segura e duradoura, a sua existência pode, por outro lado, em excepcionais circunstâncias ser lesiva de legítimos interesses do próprio ente familiar que ela visa proteger, podendo mesmo chegar a lhe causar danos enfectos e/ou emergentes.

Configuram-se, assim, casos em que deve ser levantada.

Arnaldo Rizzardo[528] dá a tônica dessa exegese ao sustentar, com absoluta razão, que "perdeu a inalienabilidade aquela sacralidade que tinha antigamente". Segundo ele:

> Não mais se leva ao extremo o rigorosismo de épocas antigas, quando prevalecia o formalismo, desenvolvendo-se longas justificativas sobre o assunto. Mesmo porque raras são hoje as disposições testamentárias a respeito muito tendo evoluído o Direi-

---

[525] *RT* 669/156; *MS* n. 525.067-4/8-00, TJ/SP, Rel. Des. Magno Araújo, j. 29.11.2007.

[526] *A dispensa do ônus da inalienabilidade e a decisão judicial*. In: *Ajuris: Revista da Associação dos Juízes do Rio Grande do Sul*. n. 10, ano IV, julho/1977, p. 29.

[527] *RSTJ* 90/226.

[528] *Direito das Sucessões*. 3. ed. Rio de Janeiro: Forense, 2007, p. 405-406.

to, e não se afigurando coerente que, em casos de grande necessidade, sem que se apresente extrema, negue o direito. Em face da finalidade do patrimônio, deverá o juiz autorizar não apenas a sub-rogação, mas até o cancelamento da cláusula. Não soa com o bom senso se procure preservar o patrimônio para o futuro, ou se impeça a venda para dar garantias ao futuro, a preço da miséria ou de toda sorte de contingências no presente.

Como dito e repetido, as cláusulas restritivas devem ser instituídas no interesse exclusivo do herdeiro ou do legatário, e, por isso, deverão ser levantadas, com ou sem sub-rogação, sempre que a pretensão do herdeiro se mostrar plausível, razoável e, sobretudo, útil ao herdeiro,[529] como pronunciou o Desembargador Jacobina Rabelo, do Tribunal de Justiça de São Paulo, em julgado recente:

> O § 2º do artigo 1.848 do Código Civil de 2002 prevê a sub-rogação do vínculo, que consiste na possibilidade de converter os bens gravados com essas cláusulas em outros, nos quais as cláusulas se sub-rogam. Exige o citado dispositivo que haja justa causa, o que significa, na realidade, mera conveniência da sub-rogação...Bem, forçoso é convir, nas circunstâncias, que os agravantes ofereceram justa causa para o pedido. Não residem no imóvel na Rua Nereu Ramos, que se encontra abandonado. Além disso, o imóvel está apenas a gerar despesas, seja de tributos e taxas em geral, seja de sua manutenção, que se apresenta dispendiosa, além dos outros inconvenientes apontados, como possibilidade de invasões.[530]

Essa é a solução acolhida pelo Código Civil francês[531] que, mesmo na presença de uma causa justa e legítima apontada para a inalienabilidade imposta sobre bens doados ou legados, prevê expressamente a possibilidade do levantamento da restrição quando evidenciada a necessidade de tutelar um interesse do herdeiro mais importante do que aquele declarado pelo autor da herança.

Nas palavras de Philippe Malaurie e Laurent Aynès:[532]

---

[529] Utilidade como sinônimo de benéfico, proveitoso, salutar, necessário à preservação de algum interesse ou ao atendimento à contingência do herdeiro ou do legatário.

[530] *AI* n. 483.714-4/7-00, 4ª Câmara de Direito Privado, Rel. Des. J. G. Jacobina Rebelo, j. 14.12.2006. No mesmo sentido, *AI* 505.747-4/5-00, TJ/SP, 8ª Câmara de Direito Privado, Rel. Des. Salles Rossi, j. 10.05.2007, entendendo pela razoabilidade do levantamento das cláusulas de inalienabilidade vitalícia em favor de herdeiro único, com idade avançada.

[531] Art. 900-1. Les clauses d'inaliénabilité affectant un bien donné ou légué ne sont valables que si elles sont temporaires et justifiées par un intérêt sérieux et légitime. Meme dans ce cas, le donataire ou le légataire peut etre judiciairement autorisé à disposer du bien si l'intérêt qui avait justifié la clause a disparu ou s'il advient qu'un intérêt plus important l'exige.

[532] *Les Successions – Les Libéralités*, p. 192: "A segunda regra estabelecida na Lei 1971 constitui uma inovação, fonte de litígios. Ela permite que o juiz autorize a alienação de um bem que uma cláusula lícita gravava de inalienável, quando o agraciado na demanda provar que "o interesse que justificava a cláusula desapareceu ou quando um interesse superior o exige". De acordo com a tendência contemporânea, o juiz se vê com um poder de mitigar os efeitos do contrato vinculativo, poder que deve ser aplicado com cautela, não podendo ser exercido sobre doações feitas às pessoas coletivas" [trad. livre].

La seconde règle qu'énonce la loi de 1971, contitue une innovation, source d'um important contentieux. Elle permet au juge d'autoriser l'aliénation d'um bien qu'une clause licite rend inalienable, lorsque le gratifié la demande, "si l'intérêt qui avait justifié la clause a disparu ou síl advient qu'un intéret plus impotant l'exige". Conformément à une tendance contemporaine, le juge se voit ainsi conférer um pouvoir que lui permet de porter atteinte à la force obligatoire du contrat, pouvoir qu'il applique avec prudence, mais Il ne peut l'exercer sur les libéralités faits aux personnes morales.

### 6.2. Extinção de vínculos

Enquanto no levantamento dos vínculos o interessado reclama a superação de cláusulas restritivas ainda válidas e vigentes, sub-rogando-as ou não em outros bens ou direitos, na extinção dos vínculos o interessado reclama simplesmente a desoneração do patrimônio pelo adimplemento da condição ou do termo consignados no instrumento que as instituiu ou, então, porque o motivo determinante da clausulação exauriu ou simplesmente deixou de existir.[533]

Assim, cláusula de inalienabilidade instituída até o herdeiro completar a maioridade cessará de pleno direito a sua eficácia no instante em que o beneficiário atingir a maioridade, sendo-lhe lícito pleitear a liberação do bem imediatamente após o advento do termo. Pela mesma razão, as cláusulas instituídas sob determinada condição resolutiva perdem a eficácia com o implemento da condição, autorizando o interessado a requerer a supressão das cláusulas. Ou ainda, será facultado aos interessados reclamar a extinção das cláusulas quando estas já atingiram seu objetivo.

Acórdão do Tribunal de Justiça de São Paulo, relatado pelo desembargador Souza Lima, considerou cessada a eficácia da cláusula de incomunicabilidade instituída em razão da conduta irresponsável do marido estroina e dissipador a partir do término da sociedade conjugal, afinal, o motivo determinante da cláusula desapareceu, como bem consignado pelo relator

> essas disposições de última vontade foram feitas no longínquo ano de 1960 e se as cláusulas em questão ajustavam-se as necessidades da época, acabaram se tornando inócuas com o passar do tempo. É que Maria Apparecida desquitou-se do marido em 1972, por sentença conformada por este Eg. Tribunal em 1973 (f. e verso do arroalment em apenso), desaparecendo, com isso, o motivo que levou os testares a instituíram citadas restrições.

---

[533] OLIVEIRA, Euclides de; AMORIM, Sebastião. *Inventários e Partilhas: direito das sucessões: teoria e prática*. 15. ed. São Paulo: Leud, 2003, p. 258: "Os vínculos são extintos uma vez cessada sua eficácia". No mesmo sentido: ANTONINI, Mauro. *Código Civil Comentado*. Coord. César Peluso. Barueri: Manole, 2007, p. 1837.

Na mesma linha, a 6ª Câmara de Direito Privado do mesmo Tribunal de Justiça de São Paulo declarou extintos os vínculos após a morte do único beneficiário do gravame, em acórdão assim ementado:

> Inventário. Imóvel. Pretendida venda de bem gravado com cláusula de inalienabilidade e incomunicabilidade em testamento cerrado. Admissibilidade. Hipótese em que já falecida a beneficiária do gravame. Caso de restrição vitalícia que não se transmite aos sucessores do herdeiro. Indeferimento afastado. Recurso parcialmente provido.[534]

Em outro acórdão ilustrativo, o Desembargador Alberto Vilas Boas, em voto vencido, porém com fundamentos mais contudentes do que o voto vencedor, reconheceu que, vinte anos após a instituição das cláusulas, com herdeiros já sexagenários e estabelecidos economicamente, as restrições instituídas sobre a herança não mais se justificavam, pois o propósito de proteger os herdeiros já tinha sido atingido.[535]

Nessas hipóteses de extinção das cláusulas, o pedido será formulado administrativamente[536] e, na hipótese de recusa do oficial do registro imobiliário em proceder ao cancelamento dos vínculos, os interessados deverão fazê-lo judicialmente, em procedimento de jurisdição voluntária, nele intervindo obrigatoriamente Ministério

---

[534] AI n. 531.010-4/8-00, Rel. Des. Vito Guglielmi, j. 28.02.2008.

[535] AC n. 2.0000.00.433011-2/000(1), TJ/MG, J. 25.05.2004: "Os herdeiros são pessoas plenamente capazes e com experiência de vida que se presume pelas regras da experiência ordinária, porquanto Ana Maria nasceu em 13/08/49, é casada e reside no Rio de Janeiro; Loélia nasceu em 25/03/38, é viúva e reside em São Paulo e Álvaro nasceu em 23/04/44, é casado e reside no Rio de Janeiro. Sendo esse o quadro fático, não há razão para que se desenvolva interpretação puramente literal do art. 1.676, CC/16, especialmente quando se observa que a função econômica da restrição foi plenamente atingida, uma vez que criada há mais de 20 anos. A exegese da lei não pode prescindir de uma análise socialmente justa e dos fins para os quais a norma foi criada (art. 5º, LICC) e, uma vez que estiver comprovado que a cláusula de inalienabilidade alcançou o objetivo traçado pelo legislador, é de flagrante inutilidade permitir que seja conservada ao bem, uma vez que, passados mais de 20 anos, a restrição traz mais ônus – conservação do imóvel em região pouco valorizada e despesas de condomínio e tributos – do que bônus."

[536] Lei 6.015, de 31 de dezembro de 1973, art. 250, inciso III: "Art. 250. Far-se-á o cancelamento ... III – a requerimento do interessado, instruído com documento hábil". Nesse sentido, FIORANELLI, Ademar, *Das cláusulas de inalienabilidade, impenhorabilidade e incomunicabilidade*, São Paulo: Saraiva, 2008: "Nem sempre se torna necessária a intervenção judicial para o cancelamento das restrições, conforme antiga e arcaica corrente do 'paternalismo judicial', com requerimento dirigido ao Juízo da Família para obtenção da determinação, via mandado, dirigida ao Cartório Imobiliário para o fim colimado. Tal procedimento deve ocorrer quando houver necessidade de interpretação da vontade do testador ou doador falecido, sendo matéria que deve ser submetida à análise da esfera jurisdicional para o fim de avaliar a existência e extensão da causa da extinção do vínculo, desprezada a via administrativo-judicial. Dependente da extensão e das condições impostas, o cancelamento poderá ser alcançado por via extrajudicial, mediante requerimento do interessado, com exibição de documento hábil, nos termos do art. 250, III, da Lei 6.015/73".

Público,[537] por força do artigo 1.112 do Código de Processo Civil,[538] e também em razão da parte final do inciso II do artigo 82 do mesmo Código de Processo Civil.

Especificamente no que respeita os vínculos incidentes sobre a legítima, é perfeitamente possível, e mesmo viável, a pretensão do interessado no cancelamento das restrições, desde que demonstre o desaparecimento da justa causa exigida pelo artigo 1.848 do Código Civil.[539]

No entanto, diversamente dos pedidos de cancelamentos centrados em elementos fáticos objetivos, tal como ocorre no implemento da condição ou do termo em que é assegurado ao interessado formular requerimento administrativo endereçado ao oficial do cartório de imóveis, nos casos de cancelamento dos vínculos pelo exaurimento da finalidade ou pelo desaparecimento da causa, o interessado deverá deduzir a sua pretensão em procedimento judicial fiscalizado pelo Ministério Público, onde evidenciará que a justa causa desapareceu, deixou de ser justa ou simplesmente atingiu o seu objetivo. Isso porque, em hipóteses tais, apenas o magistrado estará investido de competência para apreciar e decidir sobre questões relativas à legalidade e vigência de cláusulas testamentárias.

Merece registro a colocação de Mauro Antonini,[540] apoiado em Francisco Eduardo Loureiro:

> Conforme observação de Francisco Eduardo Loureiro, co-autor desta obra, em palestra proferida sobre o tema, é possível, ainda, que, passados vários anos do testamento, a causa, que à época era justa, não seja mais, o que também poderá autorizar o afastamento de sua incidência. Também parece possível solicitar o levantamento da cláusula, sem sub-rogação do vínculo, quando a causa, que era justa ao tempo da abertura da sucessão, deixe de existir posteriormente.

---

[537] O Ato nº 313 da Procuradoria Geral de Justiça e Corregedoria Geral do Ministério Público do Estado de São Paulo tornou facultativa a intervenção ministerial em procedimentos envolvendo disposições de última vontade sem interesse de incapazes. Apesar dos nobres propósitos que motivam a edição do referido Ato, essa facultatividade por ele instituída afronta o artigo 82 do Código de Processo Civil que obriga a participação ministerial, sob pena de nulidade. Sobre o assunto, Oswaldo Peregrina Rodrigues aponta que "em toda e qualquer demanda judicial que se postule a substituição de qualquer cláusula vinculativa de patrimônio fixada em testamento, o Ministério Público haverá de intervir, haja vista que se pretende desfigurar a manifestação de última vontade do testador, fato que merece ser devidamente sopesado no curso desse procedimento". (RODRIGUES, Oswaldo Peregrina. *O Ministério Público e o Direito das Sucessões*. São Paulo, 2008. Trabalho fornecido pelo autor. Não publicado.)

[538] OLIVEIRA, Euclides de; AMORIM, Sebastião. *Inventários e Partilhas: direito das sucessões: teoria e prática*. 15. ed. São Paulo: Leud, 2003, p. 259.

[539] Foi visto que o levantamento das cláusulas também é possível, com ou sem sub-rogação, desde que demonstrada a conveniência e a relevância para o interessado. Aqui estamos cuidado de extinção da cláusula pelo desaparecimento da justa causa que motivou a restrição à legítima.

[540] *Código Civil Comentado*. Coord. César Peluso. Barueri: Manole, 2007, p. 1593.

Não é inimaginável que o herdeiro ou o donatário, extravagante na juventude, torne-se um homem maduro e comedido; ou que a jovem inexperiente, no arroubo da juventude e envolta em colorida paixão, venha a se separar do caçador de dotes que a desposou interessado mais em sua fortuna que em seus encantos pessoais; ou o filho que, repleto de dívidas, as tenha saldado, passando a manter vida financeira estável.

As causas de inalienabilidade, de incomunicabilidade e de impenhorabilidade desenhadas nas três situações acima reproduzidas encontravam justificativa em um determinando momento que já não mais existe. Superada a circunstância que lhes emprestava justificativa, legítima será a pretensão do herdeiro à desoneração do patrimônio componente de sua legítima.[541]

Qual seria, então, a distinção entre a impugnação da justa causa e da extinção dos vínculos quando o fundamento da impugnação e do pedido de extinção do vínculo é o desaparecimento dos motivos determinantes para a clausulação? A distinção está no âmbito de abrangência desses pedidos. Enquanto o pedido de extinção de vínculos abrange os vínculos incidentes tanto sobre a legítima quanto sobre a parte disponível, ou mesmo as liberalidades a terceiros, a impugnação da justa causa fundada no desaparecimento da justa causa está restrita à legítima dos herdeiros necessários.

O herdeiro terá, assim, dois caminhos a sua disposição quando se tratar de desaparecimento dos motivos determinantes para a clausulação da legítima: a ação declaratória de extinção das restrições ou a própria impugnação da justa causa.

### 6.3. Aspectos processuais: procedimento, competência e renovação do pedido

Inicialmente, é preciso ficar absolutamente claro que o levantamento e a extinção de vínculos e os respectivos procedimentos não guardam relação com a impugnação da justa causa e o seu procedimento. São coisas heterogêneas. Enquanto a impugnação judicial da justa causa parte do inconformismo a respeito das razões apontadas pelo autor da liberalidade ou a forma por ele utilizada para clausular sua legítima, o levantamento e a extinção dos vínculos partem do desejo do beneficiário desvincular o patrimônio validamente clausulado. No caso do levantamento e da extinção dos vínculos, não se discute a

---

[541] A propósito do trânsito em julgado, cf. item 5.6.

validade das cláusulas, apenas a necessidade do herdeiro superá-las ou, então, a cessão de seus efeitos, simplesmente.

Dito isso, passamos à análise de algumas questões procedimentais envolvendo o levantamento e a extinção das cláusulas restritivas de propriedade validamente impostas sobre determinado patrimônio.

O interessado no levantamento ou no cancelamento das cláusulas deve, ordinariamente, recorrer ao Poder Judiciário, por meio do procedimento de jurisdição voluntária,[542] demonstrando a conveniência e a utilidade na liberação dos bens onerados ou simplesmente evidenciando que razões já foram atingidas ou se esvaíram. Competirá ao interessado demonstrar, também, a necessidade, se for o caso, da dispensa da sub-rogação exigida pelo § 2º do artigo 1.848 e pelo parágrafo único do artigo 1.911 do Código Civil, já que a sub-rogação não se opera *ipso jure*, mas por determinação judicial.[543]

O procedimento, portanto, para o levantamento e para o cancelamento das cláusulas é, ordinariamente,[544] aquele previsto nos artigo 1.103 e seguintes do Código de Processo Civil,[545] por meio de

---

[542] Exceção feita a antigo parecer subscrito por Jackson Rocha Guimarães, constante de *RT* 474/29-31, sustentando a possibilidade da ação declaratória para análise da extensão da cláusula de inalienabilidade, doutrina e jurisprudência são unânimes quanto ao cabimento da jurisdição voluntária. Ilustrativamente, confira: OLIVEIRA, Euclides de; AMORIM, Sebastião. *Inventários e Partilhas: direito das sucessões: teoria e prática*. 15. ed. São Paulo: Leud, 2003, p. 258; RIZZARDO, Arnaldo. *Direito das Sucessões*. 3. ed. Rio de Janeiro: Forense, 2007, p. 405; FARIAS, Cristiano Chaves de. Disposições Testamentárias e Clausulação da Legítima. In: HIRONAKA, Giselda Maria Fernandes Novaes; PEREIRA, Rodrigo da Cunha (Coords.). *Direito das Sucessões*. 2. ed. Belo Horizonte: Del Rey, 2007, p. 262; VILAÇA NETTO, Geraldo. *Legítima. Formas de Proteção e restrição aos direitos dos herdeiros*. Trabalho de conclusão de módulo de mestrado. São Paulo: Pontifícia Universidade Católica, 2007, 41 f. Confira, ainda, os seguintes julgados: *RT* 518/64; *AC* n. 483.714-4/7-00, TJ/SP, Rel. Des. Jacobina Rabello, j. 14.09.2006; *AI* n. 505.747-4/5-00, TJ/SP, Rel. Des. Salles Rossi, j. 10.05.2007; *AC* n. 70007598782, TJ/RS, Rel. Des. Vasconcelllos Chaves, j. 17.05.2004.

[543] José Renato Nalini, ao decidir dúvida registrária, Proc. n. 70/88, de 29.02.1988, consignou: "Os gravames da incomunicabilidade e da impenhorabilidade – tanto como o de inalienabildiade – obrigam a que a sub-rogação seja submetida à apreciação judicial. Imposta pelo testador a incomunicabilidade, a alienação do bem incomunicável e subseqüente aquisição de outro, não faz com que a sub-rogação se opera ipso jure. É necessária a utilização do procedimento previsto no inc. II, do artigo 1.112 do estatuto processual".

[544] Diz-se que ordinariamente o procedimento para o levantamento e para o cancelamento das cláusulas restritivas é judicial porque há casos, já analisados no tópico antecedente, que o requerimento de extinção do vínculo pode ser feito administrativamente junto ao Cartório de Registro de Imóveis, como ocorre com o advento do termo imposto para a clausulação. Insubsistente o pedido administrativo, o interessado deve deduzir sua pretensão ao Poder Judiciário, via jurisdição voluntária.

[545] O artigo 1.112, II, do Código de Processo Civil é específico para as hipóteses em que o pedido de alvará limitar a requerer a sub-rogação do produto. Nas hipóteses excepcionais em que o interessado deseja o levantamento da cláusula restritiva, sem sub-rogação, o pedido deverá ser formulado com fundamento no artigo 1.103 e seguintes do Código de Processo Civil.

alvará judicial, com a intimação do Ministério Público, sob pena de nulidade.

Insiste-se que o procedimento de jurisdição voluntária é adequado ao levantamento ou ao cancelamento das cláusulas validamente instituídas. A impugnação da justa causa tem procedimento próprio, distinto, como já evidenciado.[546]

Em se tratando de jurisdição voluntária, o magistrado terá maior discricionariedade[547] para apreciar o caso concreto e o seu julgamento não está adstrito ao critério da legalidade estrita, sendo-lhe franqueado dar à causa solução conveniente e oportuna,[548] atenta aos fins sociais da norma, como apregoa o artigo 5º da Lei de Introdução ao Código Civil.[549]

A competência para o pedido de alvará judicial dependerá do modo pelo qual foram instituídas as cláusulas. Instituídas no instrumento de doação,[550] a competência para o levantamento e para o cancelamento das cláusulas restritivas será, em regra, do juízo competente para o processamento e julgamento das questões afetas às ações de natureza cível.

A lei de organização judiciária de cada estado disciplinará a competência material para a propositura do alvará. Apenas para citar alguns exemplos, no estado de São Paulo, a competência será das varas cíveis; no Rio Grande do Sul,[551] a competência será das varas de registros públicos onde houver e, residualmente, das varas cíveis; no Paraná, do Juízo Cível e das Sucessões; no Rio de Janeiro, do Juízo Cível.

Uma vez instituídas as cláusulas por testamento, não há uniformidade sobre da competência, entendendo alguns que o pedido de

---

[546] Cf. item 5.2.

[547] Discricionariedade não significa subjetivismo ou faculdade ao magistrado. Comprovada a conveniência e a utilidade do levantamento das cláusulas, o magistrado deverá acolher o pedido de levantamento das cláusulas, determinando, se possível e viável, a sub-rogação em outros bens.

[548] Art. 1.109. O juiz decidirá o pedido no prazo de 10 (dez) dias; não é, porém, obrigado a observar critério da legalidade estrita, podendo adotar em casa caso a solução que reputar mais conveniente e oportuna. Cf., nesse sentido, *AI* n. 505.747-4/5-00, TJ/SP, Rel. Des. Salles Rossi, j. 10.05.2005.

[549] Art. 5º. Na aplicação da lei, o juiz atenderá aos fins sociais a que ela se dirige e às exigências do bem comum.

[550] Enquanto a justa causa poderá ser impugnada somente após a abertura da sucessão (cf. item 4.3), o pedido de cancelamento ou de levantamento dos vínculos validamente constituídos pode ser formulado mesmo em vida, desde que evidenciada a necessidade de superação das cláusulas para atender ao binômio necessidade/conveniência do herdeiro ou demonstrada a cessação dos efeitos ou da finalidade para a qual foram instituídas as cláusulas.

[551] *AC* n. 70013924188, TJ/RS, Rel. Des. Rui Portanova, j. 14.05.2006.

alvará para o pedido de levantamento ou de cancelamento das cláusulas deverá ser formulado por dependência ao juízo onde tramitou o inventário;[552] outros entendem que a competência para o levantamento das cláusulas é do juízo do domicílio dos interessados;[553] e há uma terceira corrente sustentando que a competência para o pedido de alvará será a do local onde se situa o imóvel.[554]

A tendência dos magistrados da cidade de São Paulo, oposta àquela do Rio Grande do Sul[555], é reconhecer a competência residual do juízo do inventário já extinto para o pedido de levantamento ou a extinção de cláusulas.[556]

O desate da controvérsia, entretanto, passa pelo desfecho do inventário. Em trâmite o inventário, o pedido de levantamento ou de extinção das cláusulas restritivas deverá ser endereçado ao juízo do inventário, em corolário à regra do artigo 96, parte final, do Código de Processo Civil.

Finalizado o inventário, contudo, não existirá fundamento para distribuir o alvará para levantamento ou cancelamento das cláusulas por dependência ao juízo do inventário, mesmo porque não há conexidade sucessiva de processo extinto,[557] caso em que ao interessado será facultado optar pelo juízo do local da situação do bem, recomendável pela proximidade do imóvel, o que facilita constatações e avaliações judiciais, ou, então, pelo foro do domicílio dos interessados, como sustentam Euclides de Oliveira e Sebastião Amorim.[558]

---

[552] FARIA, Mario Roberto Carvalho de. *Direito das Sucessões: Teoria e Prática*. 5. ed. Rio de Janeiro: Forense, 2006, p. 218.

[553] *RT* 500/105 e *RJTJSP* 116/45.

[554] *AI* n. 107.305-1, TJ/SP, Rel. Des. Jorge Tannus, j. 10.11.1988.

[555] *AC* n. 70013924188, TJ/RS, Rel. Des. Rui Portanova, j. 14.05.2006, entendendo que, encerrado o inventário, a competência para processar o pedido de alvará para levantamento das cláusulas é das Varas de Registros Públicos.

[556] Enunciado 10 do 1º Encontro dos Juízes da Família e Sucessões do Foro Central da Comarca de São Paulo, aprovado pela Corregedoria do Tribunal de Justiça de São Paulo, de 21.05.2003: "Ação de cancelamento de cláusula de vínculo instituído por testamento: dependência à vara em que teve ou tem curso o inventário e a aprovação do testamento."

[557] Súmula 235 do Superior Tribunal de Justiça: "A conexão não determina a reunião dos processos, se um deles já foi julgado".

[558] *Inventários e Partilhas: direito das sucessões: teoria e prática*. 15. ed. São Paulo: Leud, 2003, p. 261-262: "Parece-nos que a melhor solução está em distinguir: se o inventário ainda não foi ultimado, caberá ao respectivo juízo apreciar o pedido de sub-rogação ou de extinção dos vínculos; porém se já findo aquele processo, não subsiste motivo para vinculação jurisdicional, deixando-se a critério das partes optar pelo foro de seu domicílio, ou da situação do imóvel, conforme lhes pareça mais conveniente. É a opção mais conforme com critérios de economia e praticidade do processo".

A decisão acerca da competência para o alvará desafia o recurso de agravo. Já o pronunciamento judicial que decide o próprio pedido formulado no alvará tem natureza de sentença, e, por isso, apelável.

Indeferido o pedido, nada impede o interessado renová-lo ulteriormente, desde que obviamente deduzindo novos fatos e fundamentos, não pelo argumento de que em se tratando de procedimento de jurisdição voluntária, não operarão os efeitos da coisa julgada,[559] como observa Cristiano Chaves de Farias,[560] mas sim porque, efetivamente, trata-se de nova demanda, com *causa petendi* diversa da primeira.

Se o pedido de levantamento ou sub-rogação for julgado improcedente, impedirá tal fato a rediscussão da matéria? Efetivamente, não. Nada obsta a propositura de novo pedido, formulado em procedimento especial, de jurisdição voluntária, em face da alteração da situação de fato, pois, seguindo a correta lição de José Orlando Rocha de Carvalho, eminente jurista da terra de Gabriela, Cravo e Canela, "cabe outra ação para estabelecer novo vínculo jurídico distinto jurídico do anterior. Esta ação, no entanto, ao invés de excluir, pressupõe a existência da *res iudicata* cuja eficácia imediata não se prejudica pela superveniente modificação da sentença, que tanto pode operar a favor ou contra qualquer das partes".

---

[559] AC nº 70007598782, TJ/RS, Rel. Des. Vasconcellos Chaves, j. 17.03.2004.

[560] Disposições Testamentárias e Clausulação da Legítima. In: HIRONAKA, Giselda Maria Fernandes Novaes; PEREIRA, Rodrigo da Cunha (Coords.). *Direito das Sucessões*. 2. ed. Belo Horizonte: Del Rey, 2007, p. 259.

## 7. Direito intertemporal

Há normas que mesmo perdendo a eficácia continuam produzindo efeitos após a sua revogação, disciplinando situações concretizadas quando ainda eram vigentes. Assim, uma lei revogada continua vinculante para os casos consumados sob o seu império, mesmo que alguns de seus efeitos sejam produzidos na vigência da lei nova, revogadora.

Quando isso ocorre, a norma antiga perde a eficácia, porém, não o vigor; dá-se o fenômeno conhecido como *ultratividade*, em que "a lei revogada e não a lei nova se aplica àquelas relações iniciadas e concluídas ao tempo em que vigorava a lei anterior, que por ela foram disciplinadas, cuja existência jurídica continua na época em que a lei precedente já foi substituída".[561]

Cuida de verdadeira eficácia *residual* da norma revogada, atendendo a exigência de segurança jurídica, dando efetividade às garantias individuais que asseguram ao cidadão que a lei nova não retroagirá para afrontar atos jurídicos perfeitos, direitos adquiridos ou coisa julgada.[562]

O artigo 2.042 do Código Civil disciplinou a questão relativa à intertemporariedade afeta ao artigo 1.048 do mesmo Código, estabelecendo prazo ânuo para o aditamento de todos os testamentos celebrados na vigência do Código anterior, mas abertos na vigência do Código atual, nos quais o testador tenha clausulado injustificadamente a legítima dos herdeiros com a inalienabilidade, a impenhorabilidade e/ou a incomunicabilidade.

Mesmo consumado o testamento na lei anterior, quando foram observadas todas as formalidades da legislação da época, o artigo 2.042 do Código Civil obriga o testador a *aditar*[563] a disposição de úl-

---

[561] VELOSO, Zeno. *Lei de Introdução ao Código Civil – artigos 1º a 6ª*. Belém: Unama, 2005, p. 44.

[562] CF/88, artigo 5º, XXXVI; art. 6º do Dec. Lei 4.657/42.

[563] Não existe aditamento ao testamento, como será visto na sequência deste mesmo item.

tima vontade, em prazo não superior a um ano contado da entrada em vigor do Código Civil – 11 de janeiro de 2003[564] –, sob pena de invalidade das cláusulas restritivas se aberta a sucessão na vigência do Código Civil.

Nas palavras de José Renato Nalini,

a regra do artigo 2.042 do Código Civil teve o objetivo de conferir ao testador prazo razoável para justificar a restrição da legítima, se o testamento fora elaborado antes de sua vigência. Aberta a sucessão no prazo de um ano após a entrada em vigor do Código Civil – ou seja, até 12 de janeiro de 2004 – já incide a regra do seu artigo 1848.[565]

O testamento confeccionado na lei anterior e em conformidade com a lei da época se manterá válido. Ainda que aberto a partir de 11 de janeiro de 2004, permanecerá válido. Apenas a cláusula restringindo injustificadamente a legítima dos herdeiros necessários é que será inválida acaso a abertura da sucessão se dê um ano após a vigência do Código Civil de 2002[566], invalidade que, por se tratar de vício formal, pode ser pronunciada de ofício pelo juiz[567] ou requerida pelo interessado ou pelo Ministério Público,[568] mediante simples manifestação nos

---

[564] Acerca da controvérsia instalada sobre a data da vigência do Código Civil, recomendamos a leitura de Problemas de Direito Intertemporal: Breves considerações sobre as disposições finais e transitórias do novo Código Civil Brasileiro. DELGADO, Mario Luiz. In: ——; ALVES, Jones Figueiredo (Coords.). *Questões Controvertidas no novo Código Civil*. São Paulo: Método, v. 1, 2003, p. 483-510.

[565] *Comentários ao Novo Código Civil*, v. XXII, p. 122. No mesmo sentido, DINIZ, Maria Helena. *Comentários ao Código Civil*, v. 22, p. 493-494 e DANELUZZI, Maria Helena Marques Braceiro. *Aspectos polêmicos na sucessão do cônjuge sobrevivente*. São Paulo: Letras Jurídicas, 2004, p. 54.

[566] No mesmo sentido, BANDEIRA, Gustavo. A Inconstitucionalidade da Cláusula de Inalienabilidade e da Declaração de sua Justa Causa prevista no Novo Código Civil para os Testamentos Lavrados na Égide do Código de 1916. In: *Revista da Escola da Magistratura do Estado do Rio de Janeiro – EMERJ*, v. 1, n. 1, p. 189-202. Se a abertura da sucessão deu-se na vigência do Código anterior, inaplicáveis os comandos do Código Civil de 1916, consequência do princípio da saisine, como já decidiu o TJ/SP, AC n. 474.533-4/0-00, 1ª Câmara de Direito Privado, Rel. Des. Luiz Antonio de Godoy, j. 15.05.2007. Em sentido oposto, entendendo ser caso de ineficácia, e não de invalidade, MONTEIRO, Washington de Barros, *Curso de Direito Civil: Direito das sucessões*, 35ª ed., atual. por Ana Cristina de Barros Monteiro França Pinto, São Paulo: Saraiva, v. 6, p. 178; GIORGIS, José Carlos Teixeira. A justa causa no novo testamento. In: DELGADO, Mario Luiz; ALVES, Jones de Figueiredo (Coords.). *Questões Controvertidas no Novo Código Civil*. São Paulo: Método, v. 2, 2003, p. 162; VENOSA, Silvio de Salvo. Inalienabilidade, Impenhorabilidade e Incomunicabilidade. In: *Revista do Advogado*. n. 91, p. 132; CRUZ, José Raimundo Gomes. As Disposições Finais e Transitórias do Novo Código Civil (Lei nº 10.406 de 10/1/02). In: *Revista Jurídica [da Escola Superior do Ministério Público]*. São Paulo: EMESP, v. 2, n. 4, julho-dezembro/02, p. 144.

[567] FARIAS, Cristiano Chaves de. Disposições Testamentárias e Clausulação da Legítima. In: HIRONAKA, Giselda Maria Fernandes Novaes; PEREIRA, Rodrigo da Cunha (Coords.). *Direito das Sucessões*. 2. ed. Belo Horizonte: Del Rey, 2007, p. 258.

[568] A legitimidade do Ministério Público encontra amparo no artigo 82 do Código de Processo Civil já que, no caso, a atuação ministerial tem por finalidade a proteção dos "interesses privados em jogo, quanto fiscalizar a exata aplicação da lei pelo juiz – daí a necessidade de sua prévia oitiva, antes do registro, arquivamento e cumprimento do testamento", conforme Antonio Carlos

autos do inventário ou no próprio procedimento de registro, cumprimento e arquivamento do testamento.[569]

A faculdade, e não obrigatoriedade, de o magistrado pronunciar a nulidade da cláusula nos autos do próprio registro, cumprimento e arquivamento do testamento quando constatar a violação ao artigo 2.042 do Código Civil deve-se ao fato desse procedimento de apresentação, abertura e registro do testamento estar destinado precipuamente à verificação da regularidade formal do testamento, porém nada impede o Magistrado fazê-lo de ofício ou mediante simples provocação.

As questões atinentes à validade das cláusulas testamentárias, inclusive aquelas relacionadas à procedência das causas apontadas para a clausulação da legítima, exigem, via de regra, ação competente sempre que demandarem a produção de prova, a exemplo da discussão envolvendo a capacidade do testador para dispor de seus bens em testamento. Nada impede, entretanto, como visto, que a invalidade da cláusula restritiva da legítima seja pronunciada pelo magistrado nos autos no procedimento de registro, cumprimento e arquivamento de testamento,[570] acaso constatada de plano a afronta aos artigos 1.048 ou 2.042 do Código Civil, cuja constitucionalidade tem sido questionada por autores que vislumbram, no dispositivo, uma afronta ao ato jurídico perfeito e ao direito adquirido de quem celebrou testamento na lei anterior.

É o caso de Silvio de Salvo Venosa quando sustenta ser "discutível a validade dessa disposição, pois, em síntese, aponta um efeito retroativo à norma",[571] orientação compartilhada por Mauro Antonini, para quem a validade do artigo 2.042 "poderá ser questionada, pois, a princípio, o testamento então realizado é ato jurídico perfeito, imune à retroatividade da lei posterior (art. 5º, XXVI, da CF)".[572]

José Carlos Teixeira Giorgis questiona a legalidade do artigo 2.042 do Código Civil, enfatizando que a ordem nele contida "se afi-

---

Marcato, Procedimentos Especiais, p. 358. No mesmo sentido, RODRIGUES, Oswaldo Peregrina. *O Ministério Público e o Direito das Sucessões*. São Paulo, 2008. Trabalho fornecido pelo autor. Não publicado. [s.l.:s.d].

[569] Código de Processo Civil, artigos 1.125 a 1.129.

[570] Em sentido contrário, *AC* n. 497.715.4/9, TJ/SP, Des. Rel. Reis Kuntz, j. 28.06.2007: "Registro de testamento. Afastamento de cláusulas restritivas. Não cabimento neste momento. Apreciação dos requisitos extrínsecos e formais da declaração de última vontade. Sentença 'ultra petita'. Nulidade declarada. Recurso acolhido para tal fim." A respeito da legitimidade e oportunidade para impugnação da cláusula testamentária, confira itens 5.2 e 5.4.

[571] *Direito Civil: Direito das Sucessões*. 5. ed. São Paulo: Atlas, v. 7, 2005, p. 184.

[572] *Código Civil Comentado*. Coord. César Peluso. Barueri: Manole, 2007, p. 1838.

gura de duvidosa constitucionalidade, pois ofende o ato jurídico perfeito garantido pela Carta Magna",[573] posição também defendida por José Luiz Gavião de Almeida.[574]

Ainda mais contundente, Gustavo Bandeira[575] desenvolve o seguinte raciocínio:

> Assim, no caso dos testamentos em que há cláusula de inalienabilidade, imposta segundo a lei do tempo em que praticado o ato, ou seja, nos termos do art. 1.723 do CC de 1916, sem qualquer menção às causas que induziram o testador ao gravame em questão, seria constitucional a exigência prevista em lei futura, agora condicionando a validade da referida cláusula à declaração de justa causa antes inexistentes?
>
> Pensamos que não. Neste ponto, a regra de transição prevista pelo art. 2042 do novo Código Civil colide frontalmente com o princípio constitucional esculpido no art. 5º, inciso XXXVI da CF.
>
> De fato, se o testamento é negócio jurídico perfeito e acabado, já que presentes no momento da manifestação de ultima vontade todos os elementos para a sua formação, sendo certo que somente a sua eficácia encontra-se subordinada a evento futuro, qual seja, a morte do testador, não há como norma futura modificar as condições de validade deste negócio, sem que se viole o ato jurídico perfeito, constitucionalmente assegurado.
>
> em síntese, o testamento traduz-se em negócio jurídico perfeito, cuja validade, a teor do art. 1626 do CC, é reputada no momento da manifestação de vontade, ficando seus efeitos suspensos até o advento morte.

E conclui:

> Logo, ao exigir nova condição de validade para o ato, não podia o legislador determinar a sua incidência retroativa, para condicionar também os efeitos jurídicos dos testamentos lavrados antes da lei nova, em evidente prejuízo ao ato jurídico perfeito, como fez com o art. 2042 do Código Civil.[576]

Pela constitucionalidade do artigo 2.042 do Código Civil, Nelson Nery Jr. e Rosa Maria Andrade Nery[577] formulam as seguintes considerações:

> O testamento que clausulou desmotivadamente a legítima é um ato jurídico imperfeito. Pois, "enquanto não correr o evento morte, o negócio jurídico testamentário não se considera perfeito. Falta a causa, isto é, o fato da morte. Trata-se de um ato jurídico

---

[573] A justa causa no novo testamento. In: DELGADO, Mario Luiz; ALVES, Jones de Figueiredo (Coords.). *Questões Controvertidas no Novo Código Civil*. São Paulo: Método, v. 2, 2003, p. 165.

[574] *Código civil comentado*. Coord. Álvaro Villaça de Azevedo. São Paulo: Atlas, v. XVIII, 2003, p. 258.

[575] BANDEIRA, Gustavo. A Inconstitucionalidade da Cláusula de Inalienabilidade e da Declaração de sua Justa Causa prevista no Novo Código Civil para os Testamentos Lavrados na Égide do Código de 1916. In: *Revista da Escola da Magistratura do Estado do Rio de Janeiro – EMERJ*, v. 1, n. 1, p. 195-196.

[576] Ibidem, p. 197.

[577] Novo Código Civil e legislação extravagante anotados. Revista dos Tribunais, 2002, p. 658.

imperfeito e a lei nova pode modificar as regras relativas a testamento feito anteriormente à entrada em vigor do CC.

É este também o posicionamento de Maria Helena Marques Braceiro Daneluzzi,[578] assim como de Maria Helena Diniz,[579] de cuja obra extrai-se a seguinte passagem:

> Possível será o alcance retroativo do artigo 1.848 do novo Código, porque, enquanto não ocorrer a morte do testador, o testamento por ele feito anteriormente à vigência da novel lei não pode ser considerado perfeito, por isso a lei nova poderá alterar a cláusula restritiva da legítima, dando, porém, o prazo de um ano para que o testador faça o devido aditamento, declarando a causa que a justifica. Aberta a sucessão há direito adquirido; antes de sua abertura, os herdeiros testamentários apenas têm expectativa de direito (RSTF, 39:47).

Não obstante a excelência dos autores e a relevância dos argumentos expostos pelas duas correntes, entendemos que o critério utilizado pelos defensores da inconstitucionalidade do artigo 2.042 do Código Civil é equivocado, pois analisa a questão exclusivamente sob o prisma dos requisitos extrínsecos de validade do testamento, ao passo que os defensores da constitucionalidade do artigo 2.042 do Código Civil incorrem no equívoco de enfrentar a questão pela perspectiva da eficácia do testamento,[580] e não da validade do ato ou de seu conteúdo.

Entendemos que a legalidade do artigo 2.042 do Código Civil deve ser analisada sob o duplo enfoque dos requisitos de validade dos testamentos, a saber: requisitos *extrínsecos* ou *formais* e requisitos *intrínsecos* ou *de conteúdo*.

Os primeiros – *extrínsecos ou formais* – estão relacionados aos aspectos externos da cédula. Testamentos são atos eminentemente solenes[581] que somente se aperfeiçoam validamente se observarem rigorosamente todas as exigências de forma impostas pela lei. Nos testamentos públicos, por exemplo, o testador deverá comparecer na presença do tabelião ou seu substituto, juntamente com duas testemunhas, que assistirão a todo o ato. No testamento particular, essas testemunhas serão em número de três, para as quais o testador lerá o

---

[578] DANELUZZI, Maria Helena Marques Braceiro. *Aspectos polêmicos na sucessão do cônjuge sobrevivente*. São Paulo: Letras Jurídicas, 2004, p. 50 e 54.

[579] *Comentários ao Código Civil*, v. 22, p. 494.

[580] A morte está no plano da eficácia do testamento, não da validade dele. O testamento lavrado nos termos da lei é válido, porém será ineficaz enquanto não ocorrer o evento morte.

[581] Cf. VELOSO, Zeno. *Testamentos*. 2. ed. ampl. Belém: Cejup, 1993. , p. 34-35.

testamento depois de confeccionado. A ausência de um destes requisitos de forma invalida o ato.[582]

Os requisitos *intrínsecos* ou *de conteúdo* estão relacionados às próprias disposições testamentárias em si, como a efetiva manifestação da vontade do testador, a exemplo do reconhecimento de um filho, da instituição de herdeiro ou de legatário, *a imposição de cláusulas sobre a legítima e*, a partir do Código de 2002, *a declaração da justa causa*.[583]

A ausência dessa distinção pode conduzir à conclusão, a nosso ver equivocada, da inconstitucionalidade do artigo 2.042 do Código Civil, por afronta às garantias do ato jurídico perfeito ou do direito adquirido, quando nada há de inconstitucional. Do mesmo modo, a ausência da distinção pode conduzir à equivocada conclusão da legalidade de testamento que não respeitou os requisitos de forma da lei anterior; o que também não se admite.

Itabaiana de Oliveira[584] focaliza com precisão:

346. LEIS REGULADORAS. – A sucessão testamentária é submetida, simultaneamente, a duas leis. Assim:

I – É a lei vigente no momento da facção do testamento, que regula: a) a capacidade testamentária ativa, ou a testamentificação ativa – testamenti facto activa, doutrina consagrada no art. 1628 do Cód. Civil; b) a forma extrínseca do ato testamentário – tempus regit actum, doutrina aceita pelo Código Civil da facção do testamento. II – É a lei vigente ao tempo da abertura da sucessão que regula: a) a capacidade para suceder, ou de adquirir por testamento, capacidade testamentária passiva, ou testamentificação passiva – testamenti factio passiva, doutrina expressa no art. 1577 do Código Civil; b) eficácia jurídica do conteúdo do testamento ou das disposições causa-mortis, que o Cód. Civil regula no art. 314, quando trata das doações propter nuptias, e nos arts. 1644 a 1689 [Código Civil de 1916], quando trata das disposições, quando trata das disposições testamentárias propriamente ditas e dos legados. (grifos nossos)

Zeno Veloso,[585] apoiado em Gabba e Rubier, defende idêntico ponto de vista, afirmando que "a lei que vigora a época da feitura da disposição de última vontade é a que regula a forma externa do testamento". Em suas palavras

Neste aspecto, troneja o princípio *tempus regit actum*. Gabba opina que lê formalitá colle quali deve essere dichiarata l'ultima volontá, e dalle quali deve essere revestito

---

[582] DANTAS, San Tiago. *Direitos de Família e das Sucessões*. Rio de Janeiro: Forense, 1991, p. 505.

[583] Essa mesma distinção é feita por NONATO, Orozimbo. *Estudos sobre Sucessão Testamentária*. Rio de Janeiro: Revista Forense, 1957, v. I, p. 206-207 e por ITABAIANA DE OLIVEIRA, Arthur Vasco. *Tratado de Direito das Sucessões*. 4. ed., rev. e atual. Com a colaboração de Aires Itabaiana de Oliveira. São Paulo: Max Limonad, 1952, 384, p. 430-431.

[584] Ibidem. n. 346, p. 397-398. No mesmo sentido, ROSENVALD, Nelson. *Código Civil Comentado*. Coord. César Peluso. Barueri: Manole, 2007, p. 1978.

[585] *Testamentos*. 2. ed. ampl. Belém: Cejup, 1993, p. 87-88.

> il documento Che la racchiude, dover essere esclusivamente regolate dalla legge, vigente la quale il tetamento venne fatto. Se cioé il testamento, revistito di tali formalitá, non si trova per aventura conforme ad uma nuova legge formale viagente allá morte del testatore, questa circonstanza non può ostare a che venga eseguita e prouça i suoi effeti. No mesmo sentido, Paul Roubier expõe: "il est à peu pres unanimement admis aujord'hui que la forme du testament doit être réglée excluisement par la loi em vigueur au jor de la confection du testament; donc, peu importe qu'une loi différente, au jor du décès du testateru, no reconnaisse plus la validité de cette forme de tester.

158. Pelo exposto, no que tange à verificação dos requisitos formais, só a lei da época da facção do testamento é o que importa. Lei posterior, em vigor, por exemplo, à época do falecimento do testamento, não pode invalidar um testamento feito segundo os requisitos do tempo de sua confecção.

Portanto,

> quando se trata de lei posterior à data em que o testamento foi feito, criando novas formalidades, novos requisitos extrínsecos, ainda que esta lei comece a vigorar enquanto ainda é vivo o testador, o testamento é válido, se foram obedecidas às exigências formais vigentes à época da outorga do ato.[586]

A declaração da causa para a restrição da legítima não figura entre os requisitos formais ou extrínsecos do testamento. Diz respeito exclusivamente ao conteúdo das disposições testamentárias, razão pela qual observará a lei vigente ao tempo da abertura da sucessão, como apontado por Itabaiana de Oliveira,[587] por Wilson de Souza Campos Batalha[588] e por Nelson Rosenvald,[589] sem que isso implique retroatividade da norma e, por conseguinte, ofensa às garantias individuais do artigo 5º, inciso XXXVI, da Constituição Federal.

Novamente Zeno Veloso,[590] em trecho extraído de outra obra, complementa as considerações lançadas anteriormente:

> No direito sucessório, a respeito do testamento, que é negócio jurídico *mortis* causa, há importante distinção a fazer quando à validade do testamento, sob o ponto de vista formal, aplica-se a lei do momento em que ele foi feito, ou seja, os requisitos externos, de forma, são os apontados na legislação da época em que o testamento se concluiu, aplicando-se o adágio: *tempus regit actum* = o tempo rege o ato. Ensina Savigny (Sistema, v. VI, § CCCXCIII) que o testamento, quanto à forma, será válido ou nulo, segundo se tenha observado ou não, a lei então vigente, "de modo que uma lei posterior não ode mudar nada em prol ou contra o testamento". *Quanto ao conteúdo jurídico do testamento, à substância das disposições testamentárias, obedece-se ao*

---

[586] Ibidem. p. 89. Regra semelhante é encontrada nos artigos 3.626 do Código Civil argentino e 2.620 do Código Civil paraguaio.

[587] *Tratado de Direito das Sucessões*. 4. ed., rev. e atual. Com a colaboração de Aires Itabaiana de Oliveira. São Paulo: Max Limonad, 1952, 384, p. 430-431.

[588] *Direito Intertemporal*. Rio de Janeiro: Forense, 1980, p. 410 e 427.

[589] *Civil Comentado*. Coord. César Peluso. Barueri: Manole, 2007, p. 1978.

[590] *Lei de Introdução ao Código Civil – artigos 1º a 6ª*. Belém: Unama, 2005, p. 46.

*que dispõe a lei em vigor na época da abertura da sucessão, isto é, no dia em que o testador morreu.* (grifo nosso)

A justa causa, a nomeação de herdeiros necessários e a garantia da quarta parte da herança nas hipóteses do artigo 1.832 do Código Civil ilustram outros exemplos de disposições testamentárias relacionadas ao conteúdo do testamento e, por isso, obedecerão à lei vigente ao tempo da abertura da sucessão, conforme o artigo 1.787 do Código Civil.[591]

Concordamos com Francisco José Cahali[592] quando afirma que, a exemplo da justificação das restrições à legítima dos herdeiros,

o conteúdo jurídico das disposições testamentárias deve ser válido no momento da abertura da sucessão. Assim, os instrumentos antigos, devem adaptar-se às novas previsões. Ou seja, não é a data do ato, mas da abertura da sucessão que define a regra a ser observada quanto à licitude do conteúdo do testamento.[593]

Assim é que será considerada nula qualquer disposição testamentária que, confeccionada na vigência da lei anterior e amparada no artigo 1.723 do Código Civil de 1916, venha a afastar pura e simplesmente o cônjuge da sucessão, quando aberta na vigência do atual Código Civil, já que disposição semelhante afronta a lei vigente ao tempo da abertura da sucessão, a ser observada quanto ao conteúdo do testamento.

Se dúvidas não remanescem quanto à constitucionalidade do artigo 2.042 do Código Civil naquilo que respeita a necessidade de justificação da restrição à legítima dos herdeiros necessários para as sucessões abertas sob a égide do Código Civil vigente, a mesma certeza não se verifica quanto ao modo previsto na lei para tal justificação *a posteriori*.

Diz a lei: não *aditado* o testamento para declarar a restrição à legítima depois de um ano após a entrada em vigor do Código Civil, não subsistirá a restrição.[594]

---

[591] Art. 1787. Regula a sucessão e a legitimação para suceder a lei vigente ao tempo da abertura daquela.

[592] "Direito Intertemporal no livro de Família (regime de bens e alimentos) e Sucessões", in: *Anais do IV Congresso Brasileiro de Direito de Família*, p. 214. No mesmo sentido, Cláudio Luiz Bueno de Godoy, *Dos herdeiros necessários e da gravação da legítima no novo Código Civil*, p. 743.

[593] Em nota de rodapé, Francisco Cahali distingue requisitos formais e de conteúdo do testamento: "Diversa a orientação quanto à forma do testamento, para a qual prevalece o princípio tempus regit actum, vale dizer, as formalidades, ou seja, os elementos extrínsecos, seguem as exigências existentes na lei no momento da celebração do ato jurídico, ficando acobertadas pela preservação do ato jurídico perfeito".

[594] Eis a literalidade do art. 2.042 do Código Civil: "Aplica-se o disposto no caput do art. 1.848, quando aberta a sucessão no prazo de um ano após a entrada em vigor deste Código, ainda que o testamento tenha sido feito na vigência do anterior, Lei nº 3.071, de 1º de janeiro de 1916; se no

Algumas indagações são inevitáveis: Qual a forma deste *aditamento*? Será a mesma do testamento, ainda que para o testamento particular a lei exija apenas que seja escrito pelo testador na presença de três testemunhas? As testemunhas que participaram do testamento deverão estar presentes no aditamento? O aditamento não representará uma solução de continuidade do ato, que a lei, em nome da segurança do próprio ato e da vontade do testador, é recomendável evitar?

O fato é que não existe previsão legal para o malfadado *aditamento*,[595] motivo pelo qual a única solução segura para a preservação da vontade do testador é a feitura de um novo testamento, ainda que apenas para justificar a restrição à legítima levada a efeito em testamento anterior;[596] ainda assim, observando o prazo ânuo do artigo 2.042 do Código Civil.

As formalidades extrínsecas dos testamentos – *requisitos de validade do ato* – impedem o testador de acrescentar, alterar ou suprimir disposições testamentárias mediante simples *aditamento*. Modificações, acréscimos ou supressões são possíveis somente mediante novo testamento; posição também compartilhada por Silvio de Salvo Venosa:[597]

> Esse aditamento somente pode constar de outro testamento; não há outro ato possível para isso. Somente outro testamento edita ou modifica outro anterior. Se não o fizer, e a partir de um ano de vigência do atual Código, não subsistirá a cláusula restrita se não for descrita a justa causa.

Assim, no prazo ânuo a que refere o artigo 2.042 do Código Civil, o testador deverá lavrar novo testamento, *aditando* o anterior, para declarar as razões que o motivaram clausular a legítima. Expirado o prazo para o malfadado *aditamento*, 11 de janeiro de 2004, não mais subsistirá as restrições à legítima.

A mesma consideração prevalece para as restrições consignadas às doações feitas em antecipação da legítima sob a égide do Código Civil de 1916, cujos doadores tenham falecido após 11 de janeiro de 2003.

---

prazo, o testador não aditar o testamento para declarar a justa causa de cláusula aposta à legítima, não subsistirá a restrição."

[595] CARVALHO JÚNIOR, Pedro Lino. Das cláusulas restritivas da legítima. In: FARIAS, Cristiano Chaves de (coord.). *Temas Atuais de Direito e de Processo de Família*. Rio de Janeiro: Lumen Juris, 2004, p. 644.

[596] No mesmo sentido, Mário Roberto Carvalho de Faria, *Direito das Sucessões: Teoria e Prática*, p. 208.

[597] *Direito Civil: Direito das Sucessões*. 5. ed. São Paulo: Atlas, v. 7, 2005, p.184.

É a lei vigente ao tempo da abertura da sucessão que disciplina as regras sobre a legítima do herdeiro necessário. Se a lei vigente na abertura da sucessão exige declaração de justa causa para a clausulação da legítima, a justa causa deverá estar presente no momento em que a legítima se consolida como direito sucessório, ou seja, com a morte do instituidor.[598]

Portanto, a doação feita em antecipação da legítima sob a égide do Código Civil de 1916 que porventura tenha clausulado esta quota parte do patrimônio deve ser justificada em testamento se, por ocasião da liberalidade, o testador não cuidou de justificá-la.

Com as ressalvas feitas à forma proposta pela lei (aditamento), não vislumbramos maiores inconvenientes na exigência ditada pelo legislador porque, decorrido o prazo ânuo do artigo 2.042 do Código Civil, o testador ou o doador, persistente no propósito de clausular a legítima dos herdeiros necessários, deve lavrar novo testamento externando a sua última vontade, fazendo expressa menção à causa que o motivou a clausular a reserva dos herdeiros legitimários, como exige o artigo 1.848 do Código Civil,[599] sob pena de invalidade da cláusula. Note que este segundo testamento pode ter seu conteúdo limitado a justificar as cláusulas consignadas em instrumento anterior; nada existindo de ilegal neste procedimento, conquanto referida justificação se concretize por testamento, não se admitindo codicilo, declaração por instrumento público, como evidenciado em item específico.[600]

José Renato Nalini,[601] comentando o artigo 2.042 do Código Civil, comunga idêntico posicionamento:

> A norma insere-se naquelas denominadas de direito intertemporal. Serviu apenas para aquele ano imediatamente subseqüente à vigência do Código Civil. Cessada sua eficácia, para as disposições testamentárias anteriores, quer dizer, feitas sob a égide do Código Civil de 1916, caberá ao testador – se quiser clausular o patrimônio, fazer outro testamento.

Não há prejuízo algum para o autor da liberalidade que terá apenas o ônus de lavrar um testamento, na hipótese da doação em antecipação da legítima, ou um outro testamento, para a hipótese da clausulação ter sido consignada em testamento anterior.

---

[598] Cf. item 4.3.

[599] Esta é a postura recomendável: revogação do testamento anterior e elaboração de novo testamento, ainda que para repetir integralmente as disposições do testamento celebrado sob a vigência do Código anterior, com os devidos aditamentos à justificação da legítima.

[600] Item 4.2.

[601] *Comentários ao Novo Código Civil*, v. XXII, p. 122.

A única ressalva à feitura de novo testamento, como por nós preconizado, e que se mostra insuperável, envolve todos aqueles que anteciparam a legítima em instrumento de doação ou lavraram testamento na vigência do código anterior, clausulando a reserva do herdeiro necessário sem especificar a causa exigida pelo artigo 1.848 do Código Civil e, antes mesmo que o código atual fosse aprovado, foram acometidos de incapacidade mental superveniente que, roubando-lhes o tirocínio, os impede a lavrar novo testamento, adequando-o aos termos da legislação vigente.

Distantes de perfeito entendimento e compreensão, esses incapazes, alheios à realidade, terão que se resignar com a invalidade das cláusulas impostas sobre a legítima dos herdeiros necessários, manifestada em instrumento válido confeccionado na legislação revogada sem a devida justificação, como decidido pelo Eg. Tribunal de Justiça de São Paulo.[602]

---

[602] AI n. 499.753-4/6-00, TJ/SP, 7ª Câmara de Direito Privado, Rel. Des. Souza Moreira, j. 25.4.2007, v.u., assim ementado: "Agravo de Instrumento – Inventário – Testamento – A simples juntada de relatórios, atestados e prescrições médicas, no curso do abreviado procedimento não podem afastar a regra insculpida nos artigos 2.042 e 1.848, ambos do Código Civil, exigindo a ratificação por parte do testador ante o testamento lavrado com cláusulas restritivas porque a posterior declaração de justa causa é da substância do ato. Negaram provimento ao agravo".

# *Conclusões*

1. O direito de herança está inserido no rol dos direitos e garantias individuais e, por conta disso, torna-se impensável que alguém tenha violado essa garantia constitucional sem que a lei lhe assegure a devida proteção;

2. A legítima é prevista pela maioria das legislações, podendo ser fixa ou variável. O Brasil adotou a invariabilidade da legítima, composta por metade dos bens da herança, que será transmitida aos herdeiros necessários, salvo nas hipóteses legais de deserdação ou de indignidade.

3. Com a repersonalização das relações jurídicas encetada pela Constituição Federal de 1988, a legítima deixou de ser compreendida exclusivamente como uma *longa manus* do direito de propriedade e como um recurso assegurado ao autor da herança para tutelar os interesses da família, como ente despersonalizado.

4. Dentro da ótica civil-constitucional, a legítima deve ser compreendida como um mecanismo efetivo de inserção social e, sobretudo, de concretude dos princípios da dignidade, da solidariedade e da afetividade que impõem um dever de zelo recíproco entre parentes próximos, inclusive para depois da morte.

5. Dentro dessa perspectiva civil-constitucional, a legítima constitui um direito intangível do herdeiro necessário, insuscetível de condições, termos, encargos ou restrições, salvo nas exceções expressamente previstas em lei, justificáveis unicamente se vierem de encontro aos interesses do herdeiro.

6. A imposição de cláusulas restritivas de propriedade – inalienabilidade, impenhorabilidade e incomunicabilidade – representa uma dessas exceções legais, somente admitidas se acompanhada de justa causa.

7. Justa causa, no direito sucessório brasileiro, é o motivo lícito, sério e concreto apontado pessoalmente pelo autor da liberalidade no instrumento de doação ou no testamento que, se persistentes ao

tempo da abertura da sucessão, justificam a inalienabilidade, a impenhorabilidade e incomunicabilidade impostas sobre a legítima do herdeiro necessário, a bem de seus próprios interesses.

8. Como condição de validade, a justa causa deve observar requisitos de forma e de fundo. São requisitos de forma a existência de causa, a pessoalidade da declaração e a idoneidade do instrumento que a encerra. O requisito de fundo traduz o próprio motivo alegado, ou seja, a veracidade e a procedência das razões determinantes da restrição imposta sobre a reserva para a preservação do interesse do herdeiro.

9. A justa causa deve vir consignada no instrumento de doação quando feita em antecipação da legítima ou em testamento. No instrumento de doação a aposição da justa causa é uma faculdade do instituidor que, se não exercida ao tempo da liberalidade, obriga o instituidor a consigná-la até a abertura da sucessão, em testamento, sob pena de nulidade das restrições. Se a clausulação for consignada em testamento, a justificativa deve ser feita necessariamente por testamento, ainda que lavrado posteriormente.

10. Considerando que a justa causa é norma de exceção e que o propósito da lei é restringir a possibilidade de clausular a legítima, são vedadas as interpretações extensivas, razão pela qual não se aplica o artigo 1.911 do Código Civil às hipóteses do artigo 1.848 do Código Civil. Cada cláusula restritiva deve ter finalidade específica, razão pela qual as justas causas para ela apontadas para a inalienabilidade, impenhorabilidade e incomunicabilidade devem ser específicas para cada uma das cláusulas, sob pena de nulidade da restrição não clausulada especificamente.

11. Qualquer interessado na intangibilidade da legítima pode suscitar os vícios de forma da justa causa, inclusive o próprio herdeiro, o seu cônjuge, o credor do herdeiro, o Ministério Público, sendo assegurado ao magistrado deles conhecer de ofício, já que se faz presente a violação ao comando do artigo 166 do Código Civil. Por vícios de forma entende-se a inexistência de causa, declaração por terceira pessoa que não o instituidor ou a impropriedade do instrumento que a encerra. Somente o próprio herdeiro prejudicado está legitimado a impugnar os vícios de fundo, ou seja, aqueles referentes ao conteúdo da cláusula, entenda, o mérito dela.

12. Cumpre ao instituidor observar rigorosamente os requisitos de forma. Observando este ônus, incidirá uma presunção de veracidade quanto aos motivos declarados no instrumento de doação ou em

testamento, vencível por prova em sentido contrário, a ser produzida exclusivamente pelo herdeiro prejudicado em ação própria.

13. Enquanto os vícios de forma prescidem de ação autônoma para serem suscitados e conhecidos, admitindo-se inclusive no procedimento de abertura, registro e de cumprimento do testamento ou nos autos do próprio inventário, já que não demandam produção de prova; os vícios de fundo ou de mérito exigem a propositura de ação autônoma, de impugnação, em que será produzida prova exauriente envolvendo a veracidade e procedência dos motivos declarados para a preservação dos interesses do herdeiro.

14. Transitada em julgado a decisão sobre os vícios de forma, a questão não poderá ser rediscutida judicialmente porque o transcurso do tempo não fará surgir ou desaparecer requisitos de forma. Diversa a solução quanto aos vícios de fundo ou de mérito, em que, em virtude do dinamismo e da continuidade da relação jurídica, o motivo apontado pelo testador poderá simplesmente desaparecer, como é o caso da inalienabilidade motivada pela dependência química do herdeiro que, anos mais tarde, comprova estar plenamente restabelecido.

15. A impugnação da justa causa, o pedido de levantamento e o pedido de extinção de vínculos são elementos distintos. A impugnação da justa causa está atrelada aos motivos declarados pelo instituidor para clausular validamente a legítima do herdeiro necessário. O levantamento e a extinção de vínculos não estão atrelados necesariamente com a justa causa declarada pelo instituidor, indo de encontro contra a própria cláusulação do patrimônio.

16. No levantamento dos vínculos, o interessado reclama a superação de cláusulas restritivas válidas e vigentes, sub-rogando-as ou não em outros bens ou direitos. A sub-rogação é a regra, mas será dispensada pelo magistrado sempre que o herdeiro demonstrar a necessidade de proceder ao levantamento dos bens para atender a interesses particulares relevantes próprios e de seus familares, a exemplo de um tratamento de saúde, a correção de uma imperfeição física ultrajante, ou a aplicação na formação intectual de seus filhos.

17. Na extinção dos vínculos, o interessado reclama simplesmente a desoneração do patrimônio, seja pelo adimplemento da condição ou do termo consignados no instrumento que os instituiu, seja porque o motivo da clausulação exauriu ou simplesmente deixou de existir.

18. A impugnação da justa causa e o pedido de extinção dos vínculos se afinam quando o fundamento da impugnação e do pedido de extinção das cláusulas for o desaparecimento dos motivos determinantes para a clausulação do patrimônio. Apenas o pedido de ex-

tinção de vínculos é mais abrangente que o da impugnação da justa causa, sendo aceito tanto para a extinção de vínculos sobre a legítima, quanto para aqueles incidentes sobre a parte disponível ou para as liberalidades a terceiros. Já a impugnação da justa causa está limitada àa clausulação imposta sobre a legítima dos herdeiros necessários.

19. O artigo 2.042 do Código Civil não afronta as garantias individuais do direito adquirido e do ato jurídico perfeito. A justa causa diz respeito ao conteúdo do testamento, razão pela qual deverá observar a lei vigente ao tempo da abertura da sucessão, ao contrário dos requisitos de extrínsecos do testamento, como as formalidades do testamento, que observam os requisitos vigentes na lavratura do testamento.

20. Clausulada a legítima do herdeiro necessário em testamento lavrado sob o império do Código Civil de 1916, o autor da herança deverá lavrar novo testamento justificando a clausulação da legítima, sob pena de nulidade da cláusula testamentária, já que a lei não contempla a hipótese de *aditamento* ao testamento, contrário à própria essência do ato de disposição de última vontade.

# *Bibliografia*

ALBALADEJO, Manuel. *Curso de Derecho Civil: derecho das sucesiones*. 8. ed. Madrid: Edisofer s.l. Libros Jurídicos, 2004.

ALMADA, Ney de Mello. *Sucessões*. São Paulo: Malheiros, 2006.

ALMEIDA, José Luiz Gavião de. *Código civil comentado*. Coord. Álvaro Villaça de Azevedo. São Paulo: Atlas, v. XVIII, 2003.

ALVIM, Agostinho. *Da doação*. São Paulo: Revista dos Tribunais, 1963.

ANTONINI, Mauro. *Código Civil Comentado*. Coord. César Peluso. Barueri: Manole, 2007.

ARONNE, Ricardo. Propriedade e domínio: reexame sistemático das noções nucleares de direitos reais. Rio de Janeiro: Renovar, 1999.

ASCENSÃO, José de Oliveira. *Direito Civil: Sucessões*. 5. ed., rev. Coimbra: Coimbra Editora, 2000.

ASSIS, Araken. *Manual da Execução*. 9. ed., rev., atual. e ampl. São Paulo: Revista dos Tribunais, 2004.

——. Comentários ao Código de Processo Civil: do processo de execução. São Paulo: Revista dos Tribunais, v. 9, 2000.

AZEVEDO, Antonio Junqueira de. *Negócio Jurídico: existência, validade e eficácia*. 3. ed. São Paulo: Saraiva, 2000.

BANDEIRA, Gustavo. A Inconstitucionalidade da Cláusula de Inalienabilidade e da Declaração de sua Justa Causa prevista no Novo Código Civil para os Testamentos Lavrados na Égide do Código de 1916. In: *Revista da Escola da Magistratura do Estado do Rio de Janeiro – EMERJ*, v. 1, n. 1, p. 189-202.

BASTOS, Celso Ribeiro; MARTINS, Ives Gandra. Comentários à Constituição do Brasil: promulgada em 05 de outubro de 1988. São Paulo: Saraiva, v. 2, 1989.

BATALHA, Wilson de Souza Campos. *Direito Intertemporal*. Rio de Janeiro: Forense, 1980.

BEVILAQUA, Clovis. *Código Civil*. 4. ed. Rio de Janeiro: Freitas Bastos, v. VI, 1939.

——. *Código Civil*. 4. ed., Rio de Janeiro: Freitas Bastos, v. II, 1939.

——. *Direito das Coisas*. 4. ed., atual. Rio de Janeiro: Revista Forense, 1956.

BITTAR, Carlos Alberto. *A Família na Constituição Federal de 1988*. 2.ed., ver., atual. São Paulo: Revista dos Tribunais, 1991.

BUENO, Cássio Scarpinella. Curso Sistematizado de Direito Processual Civil: procedimento comum: ordinário e sumário. São Paulo: Saraiva, v. 2, t. 1, 2007.

CAHALI, Francisco José. Direito Intertemporal no livro de Família (regime de bens e alimentos) e Sucessões. In: *Anais do IV Congresso Brasileiro de Direito de Família*. p. 199-216.

——; *CARDOSO*, Fabiana Domingues. Sucessão na União Estável. In: *CASSETARI*, Christiano; *MENIN*, Marcia (Coords.). *Direito das Sucessões*. São Paulo: Revista dos Tribunais, v. 8, p. 123-152.

——; Hironaka, Giselda Maria Fernandes Novaes. *Direito das Sucessões*. 3. ed., atual. e ampl. São Paulo: Saraiva, 2007.

CAMPOS, Diogo Leite. *Lições de Direito da Família e das Sucessões*. 2. ed., rev. e actual. Coimbra: Livraria Almedina, 1997.

CARVALHO SANTOS, J. M. Código Civil Brasileiro Interpretado: Direito das Sucessões (arts. 1632-1709). Rio de Janeiro: Freitas Bastos, v. XIII, 1956.

——. *Código Civil Brasileiro Interpretado: Direito das Sucessões* (arts. 1122-1187). Rio de Janeiro: Freitas Bastos, v. XVI, 1956.

——. *Código Civil Brasileiro Interpretado: Direito das Sucessões* (arts. 1710-1779). Rio de Janeiro: Freitas Bastos, v. XXIV, 1956.

CARVALHO JÚNIOR, Pedro Lino de. Das cláusulas restritivas da legítima. In: *FARIAS*, Cristiano Chaves de. (Coord.). *Temas Atuais de Direito e Processo de Família*. Rio de Janeiro: Lumen Juris, 2004, p. 615-646.

CARVALHO NETO, Ignácio de. A sucessão do cônjuge e do companheiro no novo Código Civil. In: *Revista Jurídica Consulex*. ano VI, n. 135, 31 de agosto de 2002, p. 23-26.

CASTRO FILHO, José Olympio de. *Comentários ao Código de Processo Civil*. Rio de Janeiro: Forense, v. X, arts. 1.103 a 1.120, 1976.

CHANA, Guilherme Giacomelli. As entidades familiares na Constituição Federal. In: *Revista Brasileira de Direito de Família*, ano IX, n. 42, jun-jul 2007, p. 45-74.

CLÁPIS, Alexandre Laizo. Clausulação da legítima e a justa causa do artigo 1.848 do Código Civil. In: *Revista de Direito Imobiliário*. São Paulo: Revista dos Tribunais, jul.-dez. 2004, ano 27, n. 57, p.9-26.

COELHO DA ROCHA, M. A. *Intituições de Direito Civil Portuguez*. 4. ed. Coimbra: Imprensa da Universidade de Coimbra, t. I, 1867.

CRUZ, José Raimundo Gomes. As Disposições Finais e Transitórias do Novo Código Civil (Lei nº 10.406 de 10/1/02). In: *Revista Jurídica [da Escola Superior do Ministério Público]*. São Paulo: EMESP, v. 2, n. 4, julho-dezembro/02, p. 144.

CUNHA, Ivo Gabriel da. A dispensa do ônus da inalienabilidade e a decisão judicial. In: *Ajuris: Revista da Associação dos Juízes do Rio Grande do Sul*. n. 10, ano IV, julho/1977, p. 26-30.

DANELUZZI, Maria Helena Marques Braceiro. Aspectos polêmicos na sucessão do cônjuge sobrevivente. São Paulo: Letras Jurídicas, 2004.

DANTAS, San Tiago. *Direitos de Família e das Sucessões*. Rio de Janeiro: Forense, 1991.

DANTAS JÚNIOR, Aldemiro Rezende. Sucessão no casamento e na união estável. In: *FARIAS*, Cristiano Chaves (Coord.). *Temas atuais de direito e processo de família: primeira série*. Rio de Janeiro: Lúmen Juris, 2004, p. 535-614.

DELGADO, Mário Luiz. Problemas de Direito Intertemporal: Breves considerações sobre as disposições finais e transitórias do novo Código Civil Brasileiro. In: ——; ALVES, Jones Figueiredo (Coords.). *Questões Controvertidas no novo Código Civil*. São Paulo: Método, v. 1, 2003, p. 483-510.

DIAS, Maria Berenice. *Manual de Direito das Famílias*. Porto Alegre: Livraria do Advogado, 2005.

——. *Manual das Sucessões*. São Paulo: Revista dos Tribunais, 2008.

DINIZ, Maria Helena. *Dicionário Jurídico*. São Paulo: Saraiva, v. 4, 1998.

——. *Curso de Direito Civil Brasileiro: Direito das Sucessões*. 21. ed., rev. e atual. São Paulo: Saraiva, v. 6, 2007.

ESPÍNOLA, Eduardo. A família no Direito Brasileiro. Campinas: Bookseller, 2001.

FABRÍCIO, Adroaldo Furtado. A coisa julgada nas ações de alimentos. In: *Ajuris: Revista da Associação dos Juízes do Rio Grande do Sul*. Porto Alegre, v.18, n.52, jul. 1991, p. 5-33.

FACHIN, Luiz Edson. Elementos críticos do direito de família. Rio de Janeiro: Renovar, 1999.

FACHIN, Luiz Edson; PIANOVSKI, Carlos Eduardo. Uma contribuição crítica que se traz à colação. In: *DELGADO*, Mario Luiz; ALVES, Jones Figueiredo (Coords.). *Questões controvertidas no direito de família e das sucessões*. São Paulo: Método, v. 3, 2005, p. 447-460.

FADEL, Sérgio Sahione. *Código de Processo Civil Comentados*. 4. ed. Rio de Janeiro: Forense, 1981.

FARIA, Mario Roberto Carvalho de. *Direito das Sucessões: Teoria e Prática*. 5. ed. Rio de Janeiro: Forense, 2006.

FARIAS, Cristiano Chaves de. Disposições Testamentárias e Clausulação da Legítima. In: HIRONAKA, Giselda Maria Fernandes Novaes; PEREIRA, Rodrigo da Cunha (Coords.). *Direito das Sucessões*. 2. ed. Belo Horizonte: Del Rey, 2007, p. 248.

FERREIRA, Pinto. Tratado das Heranças e dos Testamentos. São Paulo: Saraiva, 1983.

FIORANELLI, Ademar. Das cláusulas de inalienabilidade, impenhorabilidade e incomunicabilidade. São Paulo: Saraiva, 2008.

FORGEARD, Marie-Cécile; CRÔNE, Richard; GELOT, Bertrand. Le ouveau droit des sucessiones et des libéralités – lói du 23 juin 2006. Commentaire &Formules. Paris: Defrénois, 2007.

FREITAS, Teixeira. *Consolidação das Leis Civis*. 3 ed. Rio de Janeiro: II. Garnier, Livreiro-Editor, 1896.

GIORGIS, José Carlos Teixeira. A justa causa no novo testamento. In: *DELGADO*, Mario Luiz; ALVES, Jones de Figueiredo (Coords.). *Questões Controvertidas no Novo Código Civil*. São Paulo: Método, v. 2, 2003, p. 145-166.

GODOY, Cláudio Luiz Bueno de. Dos herdeiros necessários e da gravação da legítima no novo Código Civil. In: *NANNI*, Giovanni Ettore (Coord.). *Temas relevantes do direito civil contemporâneo: reflexões sobre os cinco anos do Código Civil*. São Paulo: Atlas, 2008, p. 719-748.

GOMES, Orlando. *Introdução ao Direito Civil*. 12. ed. Rio de Janeiro: Forense, 1996.

——. *Sucessões*. 11. ed. Rio de Janeiro: Forense, 2002.

GONÇALVES, Carlos Roberto. Direito Civil Brasileiro: parte geral. São Paulo: Saraiva, 2003.

GONÇALVES, Cunha. *Tratado de direito civil*. São Paulo: Max Limonad, t. II, v. IX, s.d..

GONÇALVES, Marcus Vinícius Rios. *Novo Curso de Direito Processual Civil*. 4. ed., rev. e atual., 2ª tiragem. São Paulo: Saraiva, v. 1, 2007.

GOZZO, Débora. *Pacto Antenupcial*. São Paulo: Saraiva, 1992.

HIRONAKA, Giselda Maria Fernandes Novaes. Herdeiros Necessários e Direito de Representação. In: _____; PEREIRA, Rodrigo da Cunha (Coords.). *Direito das Sucessões*. 2. ed. Belo Horizonte: Del Rey, 2007, p. 97-112.

——. *Comentários ao Código Civil*. Coord. Antonio Junqueira de Azevedo. São Paulo: Saraiva, v. 20, 2003.

ITABAIANA DE OLIVEIRA, Arthur Vasco. *Tratado de Direito das Sucessões*. 4. ed., rev. e atual. 3 v. Com a colaboração de Aires Itabaiana de Oliveira. São Paulo: Max Limonad, 1952.

LEITE, Eduardo de Oliveira. *Comentários ao novo Código Civil*. Coord. Sálvio de Figueiredo Teixeira. Rio de Janeiro: Forense, v. XXI, 2003.

LIEBMAN, Enrico Tullio. Eficácia e Autoridade da sentença e outros escritos sobre coisa julgada. 2.ed. Rio de Janeiro: Forense, 1981.

LOPES, João Batista. *A prova no Direito Processual Civil*. São Paulo: Editora dos Tribunais, 1999.

LOBO, Paulo Luiz Netto. O princípio da igualdade e o novo Código Civil. In: *Revista Jusvigilantibus*, 16 de janeiro de 2004.

——. *Comentários ao Código Civil*. Coord. Antonio Junqueira de Azevedo. São Paulo: Saraiva, v. 6, 2003.

——. *Famílias*. São Paulo: Saraiva, 2008.

MAGALHÃES, Tereza Ancona Lopes de. *Dano Estético*. São Paulo: Revista dos Tribunais. 1980.

MALAURIE, Philippe; AYNÈS, Laurent. Les succionions, Les libéralités. 3ª ed. Paris: Defrénois, 2008.

MALUF, Carlos Alberto Dabus. *Cláusulas de inalienabilidade, incomunicabilidade e impenhorabilidade*. 4. ed., rev. e atual. São Paulo: Revista dos Tribunais, 2006.

MANFRÉ, José Antonio Encinas. *Regime matrimonial de bens no novo Código Civil*. São Paulo: Editora Juarez de Oliveira.

MARCATO, Antonio Carlos. *Procedimentos Especiais*. 12. ed. São Paulo: Atlas, 2006.

MAXIMILIANO, Carlos. *Direito das Sucessões*. 2. ed. Rio de Janeiro: Freitas Bastos, v. II e III, 1943.

——. *Hermenêutica e Aplicação do Direito*. São Paulo: Livraria Freitas Bastos, 1951.

MONTEIRO, Washington de Barros. *Curso de Direito Civil: Direito das Sucessões*. 35 ed., atual. por Ana Cristina de Barros Monteiro frança Pinto. São Paulo: Saraiva, v. 6, 2007.

——. Curso de Direito Civil: Direito das Sucessões. 27 ed., rev. e atual., 1999.

MORAES, Alexandre. *Direito Constitucional*. 5. ed., ampl. e rev. São Paulo: Atlas, 1999.

MORATO, Francisco. Da collação. In: *Revista Forense*. Rio de Janeiro: outubro de 1940, v. LXXXIV, p. 270-275.

NALINI, José Renato. *Comentários ao Código Civil*. Coord. Sálvio de Figueiredo Teixeira. Rio de Janeiro: Forense, 2007, v. XXII (arts. 2.028 a 2.046).

NERY JÚNIOR, Nelson. *Teoria Geral dos Recursos*. 6. ed., atual., ampl. e reform. São Paulo: Revista dos Tribunais, 2004.

NERY Jr., Nelson; NERY, Rosa Maria de Andrade Nery, 6ª ed., *Código Civil Comentado*, São Paulo: Revista dos Tribunais, 2008.

NEVARES, Ana Luiza Maia. A tutela Sucessória do Cônjuge e do Companheiro na Legalidade Constitucional. Rio de Janeiro: Renovar, 2004.

——. O princípio da intangibilidade da legítima. In: MOARES, Maria Celina Bodin de (Coord.). *Princípios do Direito Civil Contemporâneo*. Rio de Janeiro: Renovar, 2006, p. 495-545.

——. Os Direitos Sucessórios do Cônjuge e do Companheiro no Código Civil de 2002: uma abordagem à luz do Direito Civil-Constitucional. In: *Revista Brasileira de Direito de Família,* ano VIII, jun-jul 2006, v. 36, p. 139-169.

NEVES, Celso. *Comentários ao Código de Processo Civil*. 7. ed. Rio de Janeiro: Editora Forense, v. VII, 1999.

NONATO, Orozimbo. *Estudos sobre Sucessão Testamentária*. Rio de Janeiro: Revista Forense, 1957.

OLIVEIRA, Basílio de. *Concubinato: novos rumos*. Rio de Janeiro: Freitas Bastos, 1997.

OLIVEIRA, Euclides Benedito de; AMORIM, Sebastião. Inventários e Partilhas: direito das sucessões: teoria e prática. 15. ed. São Paulo: Leud, 2003.

OLIVEIRA, Euclides Benedito de. *União estável: do concubinato ao casamento*. 6. ed., rev. e atual. 2ª tiragem. São Paulo: Método, 2003.

——. Inventário e Partilha. In: HIRONAKA, Giselda Maria Fernandes Novaes; PEREIRA, Rodrigo da Cunha (Coords.). *Direito das sucessões*. Belo Horizonte: Del Rey, 2007, p. 399-451.

——. Os sete pecados capitais do direito sucessório, In: PEREIRA, Rodrigo da Cunha (coord.), *Família e Solidariedade: Teoria e Prática do Direito de Família*, Rio de Janeiro: IBDFAM-, 2008, p. 119-138.

PEREIRA, Caio Mário da Silva. *Instituições de Direito Civil*. 20. ed. Rio de Janeiro: Forense, v. I, 2004.

——. *Instituições de Direito Civil: direitos reais*. 18. ed., atual. por Carlos Edison do Rego Monteiro. Rio de Janeiro: Forense, v. IV, 2004.

——. *Instituições de Direito Civil: direito das sucessões*. 14. ed. Rio de Janeiro: Forense, v. VI, 2002.

——. *Instituições de Direito Civil: direito das sucessões*. 15. ed. Rio de Janeiro: Forense, v. VI, 2004.

PICAZO, Luis Díez; GULLÓN, Antonio. Sistema de Derecho Civil: Derecho de família. Derecho de sucesiones. 10. ed., 2ª reimpresión. Madri: Tecnos. 2007.

PINTO, Ana Cristina de Barros Monteiro França. *Curso de Direito Civil: Direito das sucessões*. v. 6, p. 313-314.

PONTES DE MIRANDA, Francisco Cavalcanti. *Tratado de Direito de Família*. Campinas: Bookseller, 2001.

——. *Comentários ao Código de Processo Civil*. Rio de Janeiro: Forense, t. XVI, arts. 1.103 a 1.210, 1977.

——. *Tratado de Direito Privado*. Rio de Janeiro: Borsoi, t. LV, 1968.

PROENÇA, José João Gonçalves de. *Direito das Sucessões*. 2. ed., rev. e atual. Lisboa: Quid Juris, 2005.

RAMIREZ, Paulo Nuno Horta Correia Ramirez. *O cônjuge sobrevivo e o instituto da colação*. Coimbra: Almedina. 1997.

REALE, Miguel. Visão Geral do Projeto de Código Civil. In: *Revista dos Tribunais*, ano 87, junho de 1988, v. 752, p. 22-30.

——. Visão geral do novo Código Civil. In: *Jusnavegandi*. Capturado em jus.uol.com.br/doutrina/texto.asp?id=2718.

——. *Lições Preliminares de Direito*. 21. ed., rev. e atual. São Paulo: Saraiva, 1994.

RIZZARDO, Arnaldo. *Direito das Sucessões*. 3. ed. Rio de Janeiro: Forense, 2007.

ROCHA, Coelho da. *Instituições de Direito Civil Portuguez*. 4. ed. Coimbra: Imprensa da Universidade de Coimbra, 1867, t. I, p. 241

RODRIGUES, Oswaldo Peregrina. *O Ministério Público e o Direito das Sucessões*. São Paulo, 2008. Trabalho fornecido pelo autor. Não publicado.

RODRIGUES, Silvio. *Direito Civil: Parte Geral*. 32 ed. São Paulo: Saraiva, 2002.

——. *Direito Civil: Direito de Família*. 27 ed., atual. por Francisco José Cahali. São Paulo: Saraiva, v. 6, 2002.

——. *Direito Civil: Direito das sucessões*. 25 ed., atual. por Zeno Veloso. São Paulo: Saraiva, v. 7, 2002.

ROSENVALD, Nelson. *Código Civil Comentado*. Coord. César Peluso. Barueri: Manole, 2007.

SANTOS, Luiz Felipe Brasil. A sucessão dos companheiros no novo Código Civil. Capturado em: www.familia-gontijo.adv.br. Acessado em 02.07.2008.

SILVA, Ovídio A. Baptista da. *Do processo cautelar*. Rio de Janeiro: Forense, 1996.

SIMÃO, José Fernando. Casamento ou união estável: eis a questão. Capturado em: www.professorsimão.com.br. Acessado em 02.07.2008.

SOUZA, Sylvio Capanema. Comentários ao novo Código Civil: das várias espécies de contrato, da troca ou permuta, do contrato estimatório, da doação, da locação de coisas. Coord. Sávio de Figueiredo Teixeira. Rio de Janeiro: Forense, v. III, 2004.

SOUZA, José Ulpiano Pinto de. Das cláusulas restritivas da propriedade: inalienabilidade, impenhorabilidade, incommunicabilidade, conversão e administração. São Paulo: Salesianas, 1910.

STOLZE, Pablo Gagliano. O contato de doação: análise crítica do atual sistema jurídico e os seus efeitos no direito de família e das sucessões. São Paulo: Saraiva, 2007.

TEIXEIRA, Sálvio de Figueiredo. *Código de Processo Civil Anotado*. 7. ed. São Paulo: Saraiva, 2003.

TEPEDINO, Gustavo. *Temas de Direito Civil*. Rio de Janeiro: Renovar, 1999.

THEODORO JÚNIOR, Humberto. *Comentários ao Novo Código Civil: dos defeitos do negócio jurídico*. Coord. Sálvio de Figueiredo Teixeira. Rio de Janeiro: Forense, v. III, t. 1, 2003.

TORRES, Larissa Fontes de Carvalho. União Estável: considerações acerca do direito sucessório do companheiro. In: *Jusnavegandi*. n. 1238, 21.11.2006, elaborado em 05.2006.

VELOSO, Zeno. Lei de Introdução ao Código Civil – artigos 1º a 6ª. Belém: Unama, 2005.

——. Direito Sucessório dos Companheiros. In: DIAS, Maria Berenice; PEREIRA, Rodrigo da Cunha (Coords.). *Direito de Família e o novo Código Civil*. 3. ed., rev., atual. e ampl. Belo Horizonte: Del Rey, 2003, p. 277-294.

——. *Testamentos*. 2. ed. ampl. Belém: Cejup, 1993.

VENOSA, Silvio de Salvo. Inalienabilidade, Impenhorabilidade e Incomunicabilidade. In: *Revista do Advogado* [da Associação dos Advogados de São Paulo]. Família e Sucessões. São Paulo: AASP, n. 91, maio de 2007, p. 130-136

——. *Direito Civil: Parte Geral*. 8. ed. São Paulo: Atlas, v. 1, 2008.

——. *Direito Civil: Direito das Sucessões*. 5. ed. São Paulo: Atlas, v. 7, 2005.

VIGLIAR, José Marcelo Menezes. *Código de Processo Civil Interpretado*. In: *MARCATO*, Antonio Carlos. São Paulo: Atlas, 2004.

VILAÇA NETTO, Geraldo. *Legítima. Formas de Proteção e restrição aos direitos dos herdeiros*. Trabalho de conclusão de módulo de mestrado. São Paulo: Pontifícia Universidade Católica, 2007, 41 f.

WELTER, Belmiro Pedro. *Estatuto da União Estável*. 2. ed. Porto Alegre: Síntese, 2003.

ZULIANI, Ênio Santarelli. Alimentos para filhos maiores. In: *COUTO*, Sérgio; *MADALENO*, Rolf; *MILHORANZA*, Mariângela Guerreiros (Coords.). *Família nota dez: Direito de Família e Sucessões*. Sapucaia do Sul: Notadez, 2007, p. 131-162.